江苏省高等学校重点教材（编号：2021-2-055）

学前儿童数学教育

主　编：俞　芳
副主编：殷海燕　杨梅佐
朱佳佳　陈维娅

南京大学出版社

图书在版编目(CIP)数据

学前儿童数学教育 / 俞芳主编. -- 南京 : 南京大学出版社，2022.1

ISBN 978-7-305-24139-0

Ⅰ. ①学… Ⅱ. ①俞… Ⅲ. ①学前儿童-数学教学-高等职业教育-教材 Ⅳ. ①G613.4

中国版本图书馆 CIP 数据核字(2020)第 265568 号

出版发行　南京大学出版社
社　　址　南京市汉口路 22 号　　　　邮　编　210093
出 版 人　金鑫荣

书　　名　学前儿童数学教育
主　　编　俞　芳
责任编辑　丁　群　　　　　　　　编辑热线　025-83597482

照　　排　南京南琳图文制作有限公司
印　　刷　南通印刷总厂有限公司
开　　本　787×1092　1/16　印张 18.5　字数 418 千
版　　次　2022 年 1 月第 1 版　2022 年 1 月第 1 次印刷
ISBN 978-7-305-24139-0
定　　价　49.80 元

网址：http://www.njupco.com
官方微博：http://weibo.com/njupco
微信服务号：NJUyuexue
销售咨询热线：(025) 83594756

前　言

“学前儿童数学教育”是学前教育专业的核心课程。幼儿对周围世界的数量关系与空间关系有着天生的好奇心，内在的好奇促使他们主动地探索、积极地思考。数学不仅是幼儿感知和认知外部世界的方式，也是其思维发展的重要途径。因此，作为幼儿学习的指导者、支持者、合作者的教师，帮助幼儿打下坚实的数学基础尤为重要。

自 20 世纪 80 年代以来，我国幼儿园课程组织形式的一个很大的变化是从学科课程到整合式课程的转化。整合式课程对教师的综合课程设计与实施能力、幼儿数学学习与发展评价能力提出了较高的要求。当前幼儿园教师在将数学教育整合进幼儿的一日生活中还存在诸多困难：一方面，教师对学前儿童数学教育领域核心概念与关键经验理解不深、储备不够，在整合过程中很容易出现“形式整合”而非“逻辑整合”的情况，影响整合式课程的实施质量；另一方面，幼儿园教师观察与评价能力比较薄弱，根据评价信息个性化支持幼儿持续学习的能力不足。有质量地实施学前儿童数学教育，幼儿园教师需要很好地协调、融合数学学科的独特性、系统性与课程组织的整合性、自主性之间的矛盾，将数学学科知识点线索隐含与渗透在主题内容及幼儿的一日生活中，并在真实情境下对幼儿数学能力进行专业评价及持续支持。

本教材突破以往教材的体系与框架，抓住幼儿园教师难以在一日生活中有效整合数学教育的痛点，以帮助学生掌握数学领域核心概念与关键经验，依据关键经验进行活动设计、实施与评价的思路与策略进行编写，具有以下特点：

（一）坚持立德树人，重视师德养成

本教材全面贯彻党的教育方针，坚持立德树人根本任务，坚持德育为先、育人为本、能力为重的指导思想，从学前儿童数学教育课程中深度挖掘所蕴含的思想价值和精神内涵，培养学生的理性思维、合作精神与创造能力，帮助学生树立科学的儿童观与教育观，厚植热爱学前教育、热爱儿童的深厚情怀。

（二）基于国际背景，面向时代前沿

教材全面分析了国内外最新的幼儿数学教育以及幼儿园教师专业发展的研究成果，借鉴“核心概念”“关键经验”的理论与实践，将数学教育的新知识、新理论、新技术、新方法充实到教学内容中，为学生提供了基于国际背景、面向时代前沿的教学内容与体例，拓展了学生对于学前儿童数学教育的认识与理解。教材将“在生活中进行数学教育”作为重要的价值取向。

（三）重组内容体系，核心经验引领

教材包含十大内容模块，对每一内容模块中的理论部分进行了全面的梳理、删减与重组，形成最精炼的理论体系。此外，教材基于数学领域核心概念，提炼出 32 条帮助幼儿内化核心概念的关键经验，清晰地呈现出幼儿数学学习与发展的脉络，为学生整体把握及循序渐进地设计、开展数学教育提供有力的抓手，帮助学生深入理解与系统掌握每一内容模块活动设计、实施与评价的要领，提高数学教育的有效性与科学性。

（四）解析专业需求，重视能力闭环

教材将“观察评价”提升到与“设计实施”的同等地位，作为每一项目内容框架中的重要组成部分。编者团队基于多年来沉浸于幼儿园教育实践进行“观察评价”的研究经验与成果，借助鲜活的评价案例帮助学生全面了解学前儿童数学教育“评什么”“怎么评”。教材的编写以促进学生数学教育计划与实施能力、观察与评价能力同步发展为最终目标，形成有效的专业能力闭环，填补了相关教材领域的空白。

（五）理实融会贯通，凸显应用本色

教材编写团队由多名教授本门课程的高校教师与具有丰富幼儿园教育实践经验的园长共同完成，理论部分系统、扎实，同时引入幼儿园真实案例、真实项目，理实融会贯通，使得教材立意处于行业前沿；教材体例安排和内容组织注重实践逻辑，而非学科逻辑，围绕幼儿教育实践问题组织与开展，案例驱动恰如其分，知识能力相互关联，相互催生，能够有效培养学生的专业实践能力，凸显应用本色。

（六）创新教材形态，拓展学习空间

教材是以互联网为基础的数字资源和纸质教材的有机融合体，纸质教材向学生提供课堂教学的主体内容，数字教学资源提供辅助教学。如，通过扫描二维码就可在线获得拓展活动资源、国家教师资格证考试典型题目，以及真实的儿童活动视频及评价案例，帮助学生更深入地了解幼儿的数学学习，掌握数学活动设计、实施及评价的方法，拓展学习的时空。

本教材包括“基本概述”“集合”“模式”“计数”“数感”“数运算”“量与测量”“图形”“空间”以及“主题背景下的学前儿童数学教育”十个项目，除了第一项目与第十项目之外，其余每一项目都由“项目分析”“项目导学”“学习目标”“情境导入”“任务要求”“学习内容”“单项实训”“综合实训”“岗证对接”“资源拓展”十大模块构成。

本教材编写团队由苏州幼儿师范高等专科学校学前教育系俞芳副教授牵头，与学前教育专业骨干教师及幼儿园园长共同组建，团队成员有着丰富的高校教育教学经验与幼儿园教育实践指导经验。全书由俞芳负责统稿。项目一、三、四、五由俞芳编写，项目二由杨梅佐与俞芳共同编写，项目六由杨梅佐编写，项目七、八由殷海燕编写、项目九由朱佳佳编写，项目十由朱佳佳与陈维娅共同编写。感谢苏州幼儿师范高等专科学校附属教育幼儿园、苏州高新区阳山实验幼儿园、苏州高新区浒墅关实验幼儿园、苏州高新区金通幼儿园教师为本教材提供了丰富的活动设计案例、观察评价案例及视频资源。本书可以作为高校学前教育专业学生的教材，也可以作为从事幼教工作教师的培训用书。

由于编者能力水平有限，书中难免存在一些问题与不足，敬请广大读者不吝指教。

编 者

二〇二一年九月

目　录

项目一

学前儿童数学教育概述

项目分析

幼儿对周围世界的数量关系与空间形式有着天生的好奇心，他们会比较各自手中糖果的数量，比较饼干或苹果的大小，会根据想象把各种图形拼成小动物的形象，这种内在的好奇促使他们主动地探究、积极地思考，形成最初的数学意识和经验。进行数学启蒙教育是促进幼儿全面发展的重要组成部分。本项目学习的主要内容包括学前儿童数学教育的基本理论、学前儿童数学教育教什么及怎么教、学前儿童数学学习与发展怎么评。

项目导学

- 学前儿童数学教育概述
  - 了解什么是学前儿童数学教育
    - 学前儿童数学教育的含义
    - 学前儿童数学教育的意义
    - 学前儿童数学教育的任务
  - 理解学前儿童数学教育教什么、怎么教
    - 学前儿童数学教育的专业基础
    - 学前儿童数学学习与发展的核心概念与关键经验
    - 学前儿童数学教育的方法与途径
  - 学习学前儿童数学学习与发展怎么评价
    - 学前儿童数学学习与发展评价的原则
    - 学前儿童数学学习与发展评价的方法
    - 学前儿童数学学习与发展评价的步骤
  - 实践与拓展
    - 综合实训
    - 岗证对接
    - 资源拓展

学习目标→

1. 了解学前儿童数学教育的含义、意义与任务。
2. 理解并掌握学前儿童数学学习的核心概念与关键经验。
3. 理解并掌握学前儿童数学教育的方法与途径。
4. 学习学前儿童数学学习与发展的评价原则、方法与步骤。

任务一　了解什么是学前儿童数学教育

情境导入

浩浩妈妈非常重视教育，从浩浩三岁开始，就让他学习算术，认识汉字。妈妈每天都会让他做算术题，浩浩做不出来，妈妈就会很生气，不让浩浩玩，导致浩浩对学习产生了厌恶的情绪，也不愿参加幼儿园的活动。心疼浩浩的奶奶说："小孩子还小，根本就不需要学习数学。"隔代教育观念的冲突不断。

以上情境中妈妈与奶奶的做法对吗？幼儿需不需要学习数学？学习数学对幼儿有什么发展价值？

任务要求

1. 了解学前儿童数学教育的含义以及对儿童发展的意义。
2. 了解学前儿童数学教育的任务。

一、学前儿童数学教育的含义

学前儿童数学教育是一门关于学前儿童数学学习与教育指导的学科。这门学科既包括对幼儿数学学习与认知特点的研究，又包括对幼儿园实际教育的指导，具有较强的理论性和实践性。

受脑的发育和心理发展水平限制，学前儿童思维尚处于以形象思维为主的发展阶段，而数学自身的抽象性和逻辑性特点是与抽象逻辑思维紧密相关的，这就决定了学前儿童的数学教育不在于让幼儿获得抽象的数学概念和知识，而在于引发幼儿对数学的兴趣和学习动机，通过适合的活动来培养他们的数学思维习惯和能力。因此，学前儿童数学教育就是将幼儿探索周围世界的数量关系、空间形式等需求纳入有目的、有计划的教育中，通过幼儿自身的感知、观察、操作、发现等主动探究活动，积累大量的有关数学的感性经验，建构表象水平上的初步数学概念，学习简单的数学方法和技能，发展初步的逻辑思维能力，对数学活动产生兴趣并形成良好的学习和思维习惯的过程。

二、学前儿童数学教育的意义

纵观各个国家的学习标准后不难发现，数学都是其课程标准中不可或缺的一部分。学前儿童学习数学具有以下意义：

（一）数学教育能帮助幼儿更好地解决生活中的问题

数学教育能使幼儿习得“数学的思维”，更好地解决生活中的问题。例如，某幼儿园中三班分到一块种植区，大家商量后决定种土豆。怎么种呢？明明说：“把土豆块挨着插到土里，然后再用泥土盖住，就可以了。”乐乐说：“这样不行，土豆会挤在一起，后面越长越大就没有地方了。”正在犯愁的时候，东东有了好注意。他拿来一根绳子，比画了一下，大约一尺长，用手掐住一端，建议道：“就这么长，每一个土豆块种的时候空这么长，这样它们之间距离就都一样了，也不会挤了。”可见，东东已经能够自觉运用所学的测量知识来解决实际问题了（见图 1－1）。

图 1－1　测量让土豆不再挤

数学教育的最终目的不是让幼儿学习计算，而是让幼儿能够具有“数学的思维”，认识到数学和生活的联系。正是这些生活中的具体问题，为幼儿提供了学习数学的素材，反过来数学也帮助他们更好地认识世界。数学教育为幼儿的生活世界和数学世界架起了一座桥梁。

（二）数学教育能发展幼儿的抽象逻辑思维

幼儿已经具有发展初步的抽象逻辑思维的可能性。数学本身具有的抽象性、逻辑性以及在实践中广泛的应用性，决定了数学教育是促进幼儿逻辑思维发展的重要途径。数学是人类的一种独特的语言，这种语言不同于其他的表达方式，它以简单的符号代替复杂的事物，以抽象的逻辑推理代替具体的关系。有人说，数学是思维的体操，数学把具体的问题抽象化，去掉那些具体的事实，揭示其在数量上的本质特点，并运用数学的方法加以解决。比如“妈妈给小红 1 个苹果，后来又给小红 3 个苹果，妈妈一共给小红几个苹果？”这个问题，用数学的思维方法来解决，就要排除具体的情节（妈妈给小红苹果)，而要抽象出其中的数量关系：1 和 3 合起来是多少，并运用加法运算加以解决。可见，数学将具体的事物和问题模式化，使之成为抽象的问题。它能帮助幼儿透过具体的、表象的现象，揭示事物本质的、共同的特征。所以，学习用数学的方法解决问题，可以发展幼儿的抽象逻辑思维能力。

（三）数学教育能培养幼儿的学习品质

由于数学本身具有抽象性特征，幼儿一般不会自发地对事物背后抽象的数学属性产生兴趣。但是，只要教师选择恰当的教育内容，采用得当的方法，并加以适当的引导，同样可以激发幼儿对数学的兴趣。当幼儿在具体操作中真正体验到数学内在的魅力，就会使他们对数学操作活动的外在兴趣转为对数学本身的内在兴趣。这种兴趣不仅是对数学知识的兴趣，更是一种对理智活动和思维活动的兴趣。如果幼儿真正体会到数学的奥妙和学习的乐趣，幼儿园的数学学习必将成为他们学校生涯的良好开端，使他们终身受益。此外，数学活动作为一项比较特别的活动，操作是幼儿学习数学的主要途径。因为操作带有较明确的任务性，以及明确的规则、要求和判断标准，能够很好地培养幼儿学习的任务意识、规则意识，激发幼儿的学习动机，为小学数学学习奠定基础。

三、学前儿童数学教育的任务

《幼儿园教育指导纲要(试行)》规定了幼儿园的任务是“为幼儿提供健康、丰富的生活和活动环境，满足他们多方面的发展需求，使他们在快乐的童年生活中获得有益于身心发展的经验”，“为幼儿一生的发展打好基础”。由此我们可了解到，向幼儿进行数学教育就是让幼儿在健康、丰富的生活和活动环境中获得有益于身心发展的数学经验，让幼儿“能从生活和游戏中感受到事物的数量关系并体验到数学的重要和有趣”。学前儿童数学教育具有以下基本任务：

（一）为幼儿创设体验数学有用与有趣的环境

学前儿童的心理发展特点决定了幼儿学习数学的方式是在其生活世界中与物体交互作用形成数学的体验和感受，建构初步的数学概念。因此，教师必须积极为幼儿创设有准备的且有吸引力的环境和材料。有准备的环境和材料体现在环境和材料要与幼儿的思维水平和真实的活动经验紧密联系，支持幼儿获得新的有益的数学经验；有吸引力的环境和材料体现在要能够调动幼儿的多种感官，激发幼儿的探索欲望，让他们在游戏的环境中有足够的时间和空间去探索、发现、思考和建构数学关系，获得数学经验，体验数学的有用和有趣。

（二）激发幼儿对数学持续的兴趣和探究欲

对世界充满好奇心和求知欲是每个幼儿的天性。学前儿童数学教育就是要利用幼儿天生对周围世界充满好奇的天性，把与生俱来的对外在世界的探索兴趣转化为对隐藏在事物、现象背后的数学关系进行探索的内在兴趣。一般来说，幼儿容易对数学活动的形式以及数学活动中的材料等外在形象产生兴趣，但对事物和现象背后的数学属性和数学关系难以自发地产生兴趣。学前儿童数学教育就是要通过活动的创设、材料的创造来吸引幼儿操作的兴趣，进而把这种兴趣转移到操作内容上，让幼儿在操作中发现数学关系，体验数学的有趣，从而把外在兴趣转变为对数学本身的内在兴趣，即对一种思维和理性活动的兴趣。

（三）发展幼儿初步的逻辑思维能力和应用数学能力

发展人的思维能力是数学重要的功能，没有数学就不存在有组织的逻辑思维。幼儿园数学教育要培养幼儿以数学思维思考问题的意识。教师不能把数学简化为单纯的知识传授，而应着重于培养幼儿分析、理解、应用的思维能力，帮助幼儿建构自己的认知，实现自己思维的发展与转化。此外，学前儿童数学教育要让幼儿"会用数学"。数学学习的过程就是要通过数学语言，用它特定的符号、词汇、句法去交流，去认识世界。因此，数学教育就是要让幼儿在用数学的过程中发展逻辑思维能力以及应用数学能力。

（四）促进幼儿对数学经验的积极建构，为入学做准备

当学习发生在有意义和熟悉的情境中，幼儿就能够在他们熟悉的环境中获得经验，主动建构知识，发现新关系。成人的作用就是以这些知识为基础，支持幼儿向更高层次发展。学前儿童数学教育要让幼儿在生活中积极建构和积累丰富的自然经验和非正式数学经验，同时也要为进入小学更为正式的结构化学习做准备。

单项实训

自主收集 1—2 个学前儿童使用数学方法解决生活中问题的案例，分析幼儿是如何利用已有的数学经验解决问题的。

任务二　理解学前儿童数学教育教什么、怎么教

情境导入

浩浩今年三岁，对数数特别感兴趣，到哪都要展示一下自己数数的本领。妈妈问浩浩："今天家里有几个人呀？"浩浩开始数着 1 个、2 个、3 个、4 个、5 个……妈妈又问："一共有多少个人？"浩浩没有回应妈妈，又开始数，1 个、2 个、3 个、4 个、5 个……妈妈说："你数到几个就是几个。"浩浩还是没有回应妈妈。

上述情境中浩浩学会数数了吗？浩浩为什么没有回应妈妈？

任务要求

1. 了解学前儿童数学教育的专业基础。
2. 理解并掌握学前儿童数学学习与发展的核心概念与关键经验。
3. 掌握学前儿童数学教育的方法与途径。

进行科学、系统的学前儿童数学教育，教师需要扎实的专业基础，并要理解：学前儿童数学教育应该教什么才能帮助幼儿全面发展数学概念以及初步的逻辑思维能力？数学教育应该怎样教才能使幼儿渐进性地获得全面的、系统的关键经验，发展对核心数学概念的初步理解？

一、学前儿童数学教育的专业基础

数学领域教学知识是进行学前儿童数学教育的专业基础。舒尔曼（Lee S. Shulman）在 1985 年美国教育协会的年会主席报告中提出了“学科教学知识”（Pedagogical Content Knowledge，简称 PCK）的概念。PCK 是教师学科知识和教学法知识的特殊整合，它不是一种知识，而是教学情境中各种知识的融合，至少包含三种类型的知识，即教什么——学科内容的知识；教谁——教育对象的知识；怎么教——教学策略的知识。

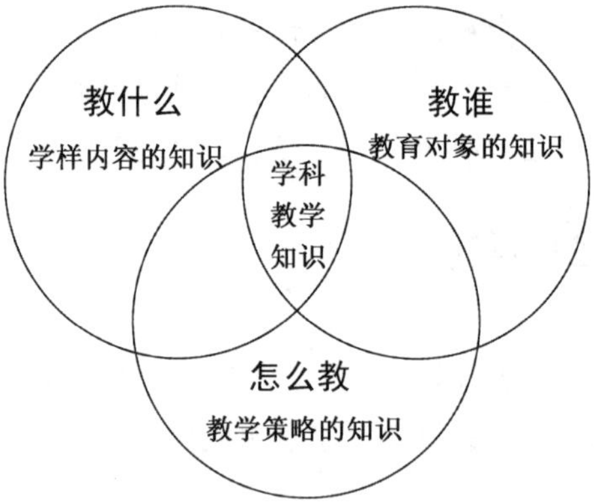

图 1-2　学科教学知识(PCK)的构成

图 1-2 展示了 PCK 各组成部分的相互关系，即什么样的知识适合什么样的儿童，面对什么样的儿童，确定应该进行怎样的教学，应该采用何种有效的方式，讲授什么核心概念。中间的区域就是 PCK，即三要素的有机整合。当教师积累了足够多的有关教什么、教谁、怎么教的知识，并且这三者之间开始相互影响、彼此促进的时候，教师的 PCK 也就形成了。

PCK 意味着教师是一种极具有专业性的职业。学前儿童数学教育课程就是要让幼儿园职前教师根据学前儿童数学学习的特点与规律，将学前儿童数学学科教学知识和教学法知识进行整合，初步建构自身的学前儿童数学教育学科教学知识，为从事幼儿园教育教学工作奠定专业基础。

（一）教什么——关于学科内容的知识

在 PCK 的结构中，学科内容知识起着决定性作用，因为教师不可能清楚地讲述自己都不甚理解的知识。学科内容知识越丰富的教师，越能注意到学生的错误概念，并能有效地、有针对性地应对学生的学习困难。学科内容知识不仅是帮助学生学习的基础，还是教学策略选择的基础。教师对于学科知识了解越深刻，就越有可能熟练与准确地思考隐藏在教学过程中的概念和原则，从而更有可能采用有效的教学手段促进学生的理解。强调幼儿教师的领域内容知识，不是削弱发展适宜性教育，也不是质疑整合教育的价值。如何将幼儿教师领域知识的重要性与发展适宜性教育融合起来，是有战略意义和普遍影响的问题。

（二）教谁——关于教育对象（儿童）的知识

有效的教学应该在儿童学习的最近发展区内发生，意味着幼儿在先前经验基础上能有新概念的习得。为了更好地帮助儿童学习，教师就必须了解他们的发展水平和能力。教师对儿童的概念理解和学习方式了解得越多，就越能更好地帮助他们掌握整个学习过程中必备的技能。儿童在6岁以前的发展速度比其他任何一个阶段都要快，这一年龄阶段呈现出的儿童个体差异也更加突出。从PCK视角来看，教师需要掌握三种类型的关于教育对象的知识：儿童的学习轨迹、儿童在学习新概念时容易出错的地方以及对儿童个体差异性的理解。

（三）怎么教——关于教学策略的知识

怎么教，这是指教学策略或者教学艺术。教师怎样教直接关系到儿童怎样学。PCK将教学策略知识定义为“与学科知识紧密相连，旨在促进学生理解学科概念的方法性知识”。有效的教学策略，是指能促进儿童概念的发展，能帮助儿童获得特定领域关键经验，实现特定领域活动目标的教学方式。“怎么教”是根据“教什么”和“教谁”而决定的。各领域核心概念与儿童的学习轨迹，会影响教师所选择的教学材料和教学手段。在幼儿园中，整合性的教学是最为常见的教育实践，日常活动是教学的最佳场所。

二、学前儿童数学学习与发展的核心概念与关键经验

已有研究表明，在学前儿童数学的PCK构成中，有关教学内容知识的得分最低（刘畅，2012；黄俊，2012；沈姣，2012；万黎，2012）。忽视学科内容知识，会导致教师不知道到底教什么，在不清楚教什么的情况下，教师是否还能明白如何教呢？学前儿童应该获得哪些早期数学的学习经验，对国内外相关政策文件的分析可以使我们更清楚地了解学前儿童数学教育应该教哪些内容。

（一）我国学前儿童数学教育的相关文件

1.《幼儿园教育指导纲要（试行）》中的数学

2001年，教育部印发《幼儿园教育指导纲要（试行）》（以下简称《纲要》）。《纲要》将“数学”纳入“科学”领域，是因为科学探究与数学有着天然的联系，前者是后者的基础。将以往独立存在的数学领域纳入科学领域之中，使幼儿的数学学习和对自然界的探究有机结合，融为一体，这将使幼儿的数学学习方式得到根本的改变：从机械记忆为主的学习到主动建构为主的学习，从符号为主的学习到实际意义为主的学习，注重让幼儿亲

历解决问题的探究过程，真实地与物体打交道，获得真实的认识和体验。

表1-1是科学领域的目标、内容与要求。《纲要》将幼儿对数学的兴趣、好奇心和求知欲作为首要目标，并要求在过程中让幼儿“体验到数学的重要和有趣”。在内容上不仅涉及数、量、形、时间和空间，还强调培养幼儿表达与交流、合作与分享、自主探究与解决问题的能力，重视数学对发展幼儿思维能力的价值；同时，重视生活中的数学，鼓励幼儿在生活与游戏中自主探究与问题解决。

表1-1　《幼儿园教育指导纲要(试行)》中科学领域目标、内容与要求

1. 目标
(1) 对周围的事物、现象感兴趣，有好奇心和求知欲； (2) 能运用各种感官，动手动脑，探究问题； (3) 能用适当的方式表达、交流探索的过程和结果； (4) 能从生活和游戏中感受事物的数量关系并体验到数学的重要和有趣； (5) 爱护动植物，关心周围环境，亲近大自然，珍惜自然资源，有初步的环保意识。
2. 内容与要求
(1) 引导幼儿对身边常见事物和现象的特点、变化规律产生兴趣和探究的欲望。 (2) 为幼儿的探究活动创造宽松的环境，让每个幼儿都有机会参与尝试，支持、鼓励他们大胆提出问题，发表不同意见，学会尊重别人的观点和经验。 (3) 提供丰富的可操作的材料，为每个幼儿都能运用多种感官、多种方式进行探索提供活动的条件。 (4) 通过引导幼儿积极参加小组讨论、探索等方式，培养幼儿合作学习的意识和能力，学习用多种方式表现、交流、分享探索的过程和结果。 (5) 引导幼儿对周围环境中的数、量、形、时间和空间等现象产生兴趣，建构初步的数概念，并学习用简单的数学方法解决生活和游戏中某些简单的问题。

2.《3—6岁儿童学习与发展指南》中的数学

2012年，我国教育部正式颁布《3—6岁儿童学习与发展指南》(以下简称《指南》)。《指南》从健康、语言、社会、科学、艺术等五个领域描述幼儿的学习与发展，分别对3至4岁、4至5岁、5至6岁三个年龄段末期幼儿应该知道什么、能做什么，大致可以达到什么发展水平提出了合理期望。其中，对“科学”领域的“数学”内容单独进行了阐释。

《指南》中数学领域的内容侧重于数和形，这两个主题是儿童早期数学学习的核心内容。首先，对数和数量关系的初步理解是幼儿早期数学学习的第一步，也是最重要的一步。理解和运用数是幼儿日常生活必备的重要技能，也是幼儿学习几何、测量等其他数学知识技能的前提。其次，对数和数量关系的初步理解也能促进幼儿的逻辑思维和推理能力的发展。同样，形状和空间知识是幼儿认识和了解周围世界的一项重要技能，也是几何学习的重要基础。《指南》中数学领域提出了三条目标，第一条关于数学的感知体验和态度，第二条有关数、量和数量关系，第三条有关形状和空间(见表1-2)。

表 1－2　《3～6 岁儿童学习与发展指南》中的数学

目标 1　初步感知生活中数学的有用和有趣

3～4 岁	4～5 岁	5～6 岁
1. 感知和发现周围物体的形状是多种多样的，对不同的形状感兴趣。 2. 体验和发现生活中很多地方都用到数。	1. 在指导下，感知和体会有些事物可以用形状来描述。 2. 在指导下，感知和体会有些事物可以用数来描述，对环境中各种数字的含义有进一步探究的兴趣。	1. 能发现事物简单的排列规律，并尝试创造新的排列规律。 2. 能发现生活中许多问题都可以用数学的方法来解决，体验解决问题的乐趣。

目标 2　感知和理解数、量及数量关系

3～4 岁	4～5 岁	5～6 岁
1. 能感知和区分物体的大小、多少、高矮长短等量方面的特点，并能用相应的词表示。 2. 能通过一一对应的方法比较两组物体的多少。 3. 能手口一致地点数 5 个以内的物体，并能说出总数。能按数取物。 4. 能用数词描述事物或动作。如我有 4 本图书。	1. 能感知和区分物体的粗细、厚薄、轻重等量方面的特点，并能用相应的词语描述。 2. 能通过数数比较两组物体的多少。 3. 能通过实际操作理解数与数之间的关系，如 5 比 4 多 1；2 和 3 合在一起是 5。 4. 会用数词描述事物的排列顺序和位置。	1. 初步理解量的相对性。 2. 借助实际情境和操作（如合并或拿取）理解“加”和“减”的实际意义。 3. 能通过实物操作或其他方法进行 10 以内的加减运算。 4. 能用简单的记录表、统计图等表示简单的数量关系。

目标 3　感知形状与空间关系

3～4 岁	4～5 岁	5～6 岁
1. 能注意物体较明显的形状特征，并能用自己的语言描述。 2. 能感知物体基本的空间位置与方位，理解上下、前后、里外等方位词。	1. 能感知物体的形体结构特征，画出或拼搭出该物体的造型。 2. 能感知和发现常见几何图形的基本特征，并能进行分类。 3. 能使用上下、前后、里外、中间、旁边等方位词描述物体的位置和运动方向。	1. 能用常见的几何形体有创意地拼搭和画出物体的造型。 2. 能按语言指示或根据简单示意图正确取放物品。 3. 能辨别自己的左右。

（二）学前儿童数学教育的目标分析

根据对国内外学前儿童数学教育政策文件及已有研究成果的分析可知，学前儿童数学教育的目标可以包括三个方面：

（1）学习品质目标。对周围环境中的数学现象和问题感兴趣，能体验到数学的有用和有趣，喜欢参加数学活动和游戏，有良好的学习习惯。

学习品质主要指学习态度、学习行为和习惯等与学习密切相关的基本素质，是在幼儿期开始出现与发展，并对幼儿现在与将来的学习都具有重要影响的基本素质。具体到幼儿数学教育中，主要包括学习态度与学习习惯两个方面。学习态度即“对周围环境中的数学现象和问题感兴趣，并在运用数学的过程中体验到数学的有用和有趣，喜欢参加数学活动和游戏”。学习习惯具体表现在：具有任务意识和规则意识；能积极主动、认真专注地参加活动；坚持尝试和探索，完成操作活动；能细心、有计划地进行操作；会检查和反思自己的操作；能与他人合作进行活动。

（2）数学知识目标。感知和理解数、量及数量关系，感知物体的形状特征和空间关系。

逻辑能力是学习数学知识的重要前提。《指南》尽管在数学认知领域没有提出明确的分类、对应和模式的教育目标，但科学领域还是涉及有关分类、对应和模式的初步技能，在教育实践中把分类、对应和模式认知活动作为数学教育的内容仍然是可取的。因为，幼儿数学学习可包括“数理逻辑基础”“数与量”“形状与空间”三部分。“逻辑基础”目标包括感知集合，体验集合与子集的关系；感知模式，体验模式中的重复性与预测性；“数与量”目标包括感知和理解物体的数量特征，能理解并进行简单的加减运算；感知周围环境中各种常见的量；“形状与空间”目标包括感知物体的形状特征；感知物体之间的空间关系；体验空间测量。

（3）数学过程性能力目标。运用数学的方法描述生活和游戏中的现象，解决简单的问题，并用适当的方式表达、交流操作和探索的过程和结果。

按美国国家研究理事会幼儿数学委员会在 2009 年出版的《早期儿童数学学习：通向卓越与公平》一书中界定，数学过程性能力包括一般过程性能力和特殊过程性能力。一般过程性能力指在几乎所有数学知识、技能获得和运用的过程中都会用到的能力，包括数学表征的能力、解决问题的能力、推理和证明的能力、联系数学与生活的能力、交流表达的能力，这些能力使得幼儿能够理解数学的实际意义，并将各种不同的具体问题转变为抽象的数学问题，也即能够“数学地思考”。特殊过程性能力是将多个数学概念联系起来的“贯通性概念”，能帮助幼儿发现不同数学内容之间的联系和共同的本质特征。具体包括发现和创造单位、分解与组合、比较与排序、发现模式与结构和组织信息五个方面。发现和创造单位在数、图形、空间等领域都有体现；分解与组合在数量判断、数的分解与组成、图形的分合、测量中均有体现；比较与排序体现为数量、长度、面积等的比较和排序；发现模式与结构包括发现模式、分类、识别结构三个方面；组织信息主要指分类。

（三）学前儿童数学教育的内容分析

学前儿童数学教育内容体系的建构，既要考虑幼儿阶段所学习的数学学科内容及其逻辑联系，又要考虑幼儿数学学习的年龄特点及学习路径，它是学科逻辑与心理逻辑的结合。从横向看，幼儿的数学学习内容不仅有数的学习，现实生活中普遍存在的量、空间、形体等都可以成为幼儿学习数学的内容。此外，由于幼儿的数学学习和他们的逻辑思维发展密不可分，而且逻辑关系还是数量关系、空间关系学习的基础，因此，一些属于“前数学”的数理逻辑经验也是幼儿数学学习内容的一部分。具体的内容可包括“数理逻辑基础”“数与量”“形状与空间”三部分。从纵向看，需要选取各个系列中处于核心地位又互相联系的概念和技能，构成一个循序渐进的、系统化的内容序列。

表 1－3　学前儿童数学教育的内容

模块	主题	具体内容
数理逻辑基础	集合	对应、分类
	模式	模式
数与量	计数	数数、基数意义、数量守恒
	数感	数字的不同用途、数量表征、数量的比较与排序、数据统计与分析
	数运算	数的分合、数的加减运算
	量与测量	量的感知、比较、排序与测量
形状与空间	形状	图形的认知与表征、图形的分解与组合
	空间	空间方位、空间关系

（四）学前儿童数学学习与发展的核心概念与关键经验

数学学习是一个不断积累的过程，高阶的数学学习应该建立在前面数学学习经验的基础之上。学前儿童的数学教育应该缩减过大的知识范围，确定早期阶段幼儿应该获得的最基础、最关键的数学核心概念，并且为幼儿数学学习与发展提供相关的关键经验，以达到促进其发展的目的。①

1. 学前儿童数学学习与发展的核心概念

核心概念(big ideas)，也可翻译成“大概念”，是指某一学科领域中至关重要的概念。对于学前儿童数学学习领域而言，核心概念就是儿童在这一年龄阶段中可以获得的最基础、最关键的数学概念。核心概念不等同于具体的知识，更不等同于一个个具体的活动，它具有基础性、适宜性、系统性的特点。

核心概念对于幼儿来说是隐性的、不自知的。幼儿在学习与游戏时并不会意识到自己是在学习和发展某一领域的核心概念，但幼儿的学习和发展最终会表现为核心概念的成长。核心概念的成长并不是自然成熟的过程，也不是完全自主发展的过程，需要教师有目的、有计划地引导。所以，核心概念不是让幼儿背诵的，而是给予教师的专业工具。

(1) 教师掌握核心概念能帮助教师明确数学教育的目标和重点，提供更有针对性的环境和活动。教师只有明确数学教育“教”什么、幼儿学习数学时会有什么困难、一般遵循什么发展轨迹和发展规律等问题，才能在进行教育时做到心中有儿童、有内容、有重点、有策略。当发现身边到处有数学时就能有意识地将数学融入幼儿的生活与游戏，拓展数学教育实施的途径，同时达到寓教于乐的目的。

① 张俊. 幼儿园数学领域教育精要——关键经验与活动指导[M]. 北京：教育科学出版社，2015.

(2) 教师掌握核心概念可以帮助教师加深对幼儿数学发展规律的了解，更有利于开展儿童发展评估以及提供有效的后续支持。核心概念为教师评价幼儿的数学发展提供了支架和抓手，教师能更容易根据活动中的表现判断班级中幼儿对于数学核心概念的掌握情况，知道何种概念在幼儿的游戏、生活中萌芽和生长，判断最近发展区是什么，清楚接下来应该给他们接触哪些类型的核心概念。

美国埃里克森儿童发展研究生院早期数学教育项目组以及我国华东师范大学黄瑾教授团队根据认知科学以及当前学前儿童数学教育的研究成果，分别从学前儿童数学教育的内容中提炼出 26 条幼儿数学学习与发展的核心概念，期望这些核心概念能为终身数学学习和思考奠定坚实的基础①②。

2. 学前儿童数学学习与发展的关键经验

关键经验与核心概念是不同的两个概念。经验是指个人与环境、材料相互作用的过程以及从中获得的体验。数学活动的设计就是依据数学的核心概念，将数学内容转化为幼儿自己的数学经验，以促进其个人数学概念的建构。也就是说教师只有将数学的核心概念转化为幼儿的学习经验，才能达到促进幼儿发展的目标。那教师应该给幼儿提供哪些经验呢？

根据杜威的理论，经验具有相互作用和连续性的特点。首先，教师提供的学习经验应该是幼儿可以投身其中的活动，在这个活动中，幼儿可以与环境、材料进行充分的相互作用，并能通过这个过程，获取对相应数学概念的个性的理解或体验。其次，这些经验不应该是孤立的、零散的，而应该是前后联系的。幼儿在活动的过程中，能够调动已有的经验，并在已有经验的基础上，丰富、扩展、调整乃至颠覆已有的认识。

经验在幼儿园的生活中无处不在，只要幼儿在生活中，就是在学习，在获得经验。幼儿园的数学教育是对幼儿进行有目的、有计划、有组织的影响，其重要的任务就是以核心概念为依据，筛选出对数学学习与发展最为基本的、重要的经验，即关键经验，并提供给幼儿，以达到促进其发展的目的。

3. 学前儿童数学学习的核心概念与关键经验列举

本教材根据国内外关于学前儿童数学学习与发展的核心概念与关键经验的相关研究成果，确定了 29 条核心概念以及 32 条关键经验，以期能够为学前儿童数学教育架构整体的课程结构，为系统的数学教育活动设计提供有力的抓手，在帮助幼儿获得连续性数学经验的同时，逐渐深化对于数学核心概念的理解(见表 1-4)。

---

① 美国埃里克森儿童发展研究生院早期数学教育项目组. 幼儿数学核心概念：教什么？怎么教？[M]. 张银娜，侯宇岚，田方，译. 南京：南京师范大学出版社，2015.

② 田方，黄瑾，陈杰琦. 学前儿童数学学习与发展核心经验[M]. 南京：南京师范大学出版社，2015.

表 1－4　学前儿童数学学习与发展的核心概念与关键经验

模块	核心概念	关键经验
集合	1. 可以根据物体的属性对物体进行匹配、分类,组成不同的集合。 2. 同样一组物体可以按不同的属性进行分类。 3. 集合之间可以进行比较,感知其关系。	1. 对应,感知集合界限以及集合与元素的关系。 2. 匹配与归类,感知集合中物体的某一共同属性。 3. 按不同属性分类,感知集合与子集的关系。 4. 层级分类与多重角度分类,进一步体验集合与子集之间的包含关系。
模式	1. 模式是按一定的规则排成的重复或递增的序列,不仅存在于数学中,也存在于这个世界中。 2. 识别模式可以帮助我们进行预测和归纳。 3. 不同的形式中可以发现相同的模式,同一种模式可以用不同的形式来表征。	1. 识别、复制模式,感知模式中的规律。 2. 扩展、填补模式,加深对模式中律性的理解。 3. 创造、转化模式,体验模式的多样性。
计数	1. 小集合的数量可以直接被感知到,而无需计数。 2. 计数可以用来确定一个集合中数量的"多少"。 3. 计数的基本原则适用于任何集合。	1. 巩固口头数数的经验。 2. 学习手口一致点数,认识总数。 3. 采用多种策略,提高计数的准确性与效率。 4. 进行等量匹配,进一步理解数的基数意义。 5. 尝试计数验证,发展数量守恒。
数感	1. 数字有多种用途,有些更具数学意义。 2. 数量是集合的属性之一,用数字来表示具体的数量。 3. 集合之间可以比较,感知其关系(与集合中的一条一样)。 4. 收集数据的目的是回答那些答案不明显、不直接的问题。 5. 数据表征的目的在于说明问题,而如何收集和整理那些数据则取决于问题本身。 6. 对局部数据进行比较有助于预测整体情况。	1. 感受数字的多种用途,区分基数与序数意义的不同。 2. 学习数量表征,理解数字符号的实际意义。 3. 学习数量比较与排序,感知数量关系。 4. 学习数据统计与分析,解决真实问题。
数运算	1. 往一个集合里添加物体(组合)能使集合变大,拿走一些物体则使集合变小(分解)。 2. 集合之间可以根据数量的属性进行比较,还可以根据多少或相等进行排序。 3. 一定数量的物体(整体)可以分为几个相等或不等的部分,这几个部分又可以合成一个整体。	1. 积累数量分与合的经验,体验多种分合方法。 2. 领会分解规律,理解分合中的关系。 3. 在真实情境及实物操作中感知、体验加减法含义。 4. 学习用数字、符号记录加减过程,理解算式的含义。
量与测量	1. 语言可以用来识别和描述特定的属性。 2. 了解和确定不同的属性特征是进行量的比较与测量的重要前提。 3. 量具有相对性和传递性。 4. 不论对单个或多个物体,都可根据多种属性对其进行测量。 5. 所有的测量都涉及"公平"的比较。 6. 定量测量有助于更加精确地描述和比较。	1. 感知比较量,了解事物量的属性特征。 2. 进行量的排序,感知事物量的规律性。 3. 进行长度的自然测量,体验长度测量的意义。 4. 进行面积与体积的自然测量,体验面积与体积测量的意义。

（续表）

模块	核心概念	关键经验
图形	1. 根据属性特征可以对图形进行定义和分类。 2. 立体图形的表面是平面图形。 3. 通过组合和分割可以得到新的图形。	1. 感知和发现平面图形的基本特征，形成平面图形概念。 2. 辨别立体图形的基本特征并正确命名，形成立体图形概念。 3. 根据图形的基本特征进行分类与表征，巩固对图形概念的认识。 4. 进行图形的分解与组合，体验图形之间的组合替换关系。
空间	1. 可以用数学准确地描述物体与方位之间的关系。 2. 对空间的体验和二维表征受观察角度的影响。 3. 大脑可以形成并操作空间关系的视觉图像。	1. 感知、描述空间方位，定位空间位置。 2. 多元表征空间方位，增强对空间方位的理解。 3. 操作视觉图像，丰富空间视觉化经验。 4. 多角度观察、表征物体，体验空间关系的转换。

三、学前儿童数学教育的方法与途径

（一）学前儿童数学教育的方法

1. 将周围的世界数学化，捕捉日常生活情境中的数学教育契机

幼儿数学并非孤零零地存在于课程，它的触角可以伸向幼儿的一日生活及各个领域，如日常环节、户外活动、语言故事、情境表演、美工活动中。数学还可以为参观、游戏、调查、实验、竞赛等多种活动提供解决问题的工具。因此，教师要善于将周围世界数学化，发现真实的、蕴含在生活环节和各类活动中的数学问题和数学教育契机，灵活地、综合地运用不同的活动形式，把多种活动中的一般性问题转化为数学问题，吸引幼儿积极参与解决数学问题的思考之中，让幼儿在解决问题和参与活动的过程中走近数学、喜欢数学、应用数学。

2. 给幼儿提供操作的机会，引导幼儿在实物、图像和符号表征之间建立联系

幼儿期相当程度上还要依靠直觉行动思维，需要实际操作物体，经过反复的摆弄和探索，把外部动作转为内部智力操作，使问题的解决过程在头脑中进行，解答那些需要逻辑思维的问题，发展数学能力。此外，数学从一开始就是抽象的，数学能够也应该用多种形式来表征，幼儿需要在具体经验、象征符号、图像和语言之间建立联系。而且，其中的联系不会自动产生，也不是一成不变的，需要不断地设计活动，引导幼儿在实物、图像和符号表征之间进行转换。

3. 激发幼儿利用各种感官参与数学学习

数学经验绝不能局限于“动手”，基于材料的操作以及多种感官参与的体验过程是

学前儿童建构数学概念的必经之路。唱歌、跳舞、蹦跳、画画、手工等活动深深地吸引幼儿，也能为幼儿提供多样化的学习机会。多样化的学习是指激发幼儿运用多种感官和行动系统参与学习，比如唱数数歌可以帮助幼儿学习数字顺序，动觉活动如双脚轮流踏着鼓点前进可以帮助幼儿感知一一对应和模式。

4. 利用数学语言促进幼儿的深度思考

越来越多的研究表明，在幼儿的数学学习中，不仅仅通过"做"学习，还要通过思考以及谈论他们所做的事情来学习。教师所使用的与数学有关的语言总量，与幼儿今后在学校中数学知识的增长有着显著的关系。鼓励幼儿与同伴、教师和他人交流，用数学语言进行清楚的、精确的数学方面的表达和交流同样重要。教师要充分地用"数学语言"与幼儿展开提问和交流互动，如："你用了多少块、什么形状的积木造出了这艘船?""你有什么办法来量一量你们谁更高?"……这样的数学讨论可以使幼儿有机会尝试去创造和验证，而这种有效的机制也能刺激幼儿的逻辑思考，帮助幼儿完善和巩固他们正在形成的数学概念。

5. 重视多情境下的练习和应用

幼儿数学概念的掌握是一个持续不断的过程。幼儿会用自己已有的认知结构同化外部世界，也会顺应外界的变化建构起新的认知结构。幼儿不断与环境相互作用的过程，是他们不断尝试新策略，练习和检验新获得的策略，并在应用中巩固新策略的过程。它完全是通过幼儿的自我调节作用发生的，而不是教的结果。对于幼儿来说，最重要的是要有大量的机会练习和应用。

（二）学前儿童数学教育的途径

学前儿童数学教育的途径，是指实施数学教育采取的活动组织形式。多形式、多种类的活动均是向幼儿进行数学教育十分有效的途径，教师应切实理解和灵活运用幼儿生活中各活动进行数学教育。

1. 专门的数学教育活动

专门的数学教育活动是指教师组织或安排专门的时间让幼儿参加的专项数学活动，在此活动中，要为幼儿提供以数学为主要内容的材料和环境。专门的数学教育活动包括：

（1）集体数学活动

集体数学活动是教师根据幼儿数学教育的目标，有计划、有目的地选择数学内容，提供相应的材料，面向全体幼儿开展的，使幼儿掌握初步数学概念并发展逻辑思维的一种专项活动。在集体数学活动中，教师对幼儿进行统一指导与个别指导，使幼儿亲历问题解决的过程，在自己原有的水平上获得发展。教师要对全班幼儿的数学发展水平进行分析，筛选出当前需要通过集体形式帮助幼儿获得的相关经验，并设计相应的活动。例如，大班王老师认为，班级中幼儿已经具备对物体按照外部特征与内部属性进行分类的经验，应该再给他们提供更多的根据自己确定的标准，从多角度对物体进行分类的活动，而且通过集体组织的方式最佳，可以让幼儿相互交流不同的分类方法，在分享交流中拓展分类的思路，发展发散性思维。

(2) 区角数学活动

区角数学活动是指由教师为幼儿创设一个较为宽松和谐的环境，提供各种数学活动设备及丰富多样的学具、玩具，引导幼儿自主、自发、自由进行的数学活动。

比如小班“夹糖果”活动，提供标有1～6数字符号的小盘子以及海绵球若干，请幼儿根据小盘子上的数字符号，夹相应数量的海绵球放入盘子内，此活动的目的是考察幼儿6以内按数取物的能力。中班“汽车拼图”活动，提供拼图部件，左边一半部件上有1～10的点点，右边一半部件上是1～10的数字符号，此活动的目的是让幼儿体验、感受1～10数字符号所代表的实际意义。

总的来说，集体数学活动与区角数学活动有以下不同(见表1-5)：

表1-5 集体数学活动与区角数学活动的区别

	集体数学活动	区角数学活动
目标	有针对全班幼儿的活动目标	没有针对全班幼儿的活动目标，但活动服从于幼儿园数学教育总目标
内容	教师提供统一的教育内容和材料	幼儿自己选择活动内容和材料
组织形式	集体为主，统一组织全班活动或小组活动	没有固定组织形式，个别活动为主，或两三名幼儿自由组织
教师指导	直接指导较多，个别指导较少	间接指导较多，个别指导为主
活动时间	有固定时间，教师掌握	幼儿自己决定活动时间

2. 渗透的数学教育活动

渗透的数学教育活动是指除专门的数学教育活动以外，渗透于其他教育活动和幼儿日常生活中的数学教育活动。它包括日常生活中的数学教育渗透、其他游戏和领域活动中的数学教育渗透、主题活动中的数学教育渗透。

(1) 日常生活中的数学教育渗透

日常生活中出现的一些数学现象和数学问题，大多是在自然状态下发生的，是生活情景中的真实问题，而且这些数学现象和问题一般都会反复、不断出现，这就使幼儿能经常感受到这些现象和问题，从而对这些现象和问题有所认识和体验。同时，也由于这些数学现象和问题大多发生在自然状态下，幼儿常常在不知不觉中就学习了数学，应用了数学，巩固了数学，这一过程，幼儿充分发挥了独立性、自主性和创造性。因此，日常生活中的各种活动，是向幼儿进行数学教育十分重要的途径。

教师可以在日常生活中渗透数学教育内容，使幼儿在一日生活中随机地感受到数学的存在。例如，每天来园点名，点心时间请小组长根据小组人数拿取饼干与牛奶，排队时男生女生按规律排队，喝水时根据序数标签找到水杯所在的位置，统计一个星期的天气情况等。日常生活为幼儿提供了多种学习数学的机会，让幼儿在解决问题的过程中学数学、用数学,体验到数学的有用和有趣。

(2) 其他游戏与领域活动中的数学教育渗透

幼儿园班级里可以开设各种区角,如美工区、阅读区、建构区、角色扮演区等,幼儿可根据自己的兴趣和需要独立选择活动的材料,自己决定活动的时间。不同的活动区里也可以渗透数学的内容,幼儿在不同活动区解决问题的经历会增加他们的信心,并进一步激发他们学数学、用数学的兴趣。

教师可以在阅读区投放有关数学的书籍;在美工区开展"根据花瓶上的数字插花""给美丽的裙子装饰"等有关数量表征、模式创造的活动;在建构区带领幼儿进行平面或立体几何形体的搭建,感知图形的基本特征、图形的组合与分解,以及数量关系与空间关系;在角色扮演区渗透数学是进行学前儿童数学教育的重要途径,小超市、小菜场游戏可以让幼儿获得有关集合、分类、计数、数量比较、数量表征、数运算等多种数学经验。教师可以在教室中的每个区角增加促进幼儿运用数学思维、进行数学推理的机会。利用其他区角整合数学学习还有一个重要的原因,有些幼儿会拒绝玩一些特别有趣的数学材料,因为他们在数学活动时缺乏安全感或害怕失败。教师可以把同一个数学概念纳入不同的区角,尤其是那些幼儿喜欢的区角活动中,让幼儿在安全的、支持性的环境中思考数学问题。

此外,在科学、语言、健康、美术等领域活动中也可以融合数学教育。如科学领域,在带领幼儿观察认识周围世界的过程中,可以进一步带领幼儿感知发现周围世界中的各种规律,如动物、植物身上的规律,一年四季的规律,日月年的规律等;语言领域,可以给图书分类并统计,以及感知各种文学作品中语言的规律等。

(3) 主题活动中的数学教育渗透

课程的整合化已经成为当前幼儿园课程改革的一个重要趋势。从幼儿园课程改革的实践看,采用主题形式整合教育内容是整合型教学的特征之一。主题活动是指在一段时间围绕一个中心(即主题)来组织教育、教学活动。主题一般来源于幼儿的生活,反映的是一个整体的、具体的、鲜活的世界。在每一个主题中,不仅包含了多个领域的内容,而且能让幼儿对事物获得一个较为整体、全面、生活化的认识。数学是研究现实世界的空间形式和数量关系的科学,因此,在主题活动所表现的整体和具体的世界中,必然会包含着数学的方方面面的内容,幼儿在活动中对事物产生认识的同时,会感受到事物的数量、形状和空间位置等特征。

比如,在小班"秋天"的主题活动中,教师除了带幼儿去"找秋天""唱秋天""画秋天"之外,也可以"把秋天带回教室",利用捡回来的树叶、秋天的水果等进行计数、分类、大小比较、排序等活动。这样的活动不仅发展幼儿的数学能力,而且使幼儿对树叶及水果的特征有更深的认识,获得丰富多样的学习经验。

单项实训

1. 全班学生分为八个小组，就集合、模式、计数、数感、数运算、量与测量、形状、空间八个方面的数学内容，找出与各个内容相关的词汇，如图形里各种几何形体的名称、空间里各种方位词等。各个小组将所有词汇归类列出，并联系生活实际情境进行分析，体会掌握这些词汇对于学前儿童学习数学的意义。

2. 4～6人组成一大组，大组分为两小组。选择某一所幼儿园，一个小组观察班上专门的数学活动，另一个小组则选择其他有渗透数学内容的活动进行观察，记录两种不同情境下学前儿童数学学习的情况，组内交流，讨论比较不同学习活动的特点以及幼儿的表现。

任务三　学习学前儿童数学学习与发展怎么评价

情境导入

刚入职的李老师要对本班幼儿的数学能力发展水平进行评价。李老师认为本班幼儿的数学能力发展得很不错，原因如下：幼儿都喜爱数学活动，积极地参与其中。每一次活动自己都精心准备，开展顺利，很好地达成了活动目标。

以上情境中李老师对班级幼儿数学能力的评价是否合理？我们应该怎样开展学前儿童学习与发展的评价？

任务要求

1. 了解学前儿童数学学习与发展评价的原则。
2. 掌握学前儿童数学学习与发展评价的方法与步骤。

教师不仅要扮演教的角色，同时也要扮演评价者的角色，教学的过程也应该成为评价的过程。学习与发展评价能够提供有关幼儿数学学习经验、兴趣与需要、情感与观点、学习结果与学习潜能等方面的信息，通过评价所获得的信息可以帮助教师更加深入地了解幼儿，从而为幼儿提供更适宜的教育。那么，教师应该如何扮演好评价者的角色？

一、学前儿童数学学习与发展评价的原则

幼儿数学学习与发展评价是运用一定的方法收集幼儿的信息并对幼儿的数学学习

与发展状况做出判断的过程。这一过程本质上是一个比较与判断的过程。评价要遵循以下原则：

（一）整体性原则

整体性原则主要体现在评价内容的全面性、整体性上。幼儿数学学习的评价不仅要包括数与运算、数量关系、量的概念、图形与空间等所有内容，还要关注问题解决、推理论证、交流、联系、表征等数学过程性能力的获得，同时还要关注兴趣、情感、个性特征、学习方式、学习品质、发展优势等，只有这样，才能使评价更全面、真实地反映每个幼儿不同方面的优势和长处，增强幼儿的自信心。

（二）发展性原则

发展性原则一方面要求评价应该以发展的眼光看待幼儿，既要了解现有的数学发展水平，更要关注其数学能力发展的速度、特点和倾向。另一方面，评价的重点不是“选拔适合教育的幼儿”，而是“创造适合幼儿发展的教育”。评价要注意静态评价与动态评价的结合，更重要的是考察幼儿当前的发展较之过去的进步情况以及今后的发展潜力和趋势。

（三）科学性原则

科学性原则是指幼儿数学学习评价标准的制定规范，收集幼儿发展评价信息与资料的方法多样，参与幼儿评价的主体多元，确保能够正确、全面、客观地反映幼儿的真实发展水平，即评价的有效性和可信度高。一方面，在评价方法上应该定性评价和定量评价综合使用，充分发挥二者的优势。另一方面，应将管理人员、教师、幼儿以及家长都纳入评价的主体中，将评价过程看作是各方共同参与、相互支持与合作的过程。

（四）儿童权益保护原则

评价的目的以及数据收集、解释和应用等各个环节都应保护幼儿的利益。首先，幼儿数学学习与发展评价的目标是为了创造良好的数学教育环境，向幼儿提供更加适宜的数学教育影响，进而促进幼儿数概念的发展，真正保障幼儿的发展权和受教育权的实现。其次，评价信息的收集和解释以及评价结果的应用都要考虑幼儿的隐私及其在学习和教育过程中的权益，以有利于幼儿发展的原则来进行。

二、学前儿童数学学习与发展评价的方法

（一）运用“观察法”进行评价

对于学前儿童数学学习与发展，观察法是最为适合的方法。观察法指在自然状态或准自然状态下，对评价对象的行为进行现场观察，并根据观察结果进行分析、做出评定的一种资料收集方法。在运用观察法收集资料的时候，观察者在事件现场及时记录行为的发展过程，力求客观、真实、详尽地记录，而避免主观的臆想或推断。根据观察的目的性与计划性，观察法分为“非任务情境（自然情境）中的观察”以及“任务情境中的观察”。

1. 非任务情境(自然情境)中的观察

非任务情境(自然情境)中的观察是指在幼儿生活和游戏等自然情境中寻找、记录自然发生的数学行为,评价数学能力的发展水平。幼儿很多关键性的学习发生在真实的生活与游戏过程中,自然观察就是将幼儿在各种自然生活、学习与游戏情况下自然表露的行为特点直接而具体地记录下来,作为幼儿发展水平、学习特点与潜力等方面的评价资料。如在户外游戏时,观察到幼儿边拍皮球边数数。观察记录应该包含观察日期、学习情境、幼儿行为和话语的准确信息,以及教师对幼儿行为的解读与后期的规划指导。记录日期有助于教师制作发展趋势表,了解幼儿的发展轨迹。记录学习情境可能会使教师发现某些幼儿在教室某个区角游戏时表现出的数学思维和发展,如在角色扮演区或者美工区利用数学解决某些具体问题。这样的信息可以帮助教师为这些区角设计更加复杂的数学活动,也便于教师为其他区角设计幼儿感兴趣的数学活动。特别要注意的是,教师要准确记录幼儿说的话和做的事,客观记录会让教师更全面、准确地了解幼儿的数学思维水平、解决数学问题的策略以及数学学习中的能力。

【案例 1-1】

放哪里

【观察记录】9 月 25 日,亮亮、宁宁、奇奇在体育器材室为如何摆放体育器材产生了意见分歧。亮亮喜欢红色,将红圈和红绳都放在红色的架子上。宁宁过去把红圈、红绳取下来挂在墙上的钩子上,然后把手里的绿皮球和黄色羊角球放到架子上,说:“这个是放球的架子,不能放其他东西。”亮亮不同意,坚持认为红架子就应该放红色的东西。奇奇指着另外一个上中下分别漆了三种颜色的架子,说:“这个架子放球吧,红架子就放红色东西。”大家于是开始分别摆放器具。

【行为分析】从上述记录中可知,亮亮能依照颜色对器材进行分类,宁宁能按照器材的属性和功能进行分类,奇奇对两种分类标准都能理解和接受。最后三名幼儿按照奇奇提出的办法归类整理器材,说明他们都能够发现一个物体往往具有不止一种的属性,能够对物体进行多维度分类。

【未来规划指导】进一步对三名幼儿的分类水平进行观察评价,同时为幼儿提供按照属性、功能、用途等内部属性对物体进行分类的情境与机会。

2. 任务情境中的观察

任务情境中的观察是指教师有意设计特定的情境,借助具体的数学任务对幼儿进行观察评价。

仅仅依赖于自然情境可能无法观察到幼儿所有的数学学习行为,因为幼儿自发的、非正式的数学学习行为不是经常性行为。教师可以设计问题情境，引发幼儿的反应，从而对其行为等进行观察。需要注意的是，任务情境中的观察仍然是在幼儿真实的生活情境中进行的，是通过改变或控制某些条件来完成的。如在美工区活动中，有 6 名幼儿，教师给幼儿准备了 5 张纸，观察幼儿如何分配纸，以及如何解决问题。

观察记录不仅要记录幼儿是否完成相应的数学任务，更要记录他们是如何完成任务的。在同样的年龄阶段，不同幼儿的发展水平存在相当大的差距，只有在了解他们的个别差异后，才能进行有针对性的个别教育。

【案例 1－2】

喂小动物吃食物

【背景】在小班“按数量匹配实物”的活动中，教师要求幼儿根据卡片上的数量送相应数量的食物（拟真）给小动物吃。尽管幼儿大多能够完成这项操作任务，但是不同幼儿的操作方式是不一样的。

【观察记录】11 月 2 日，华华、明明、丽丽进了数学区。华华先看了一眼卡片（兔子的数目是 3 个），然后从一堆食物中数出 3 根萝卜，放到兔子前面的盘子里。明明则是点数出卡片上小狗的数目是 4，然后就开始取骨头。不过他并不是一下子数出 4 根骨头，而是一个一个地将骨头放到格子里。当他放了 4 个以后，便停止了动作。丽丽也是先点出小猫的数目是 3，然后开始拿小鱼。他像明明一样，将小鱼一条一条地拿。不过，每一次拿出来，总要先将它和卡片上的小猫碰一下，再放到小猫面前的盘子里。3 条小鱼的排列方式也和卡片上小猫的排列方式一样。

【行为分析】幼儿不同的操作方式，反映了他们数学概念发展的不同水平。华华在感知数量 3 时，已经完全摆脱了点数的动作，而且，他已经能够真正做到按数量对应两个集合，而不是将两个集合中的元素进行一一对应，显然这是比较高的水平。明明虽然也能做到按物点数和按数取物，但是他对数的抽象水平显然不及华华。而丽丽的动作反映出她的集合对应能力还比较弱，还完全不能摆脱具体的动作，同时她将 3 条小鱼摆放成和小猫卡片一致的方式，也暗示了她还缺乏数量守恒的能力。

【未来规划指导】“按数量匹配实物”活动的目的是引导幼儿关注事物的数量特征，发现等数性。未来还可以组织一些专门的预成性活动来实现活动目的。比如提供1～5的点子卡片，以及 1～5 个数量集合的实物卡片，让幼儿根据点子卡片挑选出相同数量的实物卡片，或按照相同数量的实物卡片进行分类后再用点子卡片表示。

华华已经能够做到按数量对应两个集合，给予华华更多的按数取物或者等量匹配、等量分类的机会，逐步加深对于数的意义的理解。明明是通过一一对应的方式进行等量匹配，鼓励他通过数数的策略完成任务。丽丽还处于需要通过具体动作进行匹配的阶段，不要着急，持续关注，适时给予支持，鼓励丽丽通过视觉图像进行匹配与对应，完成从动作思维到具体形象思维的过渡。

此外，教师还可以将目光聚焦于个别幼儿，通过较长时间的连续观察，追踪每一名幼儿的发展过程。通过个案的连续观察，教师可以深入了解该幼儿在某一数概念方面是如何发展的，获得对于数概念发展路径的一般认识。同时，也能更好地理解幼儿的个体差异，个性化地为每一名幼儿提供支持。

教师也可以设计简单的结构化表格，列出一些重要的发展指标，为评价幼儿在一段时期内的发展提供便捷。将数学概念和推理的信息以表格形式呈现，教师迅速浏览一下记录表就可以发现哪些幼儿需要关注哪些概念。

基于课程的评价也是任务情境评价的一种。基于课程的评价是依赖于教师深度参与、基于课程的评价模式。其评价任务设计直接来自课程标准和目标，依靠预制性的等值性任务检核幼儿在所学内容上的一般性成果，并通过持续的评价提供关于教学和学习的具体信息，指引教师制定规划和教学决策。设计基于课程的评价能够适应幼儿发展的兴趣和关注的范围，同时给教师提供与课程直接相关的重要的、持续性的学习信息。评价本身也经常设计成一个学习活动。

参考案例

个人数数观察记录表

（二）运用“作业分析法”进行评价

作业分析法和观察方法不同的是，教师可以花费比较少的时间了解更多的信息，而且可以在教学活动结束之后进行。这样教师有充分的时间分析幼儿的作业，并在了解全班幼儿普遍水平的基础上进行横向的比较，做到既掌握全面情况又发现个别问题，从而克服了由于时间、精力等诸多因素造成的观察不够细致和全面的缺点。作业分析法可以帮助教师迅速、简便地获知幼儿的学习情况。

但是，作业分析法也有不足之处，它只能反映幼儿的学习结果，而无法看到他们的操作过程，同时，幼儿的表现还会受到作业内容及形式的影响。例如，幼儿对于不同的作业形式（如熟悉的作业和不熟悉的作业、具体形象的作业和比较抽象的作业），很可能表现出不同的水平，这就要求教师能够考虑到作业形式的不同，从而更加客观地分析幼儿的发展水平。当然，幼儿在不同形式的作业中有不同的表现，可以使教师反过来分析不同作业形式的难度，更深入地思考如何设计和提供有层次性的作业问题。

【案例 1－3】

大班有关“6 的组成”内容的一组作业

(1)“看图填分合式”：要求幼儿对每幅图上的物体（每幅图上两类物体的总数均为6）进行分类计数，并记录在右边的分合式里。（每幅图的结果都不一样，恰好是 6 的 5

种组成）

（2）“圆圈涂色并记录”：每排有6个圆圈，一共有5排，要求幼儿给各排中的若干圆圈涂上颜色，每排涂色圆圈的数量都要不一样，同时要在右边记下每一排涂色和未涂色的圆圈数量。（一共有5种不同的答案）

（3）“翻片片并记录”：提供给幼儿6个正反颜色不同的片片，要求幼儿将其中的若干片片翻过去，分别记录两种颜色片片的数量。（一共有5种不同的答案）

（4）“点子房子图”：要求幼儿将6个圆圈分别画在一排的左右两格里，一共要画5排，每排都不一样。（一共有5种不同的答案）

在教学活动结束后，某教师对幼儿的作业情况进行了统计，结果如下：

作业形式	有序	互换	无序	不全	错误
（1）	25	0	0	0	2
（2）	13	2	3	1	0
（3）	11	2	6	2	1
（4）	5	3	3	2	4

表中，“有序”是指按数序排列，如1和5、2和4、3和3。“互换”是指按互换的顺序排列，如1和5、5和1。“无序”指没有按以上的两种顺序排列但能完全列举全部5种分法。“不全”指正确列举出部分组成但没有完全列举。这实际上正是幼儿对“6的分合”这一学习内容所表现出的能力层次，从不能完全列出6的5种分法，到能够完全列举，乃至能够按照一定顺序排列出6的5种分法，水平渐次提高。

通过对上表的分析，你是否能看出这4种不同的作业形式，在难度上有什么差别呢？显然，第一种作业有具体的形象存在，幼儿只需正确计数并记录就能完成；第二、三种作业需要幼儿能对6个圆圈或6个片片进行分合，但也有具体形象的支持；而第四种作业要求幼儿自己画出6个圆圈并分别画在两个格子里，他们就不容易完成了，因此难度也最大。

三、学前儿童数学学习与发展评价的步骤

一般而言，幼儿学习与发展评价主要由制定方案、收集信息、解释判断、交流应用四个环节构成，每个环节都不可缺失，都应遵循特定的规范来进行，合理、规范的程序要求能够确保评价的完整性与科学性。

（一）制定评价方案

制定详尽、可行的方案是开展评价的初始工作。评价方案就评价目的、内容、对象、方法与工具、评价人员等问题给出具体的意见与计划。① 教师首先要根据幼儿数学发展及课程教学的需要来明确幼儿在数学哪些主题、维度、内容上的学习与发展情况，进

而将其转化为具体的行为表现，确定需要收集的信息。② 对参与教育活动的所有幼儿进行观察，确保了解班上每名幼儿的学习与发展情况。不同幼儿学习与发展的需要不同，教师在不同时间、不同活动背景下的观察对象又有所侧重。③ 根据评价目标和内容的性质来制定评价工具，形成科学合理的评价标准体系。④ 选择恰当的评价方法，考虑使用该方法所需要的工具和材料等。⑤ 考虑实施评价的情境，明确观察评价实施的时间、地点、任务背景。⑥ 明确教师之间在观察对象和观察内容方面的分工，重视家庭的参与。

（二）收集信息

评价是在事实判断基础上进行的价值判断，信息收集是揭示事实的过程，是评价的基本环节。如何客观、全面地收集到被评幼儿的真实信息是信息收集环节需要重点考虑并予以解决的首要问题。信息收集的核心指导原则是以所见为依据，切忌将所想等同于所见。要及时、客观、详细记录被评幼儿的表现信息。记录信息时应注意用词汇客观地描述事实，不要加入个人的主观解释和判断，并且应记录所有细节，不要过于简略。

（三）解释判断

解释判断是指分析判断所观察到、收集到的行为与表现意味着幼儿有怎样的学习和发展，以及幼儿为什么会有这样的行为表现等的过程。解释判断是评价的核心环节。所获得的事实数据本身没有多大意义，意义在于行为表现背后的含义，这些含义是分析和推断出来的。对事实数据的解释判断包括以下两个层次。一是分析所观察到的行为表现意味着幼儿有怎样的学习与发展，并将其与评价标准进行比较，判断幼儿的学习与发展是否符合期望。二是依据一定的儿童发展理论来审视数据，解释幼儿行为表现背后的发展理论。不同儿童发展理论对发展的特征与原因有不同解释，依据不同理论对相同行为表现会有着不同的判断。在解释和判断幼儿行为表现时，教师应注意尊重差异、摒弃偏见。教师也应注意用生态的、动态的眼光来看待幼儿的学习与发展。

（四）交流应用

交流应用环节的实施是真正发挥评价对幼儿发展、教师教学的指导与促进作用的基础。评价信息的交流是应用的前提。教师之间、教师与家长之间进行信息交流，才能保障教师对所有幼儿以及幼儿各方面发展有一个全面深入的认识。应用环节是将评价潜在的功能转化为现实的环节，恰当地应用才能实现以评价促发展的目的。① 支持教师的课程设计与调整。充分了解幼儿才能根据幼儿的兴趣与需要、经验与能力来设计和调整后续的活动，进而提高课程的适宜性和有效性。② 改进环境创设与材料投放。教师可以根据评价信息来判断环境是否符合幼儿的兴趣，是否符合幼儿的年龄特点，从而有效地创设、调整和利用环境。③ 促进教师的专业化发展。观察与反思是教师积累经验、提升经验，形成学与教的知识，改进教育教学行为的关键环节。④ 支持教师与家长的沟通。优秀的家园沟通应侧重交流幼儿学习与发展的信息。

单项实训

4～5 人一小组，根据“幼儿数学认知能力等级量表”，在幼儿园观察并记录一名幼儿的数学认知能力发展情况。

任务四　实践与拓展

一、综合实训

4～5 人一小组，在幼儿园中选择一个班级，对该班级幼儿的数学能力发展现状和教师的数学教育实施情况进行全面调查，并提出有针对性的指导建议。

二、岗证对接

材料分析题：

茵茵已经上中班了，她知道把 2 个苹果和 3 个苹果加起来，就有 5 个苹果。但是问她 2 加 3 等于几，她就直摇头。

根据上述案例，简述中班幼儿数学学习的思维特点以及对教育的启示。（保教知识与能力真题，2014 年上半年）

三、资源拓展

《把发展思维而不是计算作为数学教育的目标》

参考答案
拓展资源

项目二

集　合

项目分析

集合是学前儿童数学教育的重要内容，是儿童数概念形成的基础。在幼儿的生活、学习、游戏中，集合无处不在。儿童很早开始获得有关集合的经验，儿童集合概念的发展在依赖于逻辑思维能力发展的同时也促进了其发展。本项目学习的主要内容包括集合的基本理论，有关集合教育活动的设计与实施，幼儿感知集合能力的发展与评价。

项目导学

- 集合
  - 掌握集合的基本理论
    - 集合的基础知识
    - 幼儿感知集合的发展特点
    - 集合的核心概念与关键经验
  - 学习感知集合教育活动的设计与实施
    - 专门的感知集合教育活动
    - 渗透的感知集合教育活动
    - 开展感知集合教育的注意要点
  - 学习感知集合能力发展的评价
    - 感知集合能力发展的评价内容
    - 感知集合能力发展的评价方法
    - 开展感知集合能力发展评价的注意要点
  - 实践与拓展
    - 综合实训
    - 岗证对接
    - 资源拓展

学习目标

1. 了解集合的基础知识及幼儿感知集合能力的发展特点。
2. 掌握集合的核心概念和关键经验。
3. 尝试设计、组织专门的集合教育活动。
4. 能够将感知集合教育渗透于幼儿的一日生活中。
5. 能根据幼儿的表现评价幼儿感知集合能力的发展，并给予个性化的支持。

任务一　掌握集合的基本理论

情境导入

小班区域活动开始了，孩子们在各个区域中操作着各种材料。建构区中，三个孩子在玩动物园的搭建游戏，他们用围合的方式给动物们搭了几座房子，然后把三只恐龙放在一起，把两头狮子关在一个笼子里，旁边还有一个围栏，围起来两头大象。生活区的丁丁正在玩串珠的游戏，他一下从框里挑出好多红色的大串珠说："这是我的，我要这个红色的串珠"。扮演区的果果则在一个小碗中摆放一把勺子，给每个娃娃都放好了这样的一套餐具。他的指导老师走过来问他："你能发现孩子们这些游戏中蕴含的关于集合的相关经验吗？"

任务要求

1. 了解集合与元素、集合与分类的关系以及集合对幼儿发展的意义。
2. 了解幼儿感知集合的发展特点。
3. 掌握集合的核心概念和关键经验。

把一组对象看成一个整体就形成了一个集合，集合中的每一个对象叫作这个集合的元素。在幼儿的生活、学习、游戏中，集合无处不在。上述案例中建构区的孩子们把同一种物体放在一起，相同的动物组成了一个集合；串珠的孩子能从五颜六色的珠子中将红色的珠子挑出来，组成一个集合；娃娃家的孩子也能根据勺子和小碗的关系组成一个对应关系的集合。不仅真实的物体能组成一个集合，有的时候幼儿还会感知一个集合中元素的数量，感知不同集合之间的关系。

一、集合的基础知识

集合是现代数学的一个最基本的概念。学习函数、泛函数、概率论、拓扑学等高等数学离不开集合，甚至整个数学都可建立在集合的基础之上。在数学启蒙教育中，以具体集合概念和一一对应作为感性基础，利用幼儿已有的生活经验和周围环境帮助幼儿感知集合间的相互关系，进行集合的比较与运算的教育教学活动，是幼儿建立初步数概念及进行加减运算的感性基础。

（一）集合与元素

在数学中，我们通常把具有某种相同属性的事物组合在一起的整体称为集合，或者说，集合就是按照某种属性组合在一起的总体。集合的“相同属性”可以是物体的名称，也可以是物体的某一特征，如颜色、形状、功能、用途等。它既是一个集合的标志，也是组成一个集合的依据。例如，苹果、梨子、香蕉可以是集合“水果”，汽车、火车、飞机是另外一个集合“交通工具”，“玩具”是积木、雪花片、布娃娃等的集合。组成集合的每个对象叫作这个集合的元素。

集合之间存在着包含关系和相等关系（见图 2-1）。包含关系是指一个集合中的部分元素还可以组成另一个集合，形成“子集”。相等关系是指两个集合间的元素是完全相同的。集合与集合之间还存在运算，即通常是指交集、并集、差集、补集的运算（见图 2-2）。

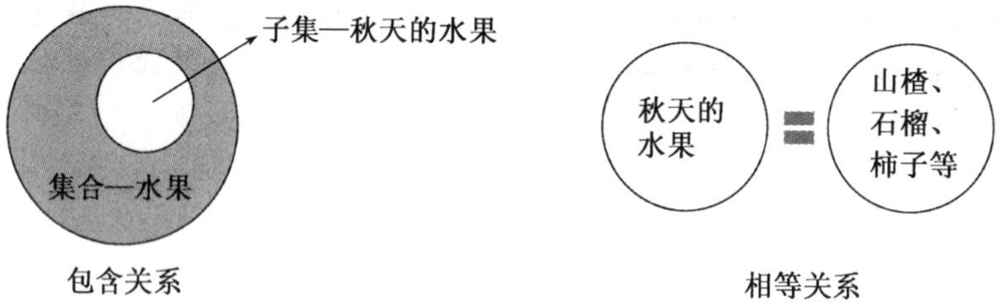

图 2-1　集合的包含关系与相等关系

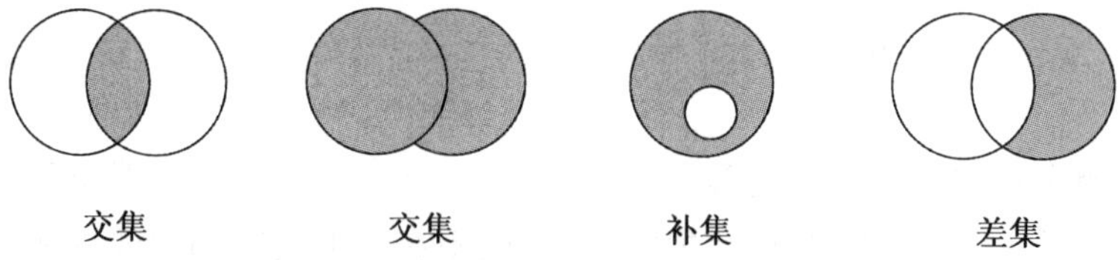

图 2-2　集合的运算关系

（二）集合与分类

集合与分类是紧密联系在一起的两个概念：集合是一组具有共同属性的整体，分类就是把一堆物体分成有共同属性的几组，它是一种重要的特殊数学过程性能力。集合是分类活动的基础，对集合的区分和合并就是分类；分类是对集合进行区分的过程，是其集合思想的体现。在很多情况下，幼儿都会用到分类，例如将混在一起的雪花片和小积木区分开，把积木区不同形状的积木分开摆放等。集合是从数概念、数学思维的角度来描述的，分类则是从数学能力、数学活动的角度来描述的，两者实际上是一体相连的。

认识一个集合中物体的属性或者特征是进行分类的前提。幼儿进行分类活动时，首先要辨别物体所具有的各种属性，如颜色、形状、大小等，然后予以比较，既要看到物体间的不同点，又要看到他们的相同点。幼儿在把具有某一共同特征的物体归并在一起时，需要摒除其他无关特征的干扰，从而将物体按一定的标准集合成类，这就需要幼儿在头脑中形成类包含的概念。例如，给幼儿一堆不同颜色、不同大小的雪花片，要求幼儿按照颜色分类，那么幼儿在分类的过程中必须同时思考两个标准，然后排除大小，以颜色为标准；其次排除其他颜色，以具体的一种颜色为标准归类。

（三）感知集合对幼儿发展的意义

集合是幼儿形成数概念系统的基础。集合与子集之间存在着包含关系，即整体与部分的关系。幼儿要表示数量，真正理解数的实际意义，必须在思想上形成类包含概念，形成整体和部分之间的包含关系。应该知道数表示的是一个总体，它包含了其中的所有个体。如 5 就包含了 5 个 1。同时，每一个数，都被它后面的数所包含。只有理解了数的包含关系，幼儿才可能学会数的组成和加减运算。

另外，幼儿一开始对集合的感知是笼统的，尚不能明确知觉集合中所有元素的数量，但却能辨别是多还是少。随着幼儿年龄的增长，幼儿能正确感知集合中物体的数量。并且，在对集合感知的过程中，通过对某种特征的物体进行分类，幼儿可以了解该集合中某一类物体的数量。也就是说，要了解某一类物体的数量，必须先将这类物体从集合中进行分类，然后才可以正确计数。幼儿只有将红苹果和黄苹果分开，才知道红苹果和黄苹果各有几个，是红苹果多还是黄苹果多，或者真正弄明白，是红苹果多还是苹果多。

因此，感知集合是幼儿理解数概念、掌握加减运算的基础。在幼儿数学启蒙中渗透感知集合的教育思想和内容，不仅为幼儿学数学提供了准备教育，帮助幼儿形象、直观地学习和理解早期数学概念，掌握一些数学基本能力，同时还有利于发展幼儿多种感官能力与抽象概括能力，调动数学学习的兴趣和积极性。

二、幼儿感知集合的发展特点

学前儿童感知集合是一个由泛化笼统到精确的过程。一般分为四个阶段：

1. 对集合的笼统知觉阶段(2～3 岁)

2～3 岁幼儿产生了对集合的笼统知觉，但这种知觉是泛化的。这一时期的幼儿看不到集合的范围和界限，例如，他们会表现为倾向于要多的糖果，或用“多多”“好多”表示，同时也不能一个接一个地感知集合中的元素，还没有精确意识到元素的数量。并且，如果在他们玩一组物体(如 5 块积木)时，成人在他们不注意的情况下拿走一两件，这时对集合中部分元素的减少幼儿觉察不到。

2. 感知有限集合的界限阶段(3～4 岁)

3～4 岁幼儿已逐步感知到集合的界限,对集合中元素的知觉也从泛化向精确过渡。这一阶段幼儿对集合中元素的认识不能超出集合的界限。此外,这一阶幼儿开始具有简单的分类能力。例如,他们可以按照物体的外部特征如大小、形状、颜色等进行分类。

3. 感知集合元素的阶段(4～5 岁)

4～5 岁幼儿已经能准确感知集合和元素,并能初步理解集合和子集的包含关系,同时提高了按物体某一特征进行分类的能力。除了按外部特征分类之外,还可以按照物体的用途和数量进行分类。

4. 感知集合的包含关系阶段(5～6 岁)

5～6 岁的幼儿对集合理解进一步提高和扩展,能理解集合的不同特征,能从不同角度认识理解集合。首先,他们能按照两种特征将集合分成子集,可以理解并可按高一级的类概念要求进行分类,如层级分类、多重角度分类。此外,他们能较好地理解集合和子集的包含关系,可以懂得数的组成和加减运算中数群和子群的关系。

三、集合的核心概念与关键经验

表 2-1　集合的核心概念与关键经验

	核心概念	关键经验
集合	1. 可以根据物体的属性对物体进行匹配、分类,组成不同的集合。 2. 同样一组物体可以按不同的属性进行分类。 3. 集合之间可以进行比较,感知其关系。	1. 对应,感知集合界限以及集合与元素的关系。 2. 匹配与归类,感知集合中物体的某一共同属性。 3. 按不同属性分类,感知集合与子集的关系。 4. 层级分类与多重角度分类,进一步体验集合与子集之间的包含关系。

表 2-2　集合的各年龄段关键经验

集合各年龄段关键经验		
3～4 岁	4～5 岁	5～6 岁
1. 根据物体的特点、关系寻找相关物体,将相关的物体相匹配。 2. 用一一对应的方式进行等量集合,能运用"一样多""不一样多""多些""少些"等词语描述。 3. 根据标记将相同的物体集中在一起,进行简单的归类。 4. 按照物体的一种外部特征(颜色、形状、大小、高矮、长短等)进行简单的分类。	1. 按照物体的内部特征(材料、功能、用途等)进行分类。 2. 按物体间的数量关系和逻辑关系进行分类。 3. 概括物体的两个特征(颜色、形状、大小、高矮、长短、粗细等),并按物体的两个特征分类。 4. 自己确定分类标准,初步学习使用分类标记。	对物体进行多重角度分类、层级分类。

单项实训

1. 自主收集一个关于幼儿集合能力发展的案例，并分析案例中的幼儿处于哪种发展阶段。

2. 4～5 人一小组，去幼儿园观察某小班幼儿一日生活中渗透了哪些有关集合的关键经验，以案例的形式进行记录并分享。

任务二 学习感知集合教育活动的设计与实施

情境导入

孩子们在手工区用超轻黏土制作了各种各样的饼干，并想用这些饼干开一个专卖店。这些饼干有不同颜色、不同形状。东东是售货员，正在将这些饼干分类摆放。他把所有的红色饼干装在一个盘子里，把所有黄色饼干装在了另一个盘子里。老师问："你还可以有其他的分装方式吗？"他看了看老师，似乎不明白老师的意思，摇了摇头。

任务要求

1. 尝试结合关键经验，设计、实施专门的感知集合教育活动。
2. 学会将感知集合教育灵活地渗透于幼儿的日常生活中。

对幼儿进行感知集合的教育，强调在幼儿数学教育中渗透集合的思想，目的是为幼儿学习计数和掌握初步数概念做好准备。可以根据幼儿感知集合的发展规律进行递进性的教育活动设计，即先通过对应活动让幼儿感知有限集合的界限，感知集合与元素的关系；然后通过按物体外部特征、内部属性、数量关系等进行分类的活动帮助幼儿进一步感知集合与元素、集合与子集的关系；最后再通过层级分类、多重角度分类来帮助幼儿更深入地感知集合的包含关系。

一、专门的感知集合教育活动

（一）对应，感知集合的界限以及集合与元素的关系

对应是指两个集合的元素之间建立关系。对应活动包括关系配对、等价集合以及集合间比较。

1. **关系配对**

关系配对指根据物体的特征、属性、功能、性质等进行匹配。教师可以给幼儿提供具有一定对应关系的实物或者实物卡，例如，有相关关系的锁和钥匙、雨伞和雨鞋、茶壶和茶杯、筷子和碗等；有相连关系的手套、袜子、围巾等；以及有从属关系的厨师和厨师帽、医生和听诊器、奶奶和老花眼镜等。此外，也可以从其他方面，如动物与食物、动物与活动场地等关系方面进行配对。在进行关系配对时教师提供的材料要能够激发幼儿的兴趣，活动中要引导幼儿观察物体的属性，对物体间的关系进行讨论，再动手操作进行配对。

关系配对活动的指导要点

关系配对活动要根据幼儿的经验提供幼儿较熟悉的相关联物体。针对幼儿的实际情况可增加或减少提供的物体的数量，也可以增加一些生活中有的，但对幼儿来说不大熟悉的物品，如钉子和钉锤、花和花瓶等，进一步丰富幼儿的经验。

在活动中，教师提供给幼儿的物品应是可以配对的，如碗和筷子、牙刷和杯子，这样有助于幼儿理解什么是配对，为什么是好朋友。此外，也可采用鼓励、启发等方法让不同水平的幼儿都有机会表达自己的配对理由，以发现幼儿是否真正理解什么是“朋友”，即相匹配物品之间的对应关系。此外，可以进一步引导幼儿给一种物品找若干个朋友，如碗可以是筷子的朋友，也可以是勺子的朋友；裤子可以是衣服的朋友，也可以是鞋子的朋友等，进一步引导幼儿体验对应关系。

2. **等价集合**

等价集合是帮助幼儿发现集合间的等数性，从而进一步抽象出数的概念。例如，教师给幼儿提供小猴子、小猫等动物玩偶或者动物实物的卡片若干，请幼儿玩“给小动物喂食物”的游戏。游戏中，可以请幼儿给每只小动物喂一样的食物，也可以请幼儿给每只小动物喂两样或多样食物。

3. **集合间比较**

集合间比较是用一一对应的方法，比较两个集合间元素的数量。幼儿将两个集合中的元素一一对应比较，得出“多”“少”或“一样多”的结果，能帮助幼儿感知集合中的元素数量，从而获得数的感性经验。集合间比较活动中可以引导幼儿通过将一个集合中元素逐一重叠（或并放）在另一个集合的相应元素上（或附近）进行数量的比较（见图 2-3），这是幼儿学习计数以及理解数概念必不可少的基础和准备。因为计数活动就是要把集合中的元素与自然数列中从“1”开始的自然数建立起一一对应的过程。如果幼儿不能熟练地掌握一一对应的方法，也就不能进行准确计数。

图 2-3 上下并放——对应比较多少

通过一一对应进行集合间比较活动的指导要点

一一对应有两种方法，一种是将两种物体重叠在一起，再一一对应比较；另一种是将两种物体上下并放，一一对应比较。幼儿在排序板上摆放集合中元素时应注意：① 排序的方向，请幼儿从标记后面开始摆放，从左往右的规范性动作可以为后面的计数奠定基础。② 排序的顺序，先将一种物体排在横线上面，再将另一种物体排在横线的下面。③ 比较的要求，两种物体应是一一对应地摆放。教师可以先引导幼儿比较数量一样多的物体，再比较数量不一样多的物体。比较不一样物体时，两组物体数量应相差为 1。④ 提供材料的数量要求，一般不超过 5 个。因为该活动的目的在于帮助幼儿感知集合及学会对应，数量多反而会给幼儿带来干扰。此外，幼儿用一一对应的方法比较出谁多谁少后，应引导幼儿说出多的是谁，从而帮助幼儿为自己的比较结果寻找证据。

幼儿能熟练地进行一一对应比多少之后，可引导幼儿进一步思考：怎样将两组物体变得一样多，即通过给少的增加一个或将多的去掉一个的方法，把两组物体变成一样多。在有操作材料的活动中，可以引导幼儿比较材料与幼儿人数的多少，如美工区中比较笔与纸的多少、纸与小朋友的多少；在体育活动中比较运动器械和小朋友的多少。

（二）匹配与归类，感知集合中物体的某一共同属性

在分类活动中涉及几个概念：匹配、归类与分类。引发幼儿关注属性特征的最简单的活动是匹配。匹配是指幼儿根据所提供的范例、标记或者语音提示挑选具有某种共同属性的物体。比如教师拿起一颗蓝色的星星珠子问幼儿能不能找到一颗“一模一样”的珠子——同样的形状和颜色。幼儿开始从颜色和形状两个属性对类似的珠子进行匹配。如果要求幼儿将这些珠子全部挑出来，放在一起，就是按形状和颜色两种属性进行归类。匹配与归类能力不等同于分类能力。比如教师在三个盒子中分别贴有红、黄、蓝

三种标记，请幼儿把对应的积木分别放入这三个盒子中，也就是说，教师给的操作材料中已经暗示了颜色的属性特征，因此，它是一个涉及匹配与归类的活动。如果教师请幼儿将糖果放入两个糖果罐内，而两个糖果罐里已经分别装有两颗大糖果和两颗小糖果，这样的操作材料也已经限定了属性特征——大小，所以这也是匹配与归类而不是分类。

匹配与归类按抽象化程度不同分为“按范例匹配与归类”与“按标记匹配与归类”。教师可以通过有效地控制一些变量，如数量、颜色和形状，帮助幼儿关注到具体属性。

1. 按范例匹配与归类

指先由教师拿出一个物体或者物体的照片作为范例，让幼儿学习从一堆物体中拿出和教师所取的一样的物体。如教师从一堆玩具里拿出一块积木，请幼儿观察并说出是什么，并找出一样的积木。然后教师把积木放入小筐内，要求幼儿像老师一样把相同的积木找出来放入小筐内，直到把所有积木全部拿出来为止。教师也可以通过实物照片或者图片表示作为范例，请幼儿找出一样的东西。

2. 按标记匹配与归类

指用物体某一属性做范例，找出具有相同属性的东西。如按照物体的轮廓标记（形状标记）、颜色标记、大小标记等请幼儿找出具有同样属性的物体。设计此类活动的关键在于控制物体的相同属性，一般在最初提供只有一种不同属性的物体。如教师创设“小动物吃饼干”的情境，在不同小动物身上贴有不同的形状标记（小猴子身上是三角形，小猫身上是圆形，小狗身上是正方形），请幼儿从一堆自制饼干中找出每个小动物喜欢吃的饼干。教师一开始只需提供颜色相同、大小相同、形状不同的饼干请幼儿分别喂食（见案例 2－1）。等幼儿熟悉了匹配与归类的规则，操作比较熟练时，可以增加材料中不同属性的种类，让幼儿排除某些非匹配属性的干扰，按标记认准一种属性进行归类。匹配与归类活动的要求是“先有分类标记”再“进行分类操作”。

【案例 2－1】

喂小动物吃饼干（按形状标记匹配与归类）

活动类型：集体活动。

年龄段：3～4 岁。

活动目标：

1. 能按照小动物前面的形状标记匹配相应形状的饼干，学习按形状标记进行归类。

2. 愿意和同伴一起活动，能边操作边说“××饼干，我喂给××吃”。

活动准备：

1. 自制三角形、圆形、正方形饼干若干，每种饼干数量多于幼儿人数。

2. 小猴子、小猫、小狗三个玩具动物，每个小动物分别贴有三角形、圆形、正方形的标记，每个玩具前面放一个盘子。

活动过程：

1. 情境导入，观察饼干的形状

教师：小动物们饿了，我们给他们喂些饼干吧。

教师：这些饼干有什么不一样的地方？都有些什么形状？（引导幼儿观察并说出饼干的形状。）

师幼共同小结：饼干有圆形的、三角形的，还有正方形的。

2. 讨论小动物喜欢吃什么形状的饼干

教师：小猴子喜欢吃什么形状的饼干？你是怎么知道的？（鼓励一名幼儿挑出小猴子喜欢吃的三角形饼干，放到小猴子前面的盘子里。）

教师：小猫喜欢吃什么形状的饼干？你是怎么知道的？小狗呢？（鼓励一名幼儿挑出小猫喜欢吃的圆形饼干、小狗喜欢吃的正方形饼干分别放到这两个小动物前面的盘子里。）

3. 自主操作，喂小动物吃饼干

教师：现在我们把这些饼干都喂给小动物们吃，他们都饿坏了。记住，先要看一看小动物身上的标记，知道小动物喜欢吃什么形状的饼干，再把饼干放到它前面的盘子里。

幼儿自由喂饼干，教师鼓励幼儿边送边说："××，我喂你吃××饼干。"

4. 交流评价，结束活动

请部分幼儿介绍自己喂的饼干，引导其他幼儿观察是否按形状标记放入盘中。

活动材料：

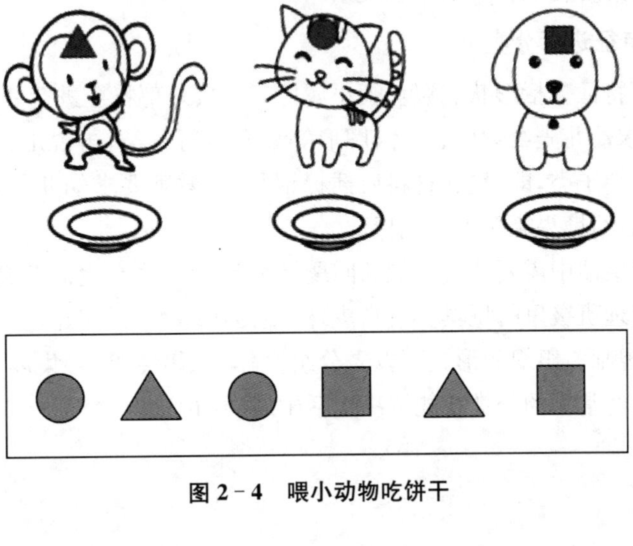

图 2-4 喂小动物吃饼干

按标记匹配与归类活动的指导要点

形状、颜色、大小等标记比实物标记抽象层次更高，在活动中要引导幼儿学习从不同物体中抽象出他们的共同特征，发展最初的分类能力。如在按标记匹配的活动中，要先观察被操作的物体有哪些，有哪些特征，再观察标记特征，最后进行操作活动。活动可以使用真的饼干，也可以使用在区域活动中用纸片做的饼干。

操作是幼儿进行匹配与归类活动最主要、最有效的方法之一。对于小年龄幼儿，应尽可能提供人手一份的操作材料，并应在活动中提倡以幼儿自身参与的体验和操作活动为先，教师的归纳和提升为后的原则。按标记匹配与归类的操作活动既可以以集体活动形式开展，也可以在区域中开展。

（三）按不同属性分类，感知集合与子集的关系

与匹配和归类活动不同，分类活动中物体的属性特征应该是幼儿自己去区分和发现的，而不是老师预设的。如果老师提供的两个糖果罐里没有放入糖果，而是请幼儿根据某种属性特征将篮子里的糖果放到两个糖果罐里，就是分类活动。如果老师请幼儿把糖果分一分，而没有提醒幼儿按照哪一种属性特征，那幼儿需要自己确定分类标准进行分类，也就是自主分类。

在分类活动设计时，要注意材料的投放，不同的分类活动对材料有不同的要求，要注意选择和整理材料，最好事先能尝试操作和预测，使材料的种类、数量、整体结构满足幼儿思维和操作的需要。其次，在活动组织中，教师应引导幼儿仔细观察材料并充分地思考可以按什么条件分、怎样分，鼓励幼儿表达和交流分类的结果，以利于它们形成类概念，感知、理解蕴含在集合中的包含关系。

1. 按外部特征进行分类

物体的外部特征包括形状、颜色、大小属性等。按外部特征进行分类与匹配和归类的要求不同，要求幼儿先给物体、图片、图形等集合进行分类，再说出分类标准，并用标记表示分出的各个子类，即“先放材料后插标记”。如教师要求幼儿将相同颜色的糖果放入糖果罐，然后给糖果罐贴上颜色标记。

教师可借用生活中需要分类技能的问题情境设计一些有生活意义的分类活动，例如让幼儿学习整理班级里的玩具、书包、皮球、生活用品等，只需建立一条“把一样的放在一起”的活动规则。组织的形式可以先分组操作，积累经验，再集体活动，设置场景，引导幼儿运用已经掌握的分类技能解决生活中遇到的问题。

按物体外部特征分类活动的指导要点

物体外部除了颜色、形状、大小特征之外,还有长短、粗细、厚薄、宽窄等可视的量方面的差异。对不同年龄阶段幼儿可提出不同的分类要求,以逐步提高分类的难度。

分类活动的初始阶段,给幼儿提供的分类材料属性要单一,如果要求按颜色分,那么选用的材料在形状、大小上应该一样。随着分类经验的积累,可以要求幼儿按长短、粗细等特征进行分类,可以选用不同颜色、不同长短(粗细)的小棍,让幼儿能排除小棍的颜色干扰,正确按长短(粗细)分类。此外,教师还可以削减指导语的信息,直接要求幼儿“把一样的放在一起”,待幼儿分完后请幼儿介绍分类的标准与结果,发展初步的自主分类能力。如果幼儿不知道如何分,可带领幼儿仔细观察物体,找出物体有哪些属性并比较异同,再鼓励他们按照某一种属性进行分类。进一步的活动还可以要求幼儿分完之后利用短线、数字、圆点等方法记录每一类型物体的数量,将计数活动与分类活动进行整合。

2. 按内部属性进行分类

物体的内部属性包括物体的用途、材料性质、所属关系、空间等外部不可视的属性。幼儿逐渐积累了按外部特征分类的经验之后,教师就要引导幼儿开始关注物体的内部特征,尝试按内部属性分类。

按用途分,例如:将自行车、汽车、公交车、摩托车分为一类,属于交通工具;将衣服、裤子、鞋子、袜子分为一类,属于服装类;将笔、本子、手工剪刀、铅画纸分为一类,属于文化用品类。

按材料性质分,例如:将木制积木、木枪、小木屋、家具模型分为一类,属于木质材料;将点光纸、牛皮纸、宣纸、蜡纸分为一类,属于纸质材料;将布娃娃、衣服、裤子、帽子分为一类,属于布质材料。

按所属的关系分,例如:这些玩具是你的,这些玩具是我的。

按空间方位分,例如:这些是天上飞的,这些是水里游的,这些是地上跑的(见图 2-5)。

图 2-5 交通工具哪里开

按物体内部属性分类活动的指导要点

教师在设计“按内部属性分类”的活动时，要考虑结合幼儿的生活经验来选择材料。3～4岁幼儿最熟悉的物体是与吃、穿、玩联系在一起的，因此，教师可提供有关食品、服装、玩具的实物和图片。在组织活动时，可以先带领幼儿讨论每种物品的用途，然后再让幼儿把可吃的、可穿戴的、可玩的东西分别放到食品柜、衣柜、玩具柜中。随着幼儿生活经验的扩展，针对4～5岁幼儿，教师可再设计一些有关植物、动物、交通工具等二级类概念的分类活动。在组织这类活动时，教师不必拘泥于教会幼儿一些专有名词，幼儿可能会创造出自己特有的指代词，比如把“植物”称为“从土里长出来”，把“动物”称为“会动的、活的东西”。幼儿可能不会把交通工具分为“空中交通工具”“陆地交通工具”“海上交通工具”，他们会说“天空中飞的”“地上开的”“水里开的”，教师不必特地纠正。

3. 按数量分类

按数量分类是指将相同数量的物体或卡片分在一起，这是抽象出数，形成数概念的重要步骤。设计这类活动的要领是在材料中体现物体“数”的属性。为了实现这一目的，要避免材料在颜色、形状、大小等属性上的一致性，也就是说所提供的材料在外部特征和内部属性上要求各不相同，难以做到按其他的形式分类，这样才能实现从数的角度来表征物体(见图2－6)。

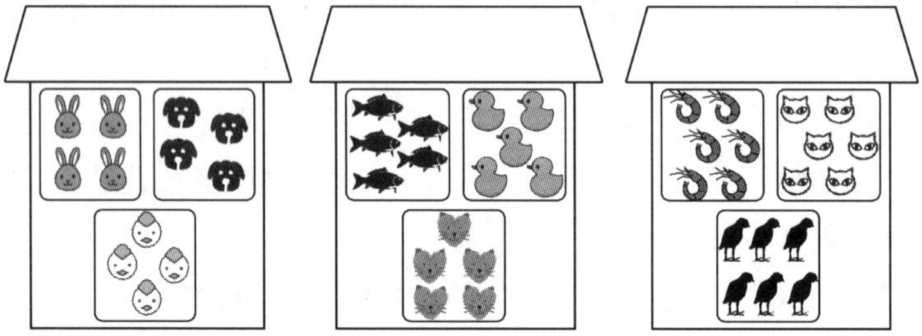

图2－6　按数量分类

4. 二分法分类

二分法分类是指把物体分成两个集合，一类物体有相同的属性，另一类则没有这一属性。例如，在典型游戏“分成两家”中，要求幼儿根据属性特征把这些图形分成两个类别，有些幼儿仅仅关注了颜色，他会把所有图形中蓝色和不是蓝色的图形区分开，分为“蓝色图形”和“不是蓝色图形”；也有的幼儿把所有的星星分了出来，把图形分为“星星图形”与“不是星星的图形”两类。分完后，教师可以引导幼儿用标记来表示分类的结果，适时引入“是否”标记(见图2－7)。

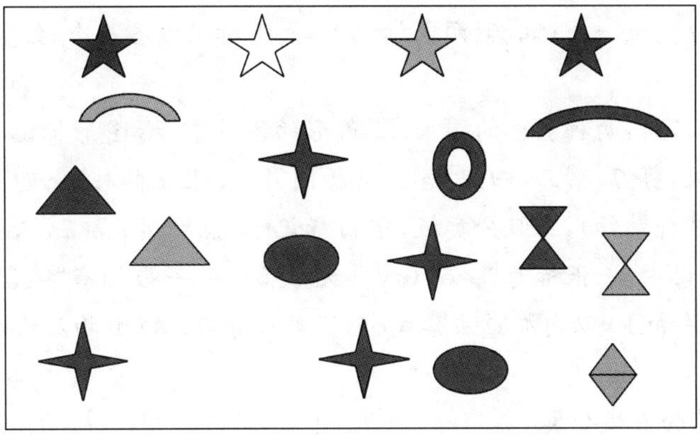

图 2-7 分成两家

（四）层级分类与多重角度分类，进一步体验集合与子集之间的包含关系

随着幼儿年龄的不断增长，5～6 岁幼儿不仅能按物体的外部特征进行分类，按更抽象的内部属性进行分类，表现出思维的灵活性，而且可以进行层级分类与多重角度分类。如何帮助幼儿意识和发现"同样一组物体是可以按照不同的方式进行分类"这一要点是非常重要的，它预示着幼儿思维的抽象性和变通性反应。

1. 层级分类

层次分类是利用层级分类底板和各种实物或图片来进行分类的多级次分类活动，它直观地反映了物体大集合与子集的包含关系。例如，若干红苹果、绿苹果、黄梨子、绿梨子混在一起，第一次分类分成苹果和梨子，还可以在此基础上再进行一级分类，将苹果分成红苹果和绿苹果，将梨子分成黄梨子和绿梨子。二级分类之后，如果每一子集还可以往下分，就可以形成更小的子集。案例 2-2 是一个三级层级分类的案例。

【案例 2-2】

分图形片（层级分类）

活动类型：集体活动。

年龄段：5～6 岁。

活动目标：

1. 能运用已有的经验，将同一集合按不同特征进行层级分类，体验集合与子集的包含关系。

2. 理解标记及图板的意义，学习按标记的要求进行三级分类。

3. 在活动中体验层级分类的意义和作用。

活动准备：

教具：三级分类板一个；红、蓝两色标记卡，大小标记卡各一个；红蓝两色、大小不一的圆形卡若干。

学具：第一、二组：两种颜色的圆形、三角形的图片若干，图形标记卡和红蓝两色标记卡，三级分类板，剪刀；第三、四组：各种动物图片（天上飞的、地上跑的、水中游的）若干（每个类别有2种动物），三级分类板，空白标记卡，黑白笔；第五、六组：二级分类板，数的二级分类标记卡，一张标有“＞5”（读作大于5），另一张标有“＜5”（读作小于5），1～10的数字卡片和10以内加减法算式（无答案），剪刀。以上物品均人手一份。

活动过程：

1. 学习实物的三级分类

教师出示红蓝两色的圆形图形片若干，请幼儿想一想可以怎么把它们分类，按什么标准分。

教师：如果按颜色来分，可以先把圆形片分成红色和蓝色，红色和蓝色的圆形片还可以再分吗？按什么标准分？

教师：如果按大小来分，可以先把圆形片分成大的和小的，大的和小的圆形还可以分吗？按什么标准分？

教师出示分类板，引导幼儿认识分类板。

教师：把这些圆形片放在分类板中怎么分呢？

总结：第一层是所有的圆形片，第二层如果是按颜色分，要分别放上红色和蓝色的标记，如果按大小分就要放上大小标记，第三层再分，分完后分别放上相应的标记。

2. 认识三级的包含关系

教师：想一想第二级是从哪里来的？第二级的两个小框里的物品加在一起就是什么呢？（第三级以此类推）

引导幼儿展开讨论并回答。

总结：第二级包含第三级的内容，第一级包含第二级的内容并且是所有内容的总和。

3. 分组操作材料

第一、二组：分图片。

教师：这里有很多图片，请你们将它们分到三级分类板中，注意放上相应的分类标记。

第三、四组：小动物找家。

教师：请你们仔细看看小框里有哪些动物图片，请你们将它们分到三级分类板中，注意要做上相应的分类标记。

第五、六组：数字的家。

教师：这里有许多数字和算式，还有大于5和小于5的两个标记卡，请你在二级分类框中摆上标记，然后按照你的标记给它们分类。

教师介绍操作材料，引导幼儿用不同的方法分类，鼓励幼儿根据自己的分类标准制作分类标记，提示幼儿遇到困难可以和同伴小声商量。教师对个别幼儿进行指导。

4. 分享和交流

请有代表性的幼儿介绍自己的操作经验。

教师总结分类可以从不同的角度进行，如图形片第一次分类时可以按颜色分，也可以按形状分，启发幼儿思考：动物分类时，你是怎么分的？为什么这样分？你是怎么做分类标记的？你们认为哪种标记做得好？

鼓励幼儿遇到困难能和同伴商量。

教师：遇到困难时，你是怎么和同伴商量的？你觉得这样商量好不好？帮你解决问题了吗？

活动材料（部分）：

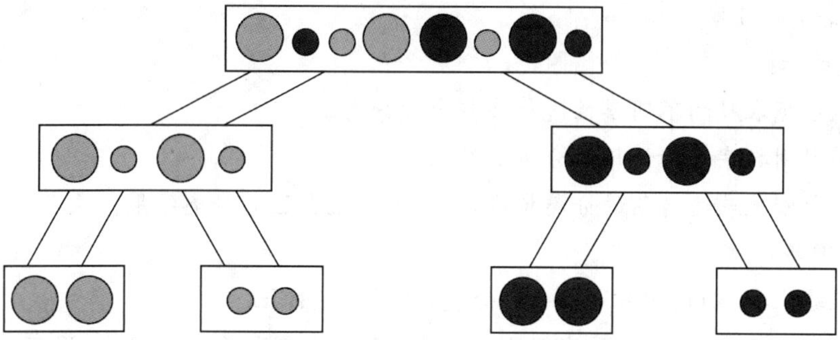

图 2－8 对图形片进行层级分类

层级分类活动的指导要点

在活动开始阶段，教师要带领幼儿全面观察待分的材料有哪些不同的特征，了解可能的分类标准，为下面的层级分类做铺垫。然后，教师要引导幼儿有序观察，帮助幼儿理解层级分类的结构，理解层级分类的活动规则。教师可以帮助幼儿总结规则："看看这些图片有什么不同，想想怎样分才能把一样的放在一起，选好标记，把它们从第一层分到第二层，再从第二层分到第三层。最后说一说你是怎么一层层分的。"

在操作中，如果幼儿随意分，教师需要按步骤引导幼儿看看图片上的图形有什么不同，想想怎样才能把一样的放在一起，选好标记，然后一步步操作。如果幼儿希望有其他的分类方法，教师可以给予鼓励。如果幼儿理解规则，但是在贴（做）标记，或者进行第二次分类时，两种材料出现了交叉（例如把小的圆片送到了大的圆片一边），教师可以质疑："小的圆片怎么跑到这里来了？你能不能按照标记来送它们呢？"如果幼儿娴熟地进行了层级分类，教师请幼儿分享："你是按照什么来分的？"

2. **多重角度分类**

教师可选择具有多种特征或属性的图片、彩色积木等，让幼儿对同一材料做不同角度的分类，即先指定一种实物，如彩色积木，让幼儿各自确定自己的分类标准进行分类，然后再组织交流，拓展幼儿的分类经验，使幼儿发现同一物体可以分到不同的类别中。多重角度的分类有助于培养幼儿思维的灵活性和发散性。

【案例 2－3】

衣物分类(多重角度分类)

活动类型：集体活动。

年龄段：5～6 岁。

活动目标：

1. 能根据衣服的不同属性进行多重角度分类。

2. 学习用数字与标记记录分类的结果。

3. 能大胆地表达自己的分类标准，和同伴交流自己的分类结果。

活动准备：

1. 经验准备：幼儿学习过二分法分类，会用否定标记。

2. 物质准备：不同属性的衣服图片若干；两个正方形的大分类格，用布盖好；自制记录单若干；数学 1～10 的印章，各种标记印章，每组一套。

活动过程：

1. 情境导入：我是小小服装整理员

教师出示活动材料中的服装图片：今天服装超市的服装都乱了，我们来当服装整理员，来把这些衣服分一分。我们一起来看一看，这些衣服是什么样子的？什么材质？它们有什么不同？

2. 给衣服分类

你认为哪些衣服应该归为一类？为什么？请部分幼儿进行操作并说明理由。

3. 学习运用标记表示分类的角度

教师：怎样能让大家明白分辨这一类是什么衣服？每类衣服各有几件？

引导幼儿根据刚才的分类标准自制标记和数字表示自己的分类角度及每类衣服的数量。

4. 学习多角度分类

教师：除了刚才的分法，还有不同的分法吗？

引导幼儿观察、讨论，发现衣服还可以根据其他的属性进行分类，如：材质、款式、季节、是否有帽子等。

教师请部分幼儿按照一种属性特征分类，并引导幼儿运用标记和数字记录分类标准与结果。

引导其他幼儿集体验证分类方法与记录是否正确，知道同一组物体可以从不同角度进行分类。

5. 幼儿操作活动：分衣服

请幼儿按某一标准将自己手中的衣服分一分。数数每份有多少，用数字印章和标记印章记录，数字记在横线上，标记记在方框里。

鼓励幼儿尝试从多个角度分衣服并记录。

幼儿操作，教师巡回指导，观察幼儿分的方法以及出现的典型问题。

鼓励幼儿在集体面前展示自己的分类结果，相互学习好的方法，并交流、讨论出现的问题。

活动材料（部分）：

图 2-9 对衣服进行多重角度分类

多重角度分类活动的指导要点

多重角度的分类活动通常在大班进行。在开展此类活动时，要注意以下几点：首先，教师要准备好具有多种特征或属性的物体，并引导幼儿对材料做仔细观察，讨论这些物体中有哪些特征或属性。例如，案例中的衣服，有些是冬天穿，有些是春秋穿；有些有袖子，有些无袖子；有些有帽子，有些无帽子；有些是半身，有些是全身等（见图 2-9）。对材料中多种属性的讨论有助于帮助幼儿找到更多的分类标准。其次，让幼儿先选择一种标准对物体进行分类，例如，按全身、半身或季节分。然后，再把材料合并起来，重新选择一种标准进行分类，如此重复进行。幼儿在分类时，教师要鼓励幼儿思考探索怎样分、按什么条件分以及为什么这么分。

二、渗透的感知集合教育活动

以上内容详细地呈现了幼儿感知集合能力发展的关键经验是如何通过正式的教育活动一步步落实，明确了感知集合教育活动的指导要点。除了正式的教学活动之外，教师还应该把握一日生活中的各种契机，将感知集合教育融入幼儿一日的学习、游戏与生活中。

（一）日常生活中感知集合教育的渗透

日常生活蕴含着许多感知集合教育的契机。如：

(1) 幼儿在一日生活中可以帮老师挂毛巾、放茶杯，在实际操作中知道一个挂钩上挂一条毛巾，一个茶杯格里放一只茶杯，巩固一一对应摆放的经验。

(2) 进餐时引导幼儿分发餐具，如一个幼儿一个餐具；在饮食时和幼儿讨论要荤素搭配，荤的食物有蛋、有肉等，肉又可以分为鸡肉、鸭肉、鱼肉、牛肉等，蔬菜也可以有不同的分类，这都是集合。

(3) 家园共育，引导幼儿在家中帮助家长整理日常生活用品，边整理边说说物品是谁用的，或者有意识地引导幼儿将成人和自己的服装区分开来，还可以请家长在家中为幼儿创设整理鞋架、发放碗筷、收袜子等活动的机会，让幼儿在具体的情境中运用有关对应、匹配与归类、分类的数学经验。

（二）游戏中感知集合教育的渗透

游戏中也蕴含着大量的帮助幼儿感知集合的机会。如在娃娃家游戏中，教师可以引导幼儿将每一个娃娃家只放一个娃娃，娃娃家的餐具每个盘子对应一个小碗、一只勺子，观察幼儿是否能够按照这样的对应关系收拾整理。玩"大风吹"的游戏，要求幼儿按照衣服的颜色、鞋子的款式、头发的长短等特征组成不同的集合，体会到一个集合的多重角度分类。

（三）其他领域活动中感知集合教育的渗透

1. 科学活动中感知集合教育的渗透

科学活动中会涉及观察物体的各种特征，教师可以有意识地引导幼儿在认识物体特征的基础上增进幼儿对物体属性的了解。教师可以引导幼儿在观察和分类的基础上，尝试进行简单的分类、概括。如，观察动物时，幼儿可以根据运动方式给动物分类，还可以根据生长环境给植物分类，根据外部特征给物体分类等。[①] 又如，在人体这一单元"认识自己"的活动中，可引导幼儿了解自己的身体，体验双手、双脚、双眼等器官的配对，区分自己或他人的物品，辨别自己与他人的共同之处与不同之处。这些内容都与匹配、分类、对应相联系。

---

① 李季湄，冯晓霞.《3～6岁儿童学习与发展指南》解读[M]. 北京：人民教育出版社，2013：317.

2. 语言活动中感知集合教育的渗透

语言活动中也可以渗透集合的内容,教师可以在活动中拓展幼儿的集合经验。例如在仿编活动时,教师和幼儿探讨:“你觉得这里可以如何仿编? 为什么呢?”在这样的探讨中,师幼总结概括仿编内容的对应关系、不同事物之间的类别联系等。另外,有一些文学作品也渗透着集合的经验,如下面的这首儿歌中,教师可以引导幼儿在文学作品中了解动物的某种属性特征,并且进行分类,或做进一步拓展。如,哪些动物会飞,哪些能跑,哪些能游,哪些会爬,具有这些属性的动物就构成了一个集合。

谁会飞,鸟会飞,
鸟儿鸟儿怎样飞,
拍拍翅膀去又回。

谁会游,鱼会游,
鱼儿鱼儿怎样游,
摇摇尾巴点点头。

谁会跑,马会跑,
马儿马儿怎样跑,
四角离地身不摇。

谁会爬,虫会爬,
虫儿虫儿怎样爬,
许多脚儿慢慢爬。

3. 美术活动中感知集合教育的渗透

对应、分类的经验在美术活动中常有涉及。如,幼儿在美术创作时,装饰画中图案的对应、手工制作中有些材料的对应等,教师可以在欣赏评价幼儿的作品时和幼儿挖掘、探索、分享里面蕴含的对应、分类等信息。另外,美术活动中的各种不同材质的材料组成了一个一个的集合(见图 2－10),如线状材料有麻绳、纸绳、毛茛等,点状材料有珠子、豆子等。教师可以引导幼儿按照材料的某种特征整理材料,并请幼儿说说自己的整理方式。美术的表现形式里也有一个一个的集合,如直线的集合、曲线的集合等(见图 2－11)。

图 2-10　材料的集合

图 2-11　图案的集合

三、开展感知集合教育的注意要点

1. 提供的材料要循序渐进

无论是在对应活动还是分类活动中，所提供的材料都要循序渐进。首先，在对应活动中，最简单的一一对应活动通常使用具体的实物材料，然后是裁剪出的实物图片，如鸟与鸟笼等；更高层次的水平，可以是使用印有图形的图片，如正方形和三角形。涉及的对应关系也应该从具体开始逐渐过渡到抽象。在分类活动中，对于 3 岁幼儿，刚接触分类活动，提供的材料最好能突出某一特征，材料变化维度过多，如一组积木既有颜色的区别，又有大小、形状之分，幼儿在分类过程中容易出现分类标准不稳定、分类标准混乱的情况。随着幼儿年龄的增长与经验的丰富，教师提供的材料应该越来越多元，鼓励幼儿自由探索材料，充分感受事物之间的相同和差异，理解事物的特征与属性，探索根据不同的标准对物体进行分类。无论是在对应还是分类活动中，操作对象数量也应该逐渐由少到多。

2. 分类方式要循序渐进，由提示到自主

分类包括区分和归并两个逻辑动作，涉及分类标准的提出和概括，提出和概括标准的能力直接反映幼儿的分类能力水平。年龄较小的幼儿抽象概括的能力较弱，还不能很好地概括集合元素的共同特征，因此，此时的分类活动通常由成人用范例或言语提示来提出分类标准。比如教师要求幼儿“请你按照颜色分一分，一样的放在一起”。由于成人已经提出分类标准，描述了集合的共同特征，幼儿只要根据这一标准识别并区分物品即可，因此简化了任务难度。随着幼儿分类经验的不断积累，针对年龄稍大的幼儿，教师应该鼓励幼儿自主提出并描述分类标准，要求幼儿“看一看它们有什么共同的地方，把一样的放一起”。教师可以鼓励幼儿在探索材料的基础上，用自己的语言描述事物的特征与属性，深化对事物特征与属性的认识和理解；鼓励幼儿从不同角度思考并自主提出多种分类标准，如按一种标准分类结束后，询问幼儿是否还有别的不同的方法。

3. 师幼互动中提倡并鼓励幼儿交流自己的发现

识别并概括事物的共同特征是对事物进行分类的核心动作，因此，充分感知事物的特征能够为幼儿提供重要的经验基础。分类操作之前教师应鼓励幼儿自由探究材料，通过提问“这是什么”“它们有什么一样的地方”“这些和那些有什么不一样”等问题，促进幼儿感知、比较并描述材料的特征，发现事物之间的相同与不同。在提出操作要求时，教师要明确分类要求，如“把一样的东西放在一起”。操作活动之后，教师可以组织幼儿用语言表述自己的分类结果，或者让幼儿说一说自己分类的过程和思路。在交流环节中，可让幼儿把自己分类的物品展示给大家看，并注重讲解自己是按什么分类的，是怎样分的。教师也可以把每个幼儿的分类结果放在桌上，组织全体幼儿互相观看，最后把看到的情况进行交流。在幼儿的交流和表述基础上，教师的适时归纳和提升也相当重要。教师应当对幼儿的分类结果加以比较、归纳和总结，帮助幼儿获得有关分类的关键性经验。

4. 重视一日生活情境中分类教育的渗透

对于幼儿分类活动来说，不应当仅仅局限于几十分钟的集体活动或者区域活动的时间里，而应把分类活动渗透到幼儿的一日生活中，让幼儿在接触社会生活以及自然环境的过程中，潜移默化、随时随地地加以运用。如，春天散步活动时，教师可以引导幼儿观察各种各样的花，进行分类；秋天教师可以引导幼儿观察各种各样的树叶，对落叶进行分类，以及对秋天的水果、蔬菜进行分类。同样，在幼儿园班级里，可以提供低矮、开放的玩具柜，要求幼儿分类存放玩具；在小超市游戏中，要求幼儿在货架各层分类摆放商品；在娃娃家中，鼓励幼儿把家里的东西分类摆放；鼓励幼儿对垃圾进行分类放置；在户外游戏中，鼓励幼儿帮助教师分类收放运动器械材料等。分类活动不仅能锻炼幼儿分类能力与思维能力，也能培养幼儿做事的条理性和良好的行为习惯。

单项实训

1. 4～5 人一小组，自选年龄段，以“层级分类与多角度分类”为关键经验，设计一项数学区域游戏，包括游戏材料、游戏玩法、数学语言与指导要点。

2. 4～5 人一小组，寻找能够帮助幼儿获得对应、分类等感知集合经验的文学作品、游戏活动及日常生活情境。

任务三　学习感知集合能力发展的评价

情境导入

刚入职的小陆老师刚完成了一节分类的教学活动，有的幼儿只会一种分类方式，有的幼儿则能根据不同的属性特征将材料进行分类。指导老师让她对这次数学活动进行评价。小陆老师很纳闷：活动不是已经上完了吗？孩子们的表现都很不错呀！我对这次活动的评价是：完成了活动教育目标。

你认为应该如何对感知集合教育活动中幼儿的发展进行评价呢？

任务要求

1. 了解不同年龄阶段幼儿感知集合能力发展的评价内容。
2. 结合典型案例理解幼儿感知集合能力发展评价的常用方法和注意要点。
3. 能够根据幼儿的行为表现评价幼儿感知集合发展水平，并给予个性化的支持。

一、感知集合能力发展的评价内容

（一）幼儿对应能力发展的评价内容

根据3～4岁幼儿对应能力的发展特点，教师在评价时重点关注以下内容：

- 幼儿能完成什么样材料的匹配任务？是实物材料、相似度高的材料，还是差异较大且有某种关联的材料？完成材料匹配任务的数目是多少？
- 幼儿能比较多大数目的物群的差异？使用怎样的比较策略？

（二）幼儿分类能力发展的评价内容

根据3～4岁幼儿分类能力的发展特点，教师在评价时重点关注以下内容：

- 幼儿能够依据怎样的标准进行分类？
- 幼儿能够分类的实物或图片的数量有多少？

根据4～5岁幼儿分类能力的发展特点，教师在评价时重点关注以下内容：

- 幼儿能否独立提出分类标准？
- 幼儿能否根据事物的功能、数量、类包含关系等更抽象的标准进行分类？

根据5～6岁幼儿分类能力的发展特点，教师在评价时重点关注以下内容：

- 幼儿能否自己提出分类标准？
- 幼儿能否进行层级分类以及多重角度分类？

二、感知集合能力发展的评价方法

(一) 非任务情境(自然情境)中的观察

幼儿园生活的许多环节和场景中都需要幼儿进行对应与分类。比如,活动时小朋友一人找到一把椅子坐;值日生要给每个小朋友分发一套碗筷;要求"男孩上男厕所,女生上女厕所",对班上的小朋友按性别进行区分等。教师可以梳理一日生活中的各个环节,分析哪些活动中蕴含了怎样的对应和分类任务,以及在哪些情境中幼儿可能会自发产生对应和分类行为,然后对这些活动进行重点观察。

【案例 2-4】

树叶分类[①]

【观察记录】秋天到了,小朋友们在户外游戏时捡了许多树叶,有柳树、杨树、爬山虎等的叶子,有的仍然是绿色的,有些已经变成了红色、黄色。老师把这些叶子分类存放在小盒子里,展示在科学区的窗台上。君君(女,3 岁)格外喜欢这些五颜六色的叶子。10 月 12 日,君君在观察时不小心把所有叶子打翻在地上。她在捡拾的过程中,尝试着把不同的叶子分别放在不同的盒子里。开始时,她按形状把几片柳叶、杨叶分别放在不同的盒子里。随后,她又把几片黄色的柳叶和杨叶一起放进前面放柳叶的盒子里。最后,她干脆就把所有的叶子随便放在一个盒子里了。

【行为分析】君君能把杨叶和柳叶分开,能把黄色叶子和绿色叶子分开,说明她能区分树叶的形状和颜色,能按照形状和颜色进行简单的分类。但是,由于注意广度不够,分类对象的差异维度和数量较多,她只能对部分物品进行分类,不能把所有物品都分完,并且无法坚持一个分类标准。

【未来规划指导】教师在进行分类教学的时候,要注意控制分类对象的差异维度和数量,3 岁幼儿分类的数量宜在 4 个左右。

(二) 任务情境中的观察

教师还可以在生活活动、游戏活动或专门设计的数学教育活动中提出对应与分类任务,观察幼儿的对应与分类能力。在设计任务时注意分类材料的数量和材料的性质,由简单到复杂,判断幼儿能够在怎样的条件下完成任务,并请幼儿表述自己操作的过程与结果(见表 2-3)。

---

① 潘月娟. 幼儿数学教育与活动指导[M]. 北京:高等教育出版社,2013:88-89.

表 2－3 对应评价任务清单列举

模块	评价任务清单列举	观察重点
集合	角色区摆好三只小猫、三条小鱼、三只小狗、三根骨头，要求给小动物喂他们最喜欢吃的食物，而且每个小动物都有食物吃。	幼儿能否在物品之间建立一一对应关系。
	小超市游戏中要求售货员自己整理货架，观察他们能否将功能一样的物品放在一起，并且询问幼儿分类标准。	1. 观察幼儿如何摆放物品。 2. 能否将一样功能的物品放在一起。 3. 询问幼儿为什么这样摆放，了解幼儿的分类标准。
	设计不同颜色、形状、大小或功能、质地等符合其他分类标准的 10 件物品图片（动物、植物、服装、玩具等），投放在活动区，观察幼儿如何使用这些材料。	1. 若幼儿没有出现分类行为，教师可以提出要求"请你把一样的物品放在一起"。 2. 要求幼儿把物品全部分完，然后指着每一组问"为什么这样分"，"它们有什么一样或者不一样的地方"。观察幼儿能否自己提出并清晰描述分类的标准，提出的标准是否符合常规逻辑。

【案例 2－5】

收放娃娃家的玩具[①]

【背景】小班第二学期，沈老师日益重视幼儿在区域游戏后对玩具材料的收放，可不管怎么提醒，许多幼儿在收放玩具时都无法做到分类摆放，恒恒（男，3 岁）就是其中之一。

【观察记录】9 月 19 日，恒恒还是选择扮演娃娃家的爸爸，在厨房里摆弄着锅碗瓢盆，乐此不疲。临近游戏结束，又要开始收拾玩具了。老师发现恒恒还是将材料乱堆在一起。于是她将几个不同颜色的盘子放在了地上，并请恒恒把一样颜色的碗和勺子放在一起。恒恒先拿起一把紫色的勺子看了沈老师一眼，然后放到了紫色的盘子里面，接着又拿出一把紫色的叉子，又放到紫色的盘子里面，他将全部紫色餐具都放进了紫色的盘子里面。接着，他把所有的叉子和勺子按颜色摆到了不同颜色的盘子里面，全部分完。

【行为分析】恒恒能根据教师给出的范例进行关联物的对应，即勺子和碗进行配对。同时，恒恒还能根据颜色这一属性特征进行实物匹配，将同样颜色的餐具全都归类。幼儿进行匹配需要借助一些标记或提示，比如可视化的具体实物或标记以及言语指令等，这些匹配经验将为后期真正的分类活动奠定重要的基础。

【未来规划指导】继续给恒恒提供按颜色、形状、大小等标记进行匹配与归类的活动，丰富幼儿按某一属性进行匹配与归类的经验。等再过一段时间，教师可以尝试削弱提示，不提供具体的实物或标记，而是请他尝试按颜色、形状或大小进行分类，继续观察与指导。

① 本案例由苏州高新区阳山实验幼儿园沈洁老师提供。

【案例 2－6】

基于课程的评价：多重角度分类[1]

【背景】孩子们已经进入大班，他们在小班、中班已经积累了丰富的按照外部特征、内部属性分类的经验。幼儿能否在一次分类活动中从多重角度对物体进行分类？他们能够想出几种分类方法？能否把每一次的分类标准说清楚？王老师设计了一个数学小游戏“交通工具分一分”，以了解幼儿多重角度分类的情况。

【关键经验】对物体进行多重角度分类。

【材料准备】① 交通工具图片 10 张(图 2－12)，其中，6 张是在天上飞的交通工具，4 张是在地上行驶的交通工具；5 张红色的交通工具，5 张蓝色的交通工具；5 张大的交通工具，5 张小的交通工具，5 张有驾驶员的交通工具，5 张没有驾驶员的交通工具；2 张有桨的交通工具，8 张无桨的交通工具。②分类用的塑料盘。

【数学语言】请把这些交通工具图片分到两个盘子里面，有共同特点的放在一起，并且全部分完。你是按照什么标准分的？你还有其他的分类方法吗？

（如果幼儿没有进一步的分法，教师无需提醒指导。直到幼儿想不到或者无法坚持某一标准分类。）

【观察重点】观察幼儿是否能根据物体的特征，想出不同的分类方式，并且坚持一种分类标准进行分类。能否说出自己的分类标准。

图 2－12 交通工具分一分

【评价解读】老师一共观察了 25 名幼儿，通过观察发现，基本上所有的幼儿都能按照颜色给交通工具分类，并说出分类标准，如这些是蓝色的，这些是红色的。有一半幼儿能按照交通工具行驶的地方以及交通工具里面有没有驾驶员进行分类，并说出分类标准，如这些是天上飞的，这些是在马路上开的，这些是在水里开的；这里面有人，这里

① 本案例由苏州高新区金通幼儿园王园园老师提供。

面没人。三分之一的幼儿能按照大小分类，并说出分类标准，如这些大，这些小。还有几名幼儿，能够观察到交通工具上的细节，并将此作为分类的标准，如这些有翅膀，这些没有；这些有轮子，这些没有。从多重角度分类维度来看，25 名幼儿中大约有三分之一的幼儿能够按照两种及以上的标准进行分类（见表 2－4、表 2－5）。

表 2－4　按不同标准分类的人数统计

标准	颜色	大小	空间位置	有无驾驶员	有无轮子	有无浆（翅膀）	有无把手
分类人数	24	8	13	11	1	1	1
说出人数	21	8	12	11	1	1	1

表 2－5　多重分类维度人数统计

水平	不会分	按 1 种标准分	按 2 种标准分	按 3 种标准分	按 4 种标准分
人数	0	7	6	8	4

【未来规划指导】从班级幼儿的分类情况来看，大多数幼儿能按照颜色、大小等常见的外形特征进行分类，并准确说出分类标准；大约有一半的幼儿能够按照交通工具的内部属性，即行驶的空间位置进行分类；还有个别幼儿能按照更细小的外部差异进行分类。接下来，一方面给幼儿提供多种按照物体的内部特征与属性分类的机会，让幼儿对物体的内部属性有更多的认识，并逐渐将其作为分类的标准。另一方面，鼓励幼儿更仔细地观察物体的外部特征，感知、比较并描述这些特征，发现事物之间的相同与不同，鼓励他们找到更多的分类标准，发展思维的灵活性与发散性。

三、开展感知集合能力发展评价的注意要点

（一）利用在园一日生活中的各种机会开展感知集合能力的评价

幼儿园一日生活中渗透着各种集合概念的感知与体验机会，在生活与游戏中，幼儿能够真实地表现出集合概念的发展水平，教师可以利用幼儿在园一日生活中的各种机会开展感知集合能力的评价。例如，在幼儿分发餐具、点心、活动材料的过程中观察评价幼儿的对应、比较能力。在各种活动材料的收拾摆放过程中观察评价幼儿的分类能力。教师还可以将评价渗透进主题活动中，如在“蔬菜”主题中，根据幼儿的表现，观察幼儿能否根据某种属性对蔬菜建立不同的集合，如不同颜色的蔬菜、不同季节的蔬菜、食用部位不同的蔬菜等。总之，幼儿在解决一些常见问题时，很自然地会运用到集合的思维，同样，幼儿对集合的理解和运用也离不开具体的对象或背景，教师可以联系生活情境，以具体的事件、问题情境为背景展开幼儿感知集合能力的评价。

（二）家园合作，捕获幼儿感知集合能力发展的全面信息

家庭生活中渗透着诸多感知、体验集合的机会，教师应该与家长建立紧密联系，将家长纳入评价的主体，请家长对幼儿在家庭生活中的相关表现进行观察评价。如在整

理衣服时，请家长观察幼儿是否能够将自己的衣服与父母的衣服有意识地进行区分，能否将自己的衣服按照某种属性进行分类放置(如将上衣、裤子分开放)；收拾玩具时是按照什么标准收拾的；自己家里有哪些人，最亲的亲人有哪些，能否形成大家和小家的集合；家里的交通工具有哪些，能否分类并建立不同的集合；带领幼儿去超市，请幼儿观察并说一说，超市里的物品是怎么放置的，为什么这样放。通过家园合作，教师能够收集到幼儿在家庭生活中有关对应、匹配、分类的行为信息，对幼儿感知集合能力进行全面的评价，家长也能提高对于幼儿数学概念与能力发展的理解，家园形成更大的合力，共同促进幼儿的发展。

(三) 在评价时要注意关注不同年龄段的评价重点

教师在评价时要考虑幼儿的前期经验，关注不同年龄段的评价重点。如面对3～4岁幼儿，教师评价对应能力时，需要关注幼儿能完成多少数目以及多大关联度上的任务；评价分类能力时，面对3～4岁幼儿，需要关注幼儿能够按照怎样的标准进行分类；面对4～5岁幼儿，需要关注幼儿能否按照内部属性、数量属性进行分类，以及自己能否提出分类标准；面对5～6岁的幼儿，需要关注幼儿能否进行层级分类以及多重角度分类，如针对同一个集合一次性能够想到多少种分类的方法等。同时，需要注意的是，关于幼儿感知集合的能力发展，虽然每一年龄阶段都有评价的重点，但是教师也需要同时关注幼儿的学习态度、学习习惯等学习品质以及交流、表达、迁移、问题解决等数学过程性能力的发展。

单项实训

4～5人一小组，结合任务二中设计的“层级分类与多角度分类”区域游戏，自编观察记录表，结合记录表中的内容，全面分析班级幼儿的分类能力水平。

任务四 实践与拓展

一、综合实训

4～5人一个小组，设计一个专门的感知集合教育的集体教学活动方案，准备完整的操作材料以及观察记录表，在幼儿园实施；选择几名幼儿，分析他们在活动中的典型表现，分析其发展水平，并提供个性化的指导建议。

二、岗证对接

材料分析题：

为了解中班幼儿分类能力的发展，教师选择了“狗、人、船、鸟”四张图片，要求幼儿从中挑出一张不同的。很多幼儿拿出来“船”，他们的理由分别是：狗、人和鸟常常是一起出现的，船不是；狗、人和鸟都有头脚和身体，而船没有；狗、人、鸟都是会长大的，而船不会长大。

1. 请结合上述材料分析中班幼儿分类能力的发展特点。
2. 基于上述材料中幼儿的发展特点，教师如何实施教育？

（保教知识与能力真题，2015 年下半年）

参考答案

三、资源拓展

收集袜子 收集各种袜子，鼓励幼儿按照自己的方式将袜子进行分类。在提供材料时建议筛选一下袜子的属性，如有的是斑点的，有的是条纹的；有的是红色，有的是黄的；有的是直筒的，有的是有脚跟的等。 	**收集纽扣** 收集分类盒子以及多种不同属性的纽扣，鼓励幼儿分类。要注意根据幼儿的年龄特点调整纽扣的属性，避免过多的属性对幼儿的分类造成太多的干扰。 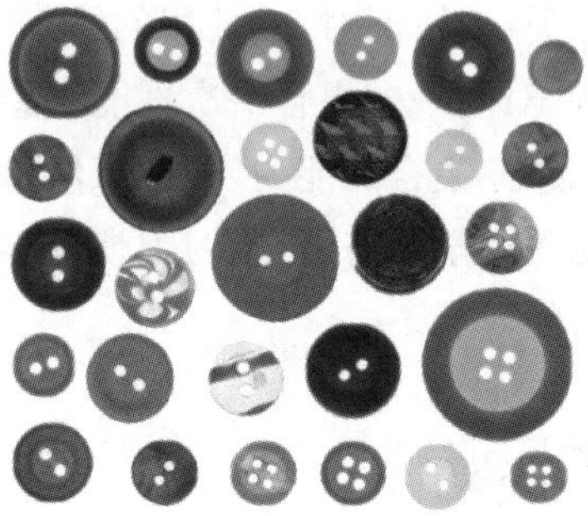
收集帽子 收集各种各样的帽子请幼儿分类。幼儿在讨论和考虑分类的可能性时，能学会用更灵活的方式思考问题。比如，太阳帽应该和布帽子还是大帽子放一起？能不能今天把这顶蓝帽子放在蓝帽组，明天放在小帽组呢？ 	**收集夹子** 收集夹子，给夹子分类，并夹到相应的架子上，能够将数学学习与精细动作发展进行结合。提供的夹子应该具有很多交叉特征，如尺寸、类型、颜色、装饰、形状和材料、按压方式等。 

收集钥匙

钥匙属性多样化而且有趣，它们用不同的金属制作，有不同的颜色、尺寸和形状，一些钥匙有塑料把手，孔的形状或数目也各有不同。给幼儿提供各种形状的钥匙，给钥匙分类是一个特别有吸引力的活动。

收集树叶

秋天到了，可以带领幼儿收集各种各样的树叶带回教室，这些树叶除了可以装饰教室以及作为手工活动的材料之外，还可以成为幼儿学习、探索分类的自然材料。

图画书中的数学——集合

《郊游去》是韩国作家申惠恩写的有关分类的图画书。书中所讲述的是小动物们在郊游途中如何排队的故事。动物们为了将冗长的队伍分成两队，分别想到用帽子的颜色、背包的形状、脚的个数等标准进行分类。一次分类运用同一种标准，在不断尝试新标准的过程中，最终找到了一种能够明确清晰地将小动物们分成两队的标准。该书主要帮助幼儿在了解事物特征的基础上，区分相同点和不同点，然后将相同特征的东西汇集起来。在分类的过程中，幼儿可以更深地了解事物的特征，进而进行一定的逻辑思考，将事物按类别分类汇集；同时在故事情节的推进中，能够启发幼儿寻找新的分类标准。

《小熊一家和吵吵闹闹的怪物们》是韩国作家车宝金写的有关复合分类的图画书。书中讲了小熊一家误入怪物城堡后，通过猜出哪一只怪物是城堡的主人来摆脱险境。小熊在一次又一次提问城堡主人特征的过程中，对怪物进行了重复多次的分类和排除，符合该特征的为同一集合，不符合的为另一集合，排除不符合城堡主人特征的集合，进而不断缩小选择范围，猜出了城堡的主人。故事通过猜谜游戏这一主线，激发起幼儿的兴趣，使其跟随着小熊的思维，慢慢了解、熟悉和掌握如何根据事物的特征进行分类。

《咕咚先生》是韩国作家申志允所写的关于用两种标准分类的图画书。作者塑造了一个因为吃什么都喜欢咕咚一下吞下去而经常肚子疼的咕咚先生，在医生的建议下，学会将事物进行分类后再吃。书中展现的分类方法是先按照一个标准将食物分成几个大类，再将每个大类按照更为细化的标准继续分类，从而实现用两种标准进行分类。在幼儿已经掌握用一种标准分类后，可以实现一个能力的提高，同时锻炼幼儿连续的逻辑思维能力。

《一起一起分类病》是韩国作家罗恩熙写的有关分类和组合的图画书。书中讲述了小男孩得了一种叫“一起一起分类病”，他整理了自己的抽屉、鞋柜、浴室、书架等地方，把裤子、衣服、玩具、食物等物品进行了分类整理。他去图书馆了解关于“一起一起分类病”，最后妈妈抱着小男孩，给予了他爱与支持。从该图画书中能了解到很多的分类类别。通过分类和组合加强孩子们在日常生活中运用数学知识的能力。

项目三

模　式

项目分析→

在幼儿的生活环境下，模式无处不在。模式是客观事物与现象之间本质、稳定、反复出现的关系。它是以规则的形式重复元素而产生的结果。进行模式教育可以提高幼儿分类、组织、整合信息能力的发展，促进幼儿解决问题的能力。本项目学习的主要内容包括模式的基本理论、模式认知教育活动的设计与实施、模式认知能力发展的评价。

项目导学→

- 模式
  - 掌握模式的基本理论
    - 模式的基础知识
    - 幼儿模式能力的发展特点
    - 模式的核心概念与关键经验
  - 学习模式认知教育活动的设计与实践
    - 专门的模式认知教育活动
    - 渗透的模式认知教育活动
    - 开展模式认知教育的注意要点
  - 学习模式认知能力发展的评价
    - 模式认知能力发展的评价内容
    - 模式认知能力发展的评价方法
    - 开展模式认知能力发展评价的注意要点
  - 实践与拓展
    - 综合实训
    - 岗证对接
    - 资源拓展

学习目标→

1. 了解模式的基础知识及幼儿模式认知能力的发展特点。
2. 掌握模式的核心概念与关键经验。
3. 尝试设计、组织专门的模式认知教育活动。
4. 能够将模式认知教育渗透于幼儿的一日生活中。
5. 能根据幼儿的表现评价幼儿模式认知能力的发展，并给予个性化的支持。

任务一　掌握模式的基本理论

情境导入

浩浩在生活区喜欢给娃娃制作漂亮的手链。一开始他用彩色的珠子穿手链，1个红色的珠子、1个蓝色的珠子、1个红色的珠子、1个蓝色的珠子……过了一会，他看到明明在用彩色圆点装饰花瓶，2个红色1个绿色，3个红色1个绿色，4个红色1个绿色……浩浩觉得特别好看，把穿好的珠子全部拆了下来，模仿着明明的做法，穿了2个红色珠子1个绿色的珠子，又穿了2个红色的珠子2个绿色的珠子，以此类推。很快手链就穿好了，他开心地将手链拿给老师看。上述情境中浩浩的表现说明了什么？

任务要求

1. 了解模式的概念、特征、类型及其对幼儿发展的意义。
2. 了解幼儿模式认知能力的发展特点。
3. 掌握模式的核心概念与关键经验。

从出生后开始，幼儿就自发地在周围环境中寻找各种模式。比如，每天听完睡前故事后就要睡觉，每星期上学5天然后在家待2天。人类的大脑生来就能感知模式，寻找看似无关信息的相似之处，把它们整合成一个整体。没有对模式的认知，幼儿对所有事物的认知是不完整、不连续和无关联的。幼儿渴望规律性，因为它能让幼儿预知什么即将发生，赋予他的世界以意义。寻找模式是所有学习的基础，而这种探寻对增进数学理解特征至关重要。觉察到模式能够帮助幼儿理解数学结构，帮助幼儿从不同的关系而非单一的关系审视物体，这些数理逻辑关系的形成是未来解决数学问题的基础。

一、模式的基础知识

（一）什么是模式

所谓模式，就是在物理、几何或者数里可发现的具有预见性的序列，它反映的是客观事物和现象之间本质、稳定、反复出现的关系。模式认知就是对事物和对象具有的隐蔽性、抽象性的规律特征的认识。

在幼儿的生活中，模式随处可见。比如视觉上的“红、黄、蓝、红、黄、蓝……”，听觉上的“掌声、鼓声、哨声、掌声、鼓声、哨声……”，动作上的碰“头发、膝盖、脚、头发、膝盖、脚……”，自然现象的“上午、下午、晚上、上午、下午、晚上……”等。

在数学的世界里，模式不仅是基本主题，也是数学本身最重要的特质，因为数学本身就是客观世界的形式、结构和关系的抽象化模式的研究，所有数学都是建立在模式和结构的基础之上的。比如，10 以后的数字重复同样的顺序，11、12、13……21、22、23……31、32、33……同样，在一个几何图形组合中也可以发现模式，幼儿需要很多机会在数学中讨论和发现模式。

所谓结构，是指一个模式中的不同元素组织和相互联系的方式。例如，一个简单的重复节奏“拍手、跺脚、拍手、跺脚、拍手、跺脚……”和奇偶数的数列有着同样的结构，可以用 AB 符号来表示。描述一个模式的结构要求我们越过模式的表面形式聚焦于其内在关系，这是了解世界的高级数学方式。

（二）模式的特征

模式具有两个基本特点：重复性和可预测性。模式的重复性是指具有相同的单元或按照同一规律发展变化的单元结构，比如模式“红黄红黄红黄”和“ABABAB”。模式的预测性是指能够对模式接下来的发展进行预测，如“红黄红黄红黄”后面是“红黄”。模式的重复性是可预测性的前提和基础。

重复性模式包含着一个不断重复的基本结构，我们也把它叫作重复单元。一个重复的单元可能有不同的结构和复杂程度，但它始终是最小的重复单元。重复单元可以被视为对一个模式规则的规定。这种充满重复性、规律性的模式结构不仅存在数学中，也同样存在于幼儿感知和生活的周围世界中，比如我们日常所见的人行道、瓷砖、篱笆墙、装饰相框、贝壳花纹、电话铃声、打鼓节奏、跳房子游戏等。

（三）模式的类型

模式的划分一般有两种划分标准。按照模式组成的单元划分，可以把模式分为重复性模式和发展性模式。重复性模式指组成模式的基本单元是由 n 个相同的、保持不变的单元构成，如 ABCABCABC；发展性模式指模式由按照同一规律发展变化的单元构成，如 AB，ABB，AABB，AABBB……

此外，按照组成模式的载体不同来划分，可以把模式分为实物模式和符号模式两种。实物模式是指以实物、动作、声音等实体的形式呈现的模式，如“拍头发—拍肩膀—

拍膝盖—拍脚”的动作模式；而符号模式则是指通过字母、数字、文字等抽象的符号系统来表达的模式，如数列“0，1，2，3，4，5，6……”。

（四）模式能力的结构

表3-1 模式能力的结构

模式识别能力	模式识别能力是从模式序列中获得基本元素信息，辨别基本单元以及单元间的相互关系，从而获得模式序列结构的规律的能力。模式识别能力是各种模式能力的基础，也是幼儿能够较早掌握的能力之一。
模式复制能力	模式复制能力是指幼儿能够形成与原有模式完全相同的结构的模式能力。模式复制能力是在模式识别能力的基础上进一步发展起来的，并为模式扩展能力奠定基础。
模式扩展能力	模式扩展能力是幼儿在识别模式的基础上，对后续模式进行预测并继续扩展任务的能力。它反映的是幼儿不仅能够预测下一个元素或单元是什么，而且会分析模式的整体结构及其中的规律性联系。模式的扩展能力是提高幼儿逻辑推理能力的有效途径。
模式填充能力	模式的填充能力是指幼儿在识别模式的基础上，对序列中空缺元素进行准确填补的能力。它不仅需要幼儿分析模式的整体结构及其中的规律，还要根据空缺元素前面与后面的元素进行综合分析与推断。模式的填充能够进一步提高幼儿的分析、综合与推理的能力。
模式创造能力	模式创造能力反映的是幼儿在了解模式的基本特点和组成单元后，自行设计和创造新的模式的能力。模式创造能力是在模式扩展与填充能力发展的基础上实现的，不仅有助于巩固幼儿对模式的认识，而且有助于发展幼儿的创造性思维。
模式比较与转换能力	模式比较能力指幼儿能够在分析模式结构异同的基础上，准确把握模式结构的本质要素的能力。模式转换能力指通过语言、文字、字母、数字、动作、声音等不同的方式来建构与示范结构相同的模式。

需要注意的是，学前儿童同时还应该具备将模式在实际生活情景中初步应用的能力，即幼儿在日常和游戏中能够识别身边的模式，描述出模式的基本结构，复制出相同的模式类型，并在此基础上扩展、填充模式，创造新的模式以及应用模式的概念来解决实际的问题。模式的应用能力是真正体现幼儿模式认知发展水平的重要指标之一。

（五）模式认知对幼儿发展的意义

首先，模式的学习可激发幼儿学习数学的兴趣和积极性。幼儿讲述每天的活动，学习、复述已经学习的儿歌、歌曲，以及阅读可以预见结果的故事，可以让他们感受到模式的存在，激发对数学的好奇。

其次，模式认知活动对幼儿抽象思维能力的发展有着重要的影响。幼儿需要先识别模式的基本单元，了解模式的结构，才能扩展、描述、转换以及创造模式。幼儿认识模式的过程就是对模式结构进行分析、综合、比较、抽象和概括的过程，这也是促进幼儿逻辑思维能力发展的过程。

最后，模式认知的发展也可以提高幼儿解决问题的能力。在识别模式基础上对模式发展进行预测，幼儿能够对解决问题的各种方法做出假设，有目的地选取一些方法进行尝试，以达到验证假设、解决问题的目的。

二、模式认知能力的发展特点

1. 幼儿模式认知能力随年龄增长不断提高，但各年龄段发展并不平衡

研究发现，儿童早期的模式认知有一个逐步发展的过程。3 岁之前的儿童基本没有模式的概念，也不能进行模式识别，他们把模式看作简单的堆在一起、彼此独立、毫无联系的一些物体。3 岁左右，幼儿开始初步具备模式认知能力，4～5 岁幼儿模式复制和扩展能力迅速提高，5～6 岁以后，幼儿已经基本上掌握了模式的概念。

2. 幼儿模式能力的发展呈现由易到难的过程

研究认为，幼儿模式能力发展的规律表现为：模式的识别—模式的复制—模式的扩展与填充—模式的创造—模式的比较与转换—模式的描述与交流。幼儿最初只能辨别出模式序列的元素构成，如“红花、黄花、红花、黄花、红花、黄花……”中由“红花黄花”构成的基本单元，这种能力对幼儿的要求是比较低的。识别模式序列的元素构成是幼儿最先具备的模式能力之一；随着幼儿数学分类、推理能力的发展，幼儿能够将模式序列完整地复制下来，而这为幼儿进一步学会模式扩展和预测打下基础；此后，幼儿开始能在分析不同模式结构的基础上，抓住模式序列的本质要素，进而尝试创造出新的模式序列。在幼儿这些模式能力发展的过程中，其使用各种符号、动作表述模式和发现生活环境中存在的模式的能力也在逐步增强。

三、模式的核心概念与关键经验

表 3－2 模式的核心概念与关键经验

	概念核心	关键经验
模式	1. 模式是按一定的规则排成的重复或递增的序列，不仅存在于数学中，也存在于这个世界中。 2. 识别模式可以帮助我们进行预测和归纳。 3. 不同的形式中可以发现相同的模式，同一种模式可以用不同的形式来表征。	1. 识别、复制模式，感知模式中的规律。 2. 扩展、填充模式，加深对模式中律性的理解。 3. 创造、比较与转化模式，体验模式的多样性。

表 3－3 模式各年龄段关键经验

各年龄段关键经验		
3～4 岁	4～5 岁	5～6 岁
1. 辨认简单的模式。 2. 按照全范例复制简单的模式。 3. 根据半范例拓展简单的模式。	1. 观察生活中各种有规律的物体和现象。 2. 根据物体排列规律推导空缺处应该排列的物体。 3. 利用 2～3 个元素进行简单的规律创造。	1. 利用多种元素进行较为复杂的规律创造。 2. 寻找不同表征形式的相同模式。 3. 运用多种形式表征相同模式。

单项实训

1. 自主收集一个关于幼儿模式认知能力发展的案例,并分析案例中的幼儿行为体现了哪种模式能力。

2. 4～5 人一小组,去幼儿园观察某中班幼儿一日生活中渗透了哪些有关模式认知的关键经验,以案例的形式进行记录并分享。

任务二　学习模式认知教育活动的设计与实施

情境导入

母亲节到了,中班的佳佳老师让小朋友在美工区用许多不同颜色和形状的纽扣装饰贺卡送给妈妈。老师发现红红认真地按照红色、黄色的顺序交替地装饰着贺卡的边;青青按照大大小小的规律在贺卡上装饰出一个爱心的造型。但是大部分的幼儿则将纽扣胡乱地粘在贺卡上。佳佳老师觉得这是一个很好的引导幼儿学习模式的机会,于是组织了一个关于模式的集体教学活动。

如果你是佳佳老师,你会设计什么样的集体教学活动?还可以通过哪些途径帮助幼儿学习模式?

任务要求

1. 尝试结合关键经验 ,设计、实施专门的模式教育活动。
2. 学习将模式教育灵活地渗透于幼儿的日常生活中。

在幼儿阶段,关注较多的是简单的重复模式,如颜色、形状模式对幼儿来说随处可见,能更好地示范模式内在的规律和结构。尽管这只是模式概念的一小部分,但学习简单模式能为幼儿日后理解如何扩展递增模式和数字化模式打下基础。模式作为一种数理逻辑知识是通过反省抽象获得的,单纯靠幼儿自发和偶发的活动来积累模式是远远不够的,需要成人有意识地提供多感官刺激的模式互动和多层次的模式类型与材料,根据幼儿的认知特点和发展水平,运用示范、提示、暗示等多种指导方式,帮助幼儿感知、体验模式的规律,鼓励幼儿积极地思考与预测,寻求解释并尝试创造多种模式。为了让幼儿发展相关的模式能力,教师既要安排专门的模式活动,也要充分利用与数学相关的游戏以及日常活动,同时激发和引导幼儿展开相关讨论。

一、专门的模式认知教育活动

幼儿模式认知的发展是一个渐进性的过程，教师应该认识到模式认知的发展规律，即从模式的识别与复制，到模式的扩展与填充，再到模式的创造、比较与转换，它既体现了幼儿模式能力发展的线索，也体现了模式相关活动与幼儿思维发展的渐进提升。这一部分，主要学习如何在幼儿园阶段渐进性地开展专门的模式认知活动，以及在每一阶段的活动设计与实施中，如何进行有效指导。

（一）识别、复制模式，感知模式中的规律

模式认知教育的第一步是引导幼儿识别与复制模式。

简单的模式能让幼儿较容易地把握模式的基本单元以及单元中包含的元素。所以，在一开始的识别活动中，模式中的元素不能太多，以ABAB间隔排列作为模式认知的开始较为合适。之后可逐渐地加入元素，或者改变规律，如ABB，ABB……；AABB，AABB……。

在活动类型上，可以开展丰富多样的视觉类、听觉类、动觉类的模式活动，让幼儿通过一些复合的感官模式活动，进一步体验模式中的规律。比如针对3～4岁幼儿，教师可以通过排列不同颜色或者形状的积木引导幼儿去识别与复制，或者利用跳圈活动中的圈圈引导幼儿观察并讲述圈圈间隔排列的规律。针对4～5岁幼儿，教师则可以引导其识别复杂图案（如二方连续、四方连续）中的模式结构及元素的组成。

【案例3-1】

挂灯笼（识别、复制模式）

活动类型：集体活动。

年龄段：3～4岁。

活动目标：

1. 初步体验以AB为单位的重复排列。
2. 能按全范例对应排列AB模式。
3. 在活动中能边操作边讲述。

活动准备：

教具：PPT，红黄蓝三种颜色的纸质大灯笼若干，背后有磁贴。

学具：每一小组画有范例的设计稿若干，红黄蓝三种颜色的纸质小灯笼若干，背后有磁贴，人手一个磁贴板。

活动过程：

1. 介绍情境，引出问题

教师：小朋友们，元宵节马上就要到了，我们要在走廊里挂一排灯笼。大班的哥哥姐姐已经把怎么挂画出来了，灯笼还没有来得及挂。你们愿意帮忙吗？

2. 观察范例，发现规律

教师指着画好的灯笼：大家看一看，要挂的灯笼都有什么颜色？红黄两种颜色是怎么排列的？我们从头开始，一起大声地说一下灯笼的颜色：红色、黄色、红色、黄色……

教师指着另一张图：这是另外一个大哥哥画的，这里的灯笼都有什么颜色？红蓝两种颜色是怎么排列的？我们从头开始，一起大声地说一下灯笼的颜色：红色、蓝色、红色、蓝色……

3. 演示操作，交流总结

教师：我们要按照设计稿挂灯笼了。先看看第一幅图，要选什么颜色的灯笼呢？从哪里开始挂？对，从头开始，一个一个有顺序地挂。谁来试一试？

教师请幼儿上前演示，引导其他幼儿观察：他从哪里开始挂的？第一个挂的是什么颜色的灯笼？第二个呢？下一个应该是什么颜色？待幼儿挂完两个单位后喊停。

教师：接下来请小朋友分小组把还没有挂好的灯笼挂上。每一小组的桌上有哥哥姐姐们提供的图和灯笼。请小朋友们先按照图上的颜色选灯笼，按顺序把灯笼挂完，挂完后要从头开始连起来说一说灯笼是怎么排列的。

4. 小组活动，观察指导

幼儿小组活动，教师观察指导。重点关注操作顺序，提示按照灯笼颜色选灯笼，通过朗读进行检查。要求还原材料再换其他材料。

5. 整理学具，结束活动

教师：老师这里的灯笼还没有挂完，谁愿意来挂一下？

教师请一名幼儿完成灯笼的演示。大家看一看，他挂得对不对，我们来读一读，检查一下。

教师请刚才小组操作的幼儿说一说自己的操作过程及结果，教师评价，结束活动。

活动材料（部分）：

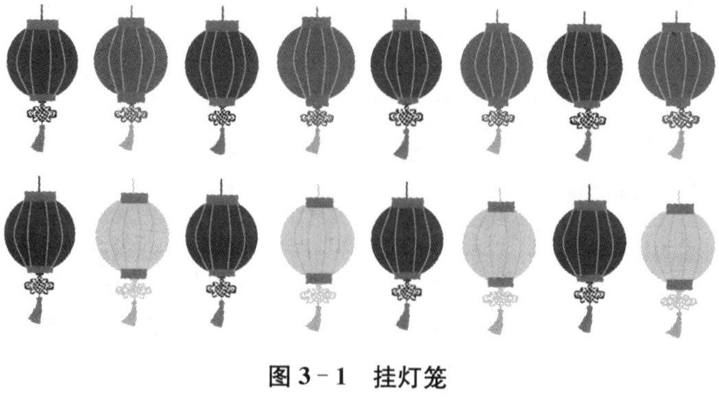

图 3-1　挂灯笼

教师也可以在区角里提供各种各样的模式范例，鼓励幼儿识别与复制。如，提供穿好的串珠照片、排好的积木照片等，请幼儿按照图片上的模式复制出来。或者在阅读活动之后，教师可请幼儿将图画书中的模式复制出来。如绘本活动“三只小熊”，教师可要求幼儿用提供的材料将故事中“大、中、小、大、中、小”的模式规律表征出来。也可以利用动作进行模式识别、复制的游戏。此外，教师也可以用动作或者声音表征各种模式，请幼儿模仿。如，一开始只是稳定地敲击，帮助幼儿建立对敲击的理解，然后加入一个其他动作，如拍腿或拍头，如案例“跟我一起做”。

活动案例

跟我一起做

模式识别、复制活动中教师的指导要点

识别是模式学习的基础，识别就是分析、辨别模式的基本单元是什么，基本单元由哪些元素组成，各单元之间的关系是什么。模式识别是模式复制、扩展、填充、创造与转换的基础。在案例3-1中，活动开始，教师带领幼儿大声朗读范例中灯笼的颜色，有节奏地连读模式的单位，是为了帮助幼儿感知颜色模式中的单位“AB”以及“AB”单位的重复，这也是模式识别的过程。在操作中及操作后，教师都要求幼儿再次朗读颜色，一方面是为了提醒幼儿通过朗读来检查对错，另一方面也是进一步加深幼儿对模式中规律的感知和体验。

在操作时，教师如果发现幼儿不理解范例中的规律，可以引导幼儿再次仔细观察，和幼儿一起读一读，然后再鼓励他一一对应进行复制。如果幼儿理解操作要求，但是不能有序地从前往后操作，教师可以提示。如，请幼儿看第一个灯笼应该挂在哪里，挂什么样的，第一颗串珠应该穿什么样的，培养幼儿有序操作的规律。如果幼儿理解要求，而且动作熟练，等幼儿排列完或者穿完，可以请幼儿说一说灯笼是怎么挂的，串珠是怎么穿的，并进一步引导幼儿概括模式，或追问接下去是什么，为什么。

在分享环节，教师主要评价两方面，一是幼儿能否按照范例复制，如果幼儿还不会，可以再带领幼儿一起观察讲述范例中的排列规律，帮助其完善自己的操作，并在之后的其他活动中再为其提供识别、复制模式的机会。二是鼓励幼儿尝试有节奏地大声讲述排列的规律，培养幼儿重复数学语言的习惯。

（二）扩展、填充模式，加深对模式中律性的理解

在识别、复制简单的模式的基础上，教师可以引导幼儿进行多种模式活动，如重复式延伸、扩展式延伸以及填充模式活动，加深对其中律性的理解。重复式延伸，如“小猫—小狗—小兔，小猫—小狗—小兔……（ABC，ABC……）”；扩展式延伸，如“一只猴子、一根香蕉，一只猴子、两根香蕉，一只猴子、三根香蕉……（AB，ABB，ABB……）”；填充模式就是指在已有的模式中间取出（空出）一个或数个物体（图案），让幼儿“填充”残缺的部分。

根据不同年龄段设计、实施不同水平的模式扩展与填充活动。

首先，要考虑模式单元的复杂程度。针对3～4岁幼儿，提供的模式活动一般是AB交替规律，针对4岁以上幼儿，可以逐步提供一些更为复杂的，如AABAAB、ABBABB、AABBAABB或者ABCABC规律的活动。

其次，任务难易程度不一样。给3～4岁幼儿设计的活动一般是在完整的2次单元重复之后再继续扩展，幼儿观察前面已有的排列顺序基本就能识别出规律，根据已有规律再往后接着排。如教师可以安排简单的AB交替的“填格子”活动，让幼儿在序列最后空格中或者中间空格中摆放相应的物体或者图案（见图3－2）。4～5岁幼儿对空间关系中的相邻、分离关系有了初步的体验，教师可以提供一些较为复杂的模式，供幼儿学习，并且在识别的基础上进行多维的扩展与填充（见图3－3）。针对5～6岁幼儿，教师还可以设置多行图上的排列活动，如在九宫格上横竖不重复地排列三种物体，发展幼儿的次序感和空间知觉。

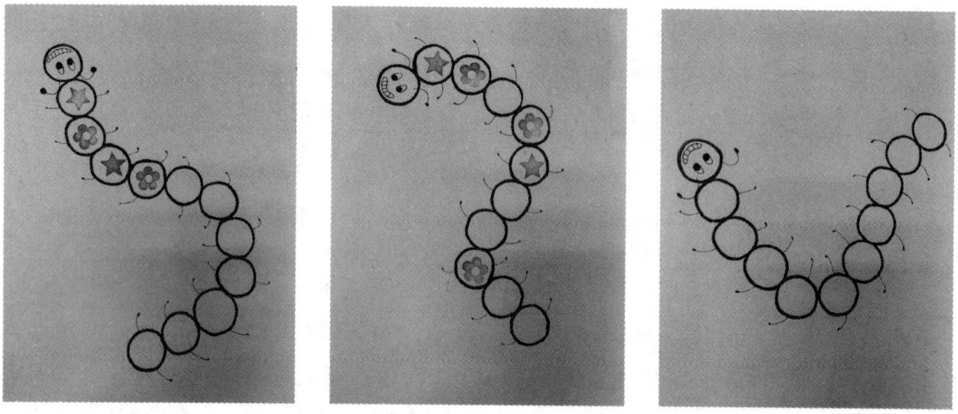

图3－2　给毛毛虫穿新衣（3～4岁幼儿模式复制、拓展活动）

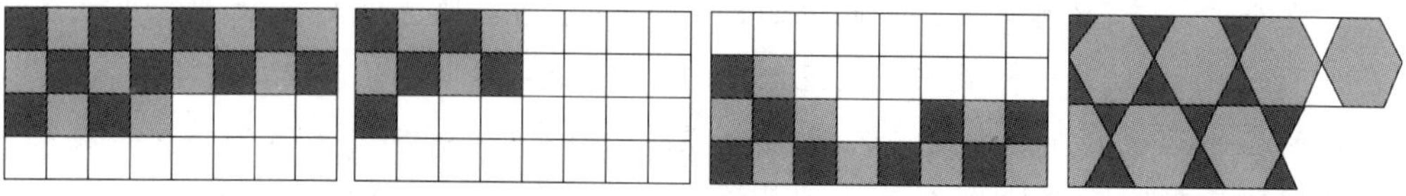

图3－3　贴瓷砖（4～5岁幼儿模式复制、拓展活动）

活动案例

给毛毛虫穿新衣、贴瓷砖

【案例3－2】

谁藏起来了（扩展、填充模式）

活动类型：集体活动。

年龄段：4～5岁。

活动目标：

1. 观察理解物体的排列顺序，判断遮住部分物体的名称和排列方式，并说出理由。

2. 能根据标记提示，按照正确的规律粘贴小动物。

3. 初步尝试记录自己活动的结果。

活动准备：

1. 自制兔子卡片8张、小猫卡片4张，其中6只兔子、3只小猫卡片按照“兔子、兔子、小猫”的重复规律粘成一条；城堡一座，中间城门剪开。

2. 自制小动物卡片若干(背后有胶)，半范例小动物串卡四条，每小组一份。

活动过程：

1. 出示材料，感知动物的排列顺序

教师出示小兔、小猫做成的长条纸，提问：城堡里要召开舞会，许多动物都排着队来参加，看看有哪些动物赶来参加了？说说这些动物是怎么排队的？(小兔、小兔、小猫、小兔、小兔、小猫)

2. 继续排队，拓展队伍

教师：还有一些小兔和小猫没有排上队，接下来应该怎么排呢？

把剩下的动物按照2只小兔1只小猫的顺序粘在原有队伍后面。

3. 猜测城墙遮挡部分动物排队的规律及数量

让幼儿闭上眼睛，教师拉动动物进入城堡，从开口处进入，中间一组小兔、小兔、小猫被遮挡。

教师：几只什么动物被墙挡住了？它们是怎么排的？

教师用动物头像依次记录幼儿的猜测，并请幼儿说出猜测的理由。

将城墙打开，验证幼儿的猜测结果。

4. 再次猜测城墙遮挡部分动物排队的规律及数量

再次让幼儿闭上眼睛，教师拉动动物进入城堡。这一次城墙遮挡部分为小猫、小兔、小兔。

教师：这一次有几只什么动物被城墙挡住了？它们是怎么排列的？

引导幼儿根据城墙里动物排列的规律推断城外动物排列的规律及数量。如这次最后进来的两只小动物是小兔、小兔，所以挡住的是小猫、小兔、小兔。

再次将城墙打开，验证幼儿的猜测结果。

5. 小组活动，排排队去城堡

教师：还有许多小动物要排队去城堡，每支队伍里只排了一部分小动物，请你把剩下的小动物也排进队伍，赶快带他们去城堡玩吧。教师巡视，观察幼儿在操作中的材料选择和操作策略。

6. 整理交流，结束活动

鼓励幼儿在集体面前展示自己的操作材料，并用语言清楚地说出小动物排列的规律和依据。

活动材料(部分)：

图 3－4　谁藏起来了

扩展、填充模式活动的指导要点

在模式扩展活动中，教师需要先引导幼儿观察一列图案中的排列顺序，启发幼儿边看边说，这样可以使幼儿对排列的规律有较为清楚的感知，因为幼儿在说图案是如何排列的时候，也就说出了他们的排列规律，自然而然地也就知道了后面一个空格应该摆放什么。等幼儿完成任务之后，还要请他们说一说是怎么排列的，帮助幼儿检验操作是否正确。在模式填充活动中，因为填补的空缺在序列的中间，教师提示幼儿不仅需要观察空格前面的规律，还要观察空格后面的规律，把前后两方面信息进行综合分析、推测判断，才能确定填充的内容。

（三）创造、转化模式，体验模式的多样性

经过前期的模式学习，幼儿已经具有一定的模式识别、复制、扩展、填充等能力，之后模式的学习重点是多种模式的交流经验。无论是用相同的材料来建构不同的模式，还是用不同的材料与方式来表征同一种模式，之后的模式活动则更多地聚焦于模式创造能力的培养。教师应该经常引导幼儿发现周围无处不在的模式，如生活用品、服装和玩具上的图案等。等幼儿积累了一定的模式认知之后，教师可以给幼儿提供多种材料，如大小不同的纽扣、植物的种子、贝壳、石头等，鼓励幼儿用不同的材料、方式探索出不同的排列方式与表征形式，在欣赏交流中，幼儿会发现模式是如此丰富多彩，进而感受到模式的“美”，以及“数学”的无处不在。

创造与表征模式活动通常针对 4～5 岁以及 5～6 岁幼儿开展。幼儿自己设计、创造模式，可以从具体到抽象，从实物到图形到符号；也可以让幼儿彼此延伸所创造的模式。模式的表征有多种方式，如动作模式、声音模式、具体的物体模式、图片模式等。模式创造活动要分阶段推进。针对 4～5 岁幼儿，一般提供 2～3 个要素供幼儿设计创造。

比如，提供花纹排列为 ABAB、ABBABB、ABCABC 交替重复的床单、围巾、服装等，请幼儿观察识别，然后请幼儿在布上设计有规律的纹样。针对 5～6 岁幼儿的模式创造活动，规律可较为复杂，如提供不同颜色、不同形状、不同大小的物品，鼓励幼儿利用多种元素进行模式设计。

此外，针对 5～6 岁幼儿，教师可以利用合适的情境和活动去引导幼儿发展模式的比较与转换能力。帮助幼儿从一种模式规律中发现其相同结构而用其他的表征方式来呈现，这体现了幼儿思维的抽象性和迁移性，可以促进幼儿思维的变通与扩展。

【案例 3－3】

我设计的桂冠(创造模式)①

活动类型：集体活动。

年龄段：5～6 岁。

活动目标：

1. 尝试用 1～3 种图形进行 ABC 规律的排列，设计桂冠上的装饰。

2. 能用语言详细地介绍自己设计、制作桂冠的方法。

3. 体验制作桂冠的成功喜悦。

活动准备：

1. 教具：已经按照 ABC(红色的圆—黄色的三角形—蓝色的半圆形……)重复规律装饰好的桂冠一顶。

2. 学具：红、黄、蓝、绿等不同颜色的三角形、正方形、半圆形、梯形等纸片若干，宽 2 厘米、长约 50 厘米的长条纸若干，胶水。

活动过程：

1. 观看奥运会颁奖图片，引出桂冠

教师：你们知道运动会上要为获奖的运动员发什么吗？会发奖牌、奖杯，得到鲜花和桂冠。

2. 呈现范例，观察规律

教师：这顶桂冠是其他班的小朋友做的，我们来看看，它是用什么装饰的？是怎么做的？大家一起大声读一读。

教师：你看到了什么？什么地方是重复的？我们怎么给这样的规律命名呢？它的规律是什么？

教师引导幼儿识别图形的排列顺序，感受桂冠上图片按 ABC 重复排列的规律。

---

① 张俊，张慧和. 幼儿园数学教育[M]. 北京：人民教育出版社，2014：153－155.

3. 观察材料，创造模式

教师：我们幼儿园也要开运动会了，我们要为参加运动会的小朋友制作一顶桂冠，看看，这里有些什么材料？

教师：你想用哪些图片，怎样排列，设计出既好看又有规律的桂冠呢？

教师：如果我们也要在桂冠上设计出 ABC 规律的装饰，你会怎么设计？

教师：你觉得一顶漂亮的桂冠应该先做什么，再做什么，最后做什么呢？

教师与幼儿共同讨论制作的方法。

4. 幼儿操作，教师指导

教师观察、指导幼儿制作的过程。

5. 欣赏桂冠，结束活动

教师：你的桂冠用了哪些纸片做装饰？是什么样的？规律是什么？大声读一读。

教师：你是怎么把这么漂亮的桂冠做出来的？

教师：每个小朋友都用了不同的图案，但都设计出了 ABC、ABC 的规律。

模式创造活动的指导要点

模式创造活动需要教师先带领幼儿观察、感知、体验多种模式范例，为幼儿的自主模式提供感性经验。教师可以鼓励幼儿大胆描述、讨论所看到的规律。对于幼儿来说，描述模式是不容易的，他们模糊的、非正式的数学经验，只有经过教师的引导才有可能上升为正式的数学概念，在这个过程中，语言是一个重要的工具。数学讨论能够帮助幼儿发现和描述模式的规律，还能够帮助幼儿比较和认识不同形式中相同的模式结构，而这些正是幼儿能够利用模式进行迁移和普遍化思维的关键一步。案例 3－3 中教师的支架性提问："你看到了什么？什么地方是重复的？我们怎么给这样的规律命名呢？它的规律是什么？"就可以帮助幼儿聚焦在规律和重复上。幼儿的一日生活中充满着有意义的环境，教师有大量的机会能与他们一起谈论模式，促进幼儿将生活中的数学变得"数学化"。

在幼儿自主创造模式时教师要用心观察。如果幼儿不理解规则，随意排列，教师可以再次请幼儿观察范例，引导他大声描述看到了什么，规律是什么，然后引导他选择 2 个或 3 个材料进行交替的规律设计。如果幼儿选择的材料有多个维度，在排列过程中有干扰，可以鼓励他在控制一个维度的基础上选择不同材料，如同一颜色里选 2～3 个不同形状的纸片，或者同一形状纸片里，选 2～3 个大小不同的纸片进行模式创造。如果幼儿理解活动规则，但在操作时出错，可以引导他按模式单位自行检查，自行纠错。如果幼儿顺利完成任务，可以请幼儿说一说他创造的模式。活动结束时，请幼儿拿着作品介绍自己的设计，如按照什么规律来创造的；也可以询问幼儿在活动中有什么困难。

【案例 3－4】

排一排(转换模式)

活动类型：集体活动。

年龄段：5～6 岁。

活动目标：

1. 发现生活中常见事物的相同排列模式。

2. 尝试用不同的材料与方式表现 AB 模式。

3. 在创造模式中发挥想象力和创造力。

活动准备：

1. 幼儿园生活中模式的照片。

2. 大地毯一块。

活动过程：

1. 出示照片，识别模式

教师：这里有一些幼儿园的照片，大家看看是幼儿园的哪些地方？

教师：幼儿园大门的栏杆是按什么规律排列的？厕所的瓷砖是按什么规律排列的？操场上的花坛和凳子是按什么规律排列的？桌子和椅子是按照什么规律排列的？这几张照片中的规律有什么相同的地方吗？

教师总结：这几张照片中的物体都是一个一个间隔排列的。

2. 寻找材料，创造模式

教师：请大家从周围也找两种材料，按照同样的规律排一排，摆到地毯上。

教师：你选择了什么材料？有几种？是怎么排的？

教师总结：有的小朋友选了 2 种材料，一个间隔一个排列，有些是按照颜色间隔排列，有些按照大小间隔排列，有些按照长短间隔排列。有的小朋友选择了一种材料，但是改变了材料的摆放位置，也可以用来表示间隔排列的规律。

3. 自由表征，创造模式

教师：你们还能用身体动作、声音，或者其他方式来表示一个间隔一个的规律吗？

4. 教师总结，结束活动

教师：原来身边很多的物体和现象当中都存在同一种规律，我们也能用不同材料和方式来表示同一种规律。

拓展延伸

模式转换活动的指导要点

多种形式的表征能够为幼儿模式能力的发展，尤其是模式比较与转换能力的发展奠定一定的基础，促进儿童思维的变通与扩展。哪怕对于5～6岁幼儿来说，模式的比较和转换也不是件容易的事情，需要教师引导幼儿把握住不同模式表征中的共同特征，对相同结构单元的模式能在比较的基础上进行形式的转换。在案例3－4中，教师从带领幼儿发现模式规律中的共性，到启发幼儿视觉表征复制模式，再到引导幼儿讨论用其他形式(动作和声音)去表征同一个模式规律，层层递进，关注幼儿感知不同形式模式中的相同规律。教师关注到了幼儿数学思维中的多元表征，也使幼儿的模式认知活动在动手动脑的过程中变得更富有意义。

二、渗透的模式认知教育活动

以上内容详细地呈现了如何随着幼儿的发展为他们提供进阶性的模式认知教育活动，明确了模式认知教育中教师的指导要点。对于幼儿模式认知来说，渗透于生活情境和游戏中的教育可能远比单纯的教学活动来得更重要、更有价值。事实上，幼儿一日生活中充满了各种模式认知与学习的情境。教师需要学习如何把握一日生活中的各种契机，将模式认知教育融入幼儿一日的学习、游戏与生活中。

（一）日常生活中模式认知教育的渗透

日常生活蕴含着许多模式认知教育的契机。如：

(1) 在餐前、餐后等时间，可带领幼儿参观自己与其他班级的装饰，欣赏并说说它们是按什么顺序排列的。请幼儿收集一些有花边的物品，如围巾、手绢、毛巾、盘子等带到幼儿园进行分享，引导幼儿思考在周围环境中还能从哪里找到规律。

(2) 排队时教师可以按男孩、女孩或长头发、短头发排列，请幼儿接着往下排，也可以有意识地改变排队的规律，从男生女生间隔排到一个男生两个女生的交替排列，让幼儿感受、体验模式中的规律。

(3) 日常生活中可以引导值日生按一定的规律挂毛巾、摆放杯子；与幼儿一起做周历或者月历，帮助幼儿感知其中的交替变化。

(4) 在操场上，可以鼓励幼儿用身体感知模式，如前后摇摆的秋千、上下弹动的皮球、左右跳进的方块等；在大自然中，带领幼儿去寻找花草树木、鸟鸣蝉鸣等，感受动植物身上的模式。

（二）游戏中模式认知教育的渗透

(1) 鼓励幼儿在积木和积塑游戏中，用3～4种排列规律进行建构。

（2）在区角提供一些装饰材料，鼓励幼儿分辨物品或图案的排列方式，学习自己设计物品和图案的排列规律。

（3）在游戏中，教师用两种不同的打击乐器按某种规律敲击，请幼儿说说它们的规律，如敲一下小铃，敲两下铃鼓。

（4）教师利用拍手、拍肩、拍腿等动作混合编排，带领幼儿玩“请你跟我这样做”的游戏，可以教师或幼儿创设一种模式，大家一起做。

（三）其他领域中模式认知教育的渗透

1. 科学活动中模式认知教育的渗透

幼儿园的科学教育与数学教育有着紧密的联系。从科学教育的内容来看，主要包括物质科学、生命科学、地球与空间科学、科学技术与社会，每一部分都能渗透模式认知的教育。比如在物质科学中，让幼儿感知、体验利用声音或者光照创造的各种模式；在生命科学中，引导幼儿观察、发现斑马、蜘蛛、叶子等动植物身上所具有的花纹、动作的排列模式；在地球与空间科学中，引导幼儿感受白天黑夜以及四季的循环变化；在科学技术与社会中，设计与制作的科技小制作蕴含各种各样的模式。

2. 语言活动中模式认知教育的渗透

图画书无论是语言还是画面，都为探索模式提供了一个精彩的语境。在阅读图画书、听故事的时候，可以启发幼儿去感知故事情节中的语言重复。教师也可以在活动之后利用故事线索开展模式活动。如，在语言活动“三只熊”之后，要求幼儿用提供的材料将故事中“大、中、小、大、中、小”的模式规律表征出来。一些儿歌中也蕴含着模式，教师可以帮助幼儿在感受、理解儿歌内容的基础上引导幼儿仿编、创编儿歌，体验其中的模式。

3. 音乐活动中模式认知教育的渗透

在音乐活动中，许多歌曲中包含了模式，教师要善于帮助幼儿发现和描述这些模式，以及创造新的模式，如进行有规律的歌词替代或者进行有规律的律动表演。在歌曲活动“小星星”中，教师可以带领幼儿一边学唱歌曲，一边做相应动作；还可以请幼儿改变歌词，自创其他规律的身体动作。此外，教师也可以利用铃鼓、节奏棒、三角铁等打击乐器，鼓励幼儿创造简单的节奏，请两三个人一起合作表现、创造模式。音乐活动区自然也是幼儿探索模式的合适区域。比如，提供各种尺寸的空罐头和一根用来敲击的木棒，每一个尺寸都有一个不同的声高，当幼儿比较罐子发出的声音时，这个罐子乐队自然而然地产生了模式。幼儿可以辨认和复制教师提供的模式，也可以自己创造模式。

小星星

拍手—拍腿—拍手—拍腿（*代表拍手一次，#代表拍腿一次）

一闪一闪亮晶晶，

* # * # * # * #
满天都是小星星。
* # * # * # * #
挂在天上放光明，
* # * # * # * #
好像许多小眼睛。
* # * # * # * #

拍手—拍手—拍腿—拍腿

一闪一闪亮晶晶，
* * # # * * # #
满天都是小星星。
* * # # * * # #
挂在天上放光明，
* * # # * * # #
好像许多小眼睛。
* * # # * * # #

4. **美术活动中模式认知教育的渗透**

周围的世界里蕴含大量的模式，模式的本质是“规律”，规律也是“美”的体现。美术活动中有大量的渗透模式教育的机会。如，带领幼儿观察、辨识各种装饰物的规律，在绘画、手工等活动中，引导幼儿按一定模式进行设计及创造，进行作品展示与分享，丰富幼儿对于模式的认知，促进幼儿创造能力的发展(见图 3-4、图 3-5、图 3-6)。

图 3-4 装饰圣诞树

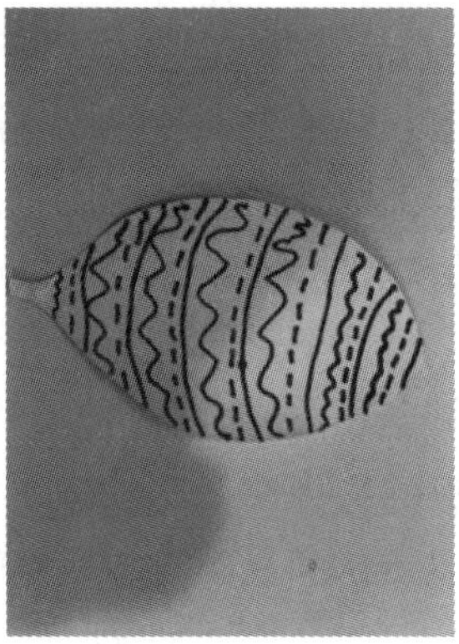

图 3-5 装饰树叶

图 3-6 装饰盘子

5. **体育活动中模式认知教育的渗透**

鼓励幼儿在运动性游戏中通过身体大肌肉动作去表现模式(见图 3-7)。

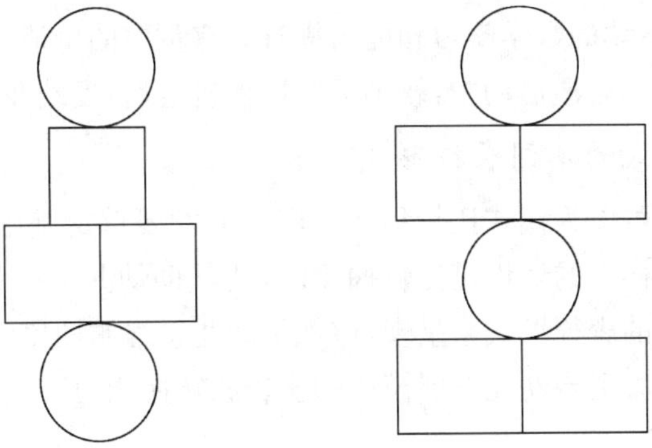

图 3－7　跳房子

三、开展模式认知教育的注意要点

（一）关注生活中幼儿自己的发现与探索

幼儿在日常生活中，在没有成人影响的条件下会自然地获得很多非正式的数学学习经验，即使是偶发的情境也能够成为刺激幼儿数学思维的有效途径，关键在于教师能否将这样的情境和环境作为促进幼儿数学概念建构的重要来源。一日生活中充满了各种与模式认知和学习相关的情景，教师应该思考如何将幼儿探索模式的机会有机地整合进一日生活中，为幼儿学习模式提供一个富有意义的情景，让幼儿真正感受到数学的有用和有趣。如教师在现实情景中引导幼儿观察发现按照一定规律排列的事物，如围成同心圆的花坛是按照数量递增模式排列的，楼道里的瓷砖是按照“白黑—白黑”重复模式排列的，串制的珠帘石是按照“红橙黄绿蓝靛紫”重复模式排列的，主题墙中的树木是按照从小到大的递增模式绘制的，等等，引导幼儿学会识别环境中不同的模式类型和结构，发现这些事物中存在的规律，并尝试自己创造新的模式。

（二）渐进性地设计实施模式认知教育活动

模式的识别、复制、扩展、填充、创造、转换在难度层次上逐渐递增，在不同年龄阶段开展形式多样、难易程度各异的感知模式教育活动，能够有效促进幼儿模式能力的发展。在模式认知教育活动的组织与实施中，教师在内容安排和引导策略上要注意循序渐进。如，教师可根据幼儿的年龄特征，提供全范例板、半范例板以及填空范例板，其中范例板中呈现的次序规律可以按图案、形状、方向或者大小、颜色来编排，让幼儿发现其中排列规律，并根据自己的操作水平选择使用。

（三）要关注模式活动中的数学讨论

模式教育活动的价值不在于一定要让幼儿学会按照 AB 重复模式或 AABB 重复模式进行排列，而是要帮助幼儿发现模式的本质规律并进行迁移性思维。对于幼儿来说，从动作到语言体现了幼儿从数学行动到数学思维的抽象性水平的发展，尤其对 5～6

岁幼儿来说，讨论、思考以及进行数学语言表征非常重要，它不仅是幼儿思维抽象性水平的体现，也对幼儿后续的数学学习和能力提升具有重要的价值。无论是在专门活动，还是在一日生活的各种渗透活动中，教师都要抓住机会，引发幼儿讨论、思考与交流。

（四）要关注模式的不同表征形式

多种形式的表征可以为模式比较和转换能力的发展奠定基础，促进幼儿思维的变通与发展。对模式多样性的认识是比较抽象的，要帮助幼儿从一种模式规律中发现其相同的结构而用其他的表征形式来呈现，体现了幼儿思维的抽象性和迁移性，教师要利用合适的情景和活动去引导幼儿发展模式的比较和转换能力。

单项实训

1. 4～5人一小组，阅读教材中的集体活动案例“我设计的桂冠”，请其中一小组同学以此教案为基础现场执教，全班同学评析。

2. 4～5人一小组，自选年龄段，以“模式的复制、扩展与创造”为关键经验，设计一项数学区域游戏，包括游戏材料、游戏玩法、数学语言与指导要点，游戏名称自拟。

3. 4～5人一小组，选择一个幼儿园班级，连续进行一周的现场观察，了解教师如何通过各种教育活动支持和促进幼儿模式认知能力的发展，并提出改进建议。

任务三　学习模式认知能力发展的评价

情境导入

自由游戏时间，嘉恒和熙熙两人正在用树枝、毛线、黏土等各种材料尝试搭建属于他们的小帐篷。他们先用三根树枝和一块蓝色的格子布制作成了一个半封闭式的帐篷，然后将其固定在一块废旧的硬纸板上面。他们决定再在帐篷下面铺上“树叶”。考虑到秋天的特征，他们选择了橘色、黄色和红色三种颜色丝绒带进行铺装。老师提出建议：“能不能让这片落叶很好看？”“像铺地板一样铺！”熙熙说道。他们立即行动起来。确定了起点，先粘上一条橘黄色丝绒带，接着是金色丝绒带，最后是红色丝绒带，紧接着又从橘色丝线带开始不断重复前面的次序，完成了落叶的铺垫。“帐篷上面还需要一个顶。”嘉恒说。熙熙立马到一旁的美工区取出一块圆盘泡沫板，在上面用棕色笔进行了分割，然后依次在每一格的区域里面涂上蓝色、绿色两种颜色。没过多久，帐篷顶上就出现了漂亮的“蓝色—绿色”间隔排列的环形图案……

请你分析一下上述情境中幼儿的模式发展水平。

任务要求

1. 了解不同年龄阶段幼儿模式认知能力发展的评价内容。

2. 结合典型案例理解幼儿模式认知能力发展评价的常用方法和注意要点。

3. 能够根据幼儿的行为表现评价幼儿模式认知能力的发展水平，并给予个性化的支持。

一、模式认知能力发展的评价内容

根据3～4岁幼儿感知模式能力的发展特点，教师在评价时重点关注以下内容：

- 幼儿能进行什么样的模式类型与结构下的识别？
- 幼儿能进行什么样的模式类型与结构下的复制？
- 幼儿能进行什么样的模式类型与结构下的扩展？

根据4～5岁幼儿感知模式能力的发展特点，教师在评价时重点关注以下内容：

- 幼儿能进行什么样的模式类型与结构下的扩展？
- 幼儿能进行什么样的模式类型与结构下的填充？
- 幼儿能创造什么样的模式类型与结构？

根据5～6岁幼儿感知模式能力的发展特点，教师在评价时重点关注以下内容：

- 幼儿能进行什么样的模式类型与结构下的比较与转换？
- 幼儿能创造什么样的模式类型与结构？

二、模式认知能力发展的评价方法

教师可以观察幼儿在生活和游戏等自然情境中的行为表现，寻找自然发生的模式认知行为，也可以有意设计特定的情境，借助具体的任务对幼儿进行评价。

（一）非任务情境（自然情境）中的观察

在幼儿的生活环境中存在大量的模式认知的内容，只要教师给予一定的引导或者观察记录幼儿的表现，就会发现幼儿随时随地可以进行模式认知活动。教师要在仔细观察的基础上，分析幼儿能掌握的模式类型和结构。

【案例3-6】

摇摆规律

【观察记录】11月2日，户外时间，在秋千上，夏夏（男，3岁）喊道：“哇，往上了、往下了、往上了、往下了、往上了、往下了……”老师也加入了。他说：“这是我的摇摆规律。”

【行为分析】夏夏已经能够发现生活中的模式,并说出这是一个模式,而且是摇摆模式。

【未来规划指导】教师可以进一步请夏夏描述,这个模式是什么样的,并让夏夏去找一下生活中还有哪里也有这样的模式,帮助幼儿进一步拓展对生活中模式的认知。

(二) 任务情境中的观察

教师还可以在生活活动、游戏活动或专门设计的数学教育活动中提出任务,观察幼儿的感知模式能力。在设计任务时要循序渐进,由简单到复杂,判断幼儿能够在怎样的条件下完成任务,并请幼儿表述自己操作的过程与结果。

表 3-3　模式认知能力评价任务清单列举

模块	评价任务清单列举	观察重点
模式	在桌面玩具中投放串珠材料或其他类型材料,提供一些参考图卡,在图卡上预先画好不同类型和结构的样式,请幼儿根据图卡来复制、扩展模式。针对高年龄段幼儿,适当增加模式的复杂程度。也可请他们自己创造模式,并加以观察。	观察幼儿能够识别、复制、扩展、创造哪种类型和结构的模式。
	在韵律活动或者舞蹈活动中,教师变换动作,做出不同类型和结构的动作模式,观察他们能否模仿。针对高年龄段幼儿,适当增加模式的复杂程度。也可以请他们自己创造动作模式,并加以观察。	观察幼儿能够识别、复制、扩展、创造哪种类型和结构的模式。
	在打击乐活动中,教师可以变换打击的乐器、动作、节奏等,观察他们能否模仿。针对高年龄段幼儿,适当加大模式的复杂程度。也可以请他们自己创造乐器、动作或节奏模式,并加以观察。	观察幼儿能够识别、复制、扩展、创造哪种类型和结构的模式。
	在美工区进行各种设计活动,如制作画框、设计衬衫或手袋等。教师可以提前在画框、衬衫或手袋上画好特定的规律,请幼儿说一说、画一画。针对高年龄段幼儿,适当增加模式的复杂程度,也可以请他们自己创造动作模式,并加以观察。	观察幼儿能够识别、复制、扩展、创造哪种类型和结构的模式。

【案例 3-4】

生活中的模式①

【观察记录】6 月 3 日,教师带着幼儿在教室内寻找 AB 模式。琦琦非常积极地寻找,并不断地表达她看到的模式:"这些小旗是白色、红色、白色、红色排的。""这个(娃娃

① 本案例由苏州市高新区阳山实验幼儿园许辰老师、朱佳老师提供。

家衣服)是蓝色、黄色、蓝色、黄色排的。”“那你知道这个规律是怎么排的吗?”教师指着一个装饰圆环上的图案。琦琦摇了摇头。“看看上面有哪些图案?”“小鱼和小树。”“那小鱼和小树是怎么排队的呢? 小鱼后面跟着……”“小鱼、小树、小鱼、小树这样子排的。”在教师的手势和语言引导下,琦琦也发现了悬挂在圆环图案中的AB间隔排列规律。饭后散步前,许老师先邀请了六名幼儿,男女间隔排列好,然后邀请琦琦接着往下排。他连续邀请了五名幼儿。许老师请他大声说一下队伍排列模式,她说:“男生、女生、男生、女生、男生、女生这样排的。”

6月12日的一天,正好遇上吹大风。户外活动时,琦琦看着操场上被风高高吹起又落下的遮阳网,停下了脚步。“这个就像波浪一样,高、低、高、低、高、低……”并且加上高低的动作表示。“这也是模式。”教师抓紧机会引导道。“对,也是模式!”琦琦说。回到教室后,教师和幼儿玩起了听指令做动作的游戏。“拍手、踩脚、拍手、踩脚、拍手、踩脚、拍手、停! 你们知道我们下一个动作做什么吗?”教师询问道。“踩脚!”琦琦快速说道。“你是怎么知道的?”“它就像模式一样!”

图3-8 小旗上的模式

图3-9 装饰环上的模式

【行为分析】对于4岁左右的幼儿来说,颜色、形状这些视觉模式是最容易感知的。教师引导幼儿在生活中寻找模式,引发幼儿理解模式存在于真实的世界和数学中,并且模式不仅仅是颜色的规律。琦琦已经能够敏感地观察到生活中的视觉AB间隔排列模式,并能进行描述。对于动作模式来说,因为转瞬即逝,所以幼儿不容易捕捉到。动作模式为幼儿学习如何扩展模式提供了支持,在多种感官的共同参与中,幼儿也更容易在周围的环境中建立这种可预测的模式。在案例中可见,琦琦已经能够理解动作AB间隔排列模式,并能进行扩展。

【未来规划指导】接下来,可以提供进一步的环境与材料支持,鼓励琦琦对更为复杂的模式(如ABBABB、ABCABC等)进行识别、复制与扩展。

【案例 3-6】

漂亮的手环[①]

【背景】班级中新开的森林小舞台需要首饰，孩子们决定自己设计有规律的手链给小舞台上的表演者装扮自己。教师提供了两种难易程度的底版，一种是只在纸上画有圆形"手环"，幼儿需要自己画上"珍珠"进行装饰，另一种教师已经画好一部分"珍珠"(有规律)，请幼儿继续完成，变成有完整珍珠的"手环"。只有一名幼儿选择了半成品扩展规律，其余幼儿都进行了自主设计。两个星期中，共有 20 名幼儿进入该区，朱老师对孩子们的表现进行了观察记录，并对他们的作品进行了分析。

【评价解读】在所有作品中，4 名幼儿的作品没有规律，只是随机画出各种颜色的"珍珠"；5 名幼儿已有规律意识，但最后的作品中只呈现 2～3 个单元的循环，无法将同一规律延续下去；12 名幼儿进行了一维特征的模式创作，但元素的组合方式比较单一，大多数是 ABAB、ABCABC 等利用各不相同的元素组成一个重复单元的作品，缺少 AABAAB、AABBAABB 等利用多个元素进行多维度组合成重复单元的作品；1 名幼儿在创作中既考虑了颜色因素，还考虑到了大小因素，创作出一个大红色珠子、一个小蓝色珠子、一个大红色珠子、一个小蓝色珠子的规律。

【未来指导规划】有些幼儿无模式创造意识，分析原因，一方面可能是幼儿没有理解任务要求，所以他们更想个性化地表达自己的设计；还有一种原因可能是他们还没有发展出独立进行模式设计的能力。对这些幼儿进行支持时也要分情况而定，可以再次为他们提供一些模式设计的任务情境，观察他们在短路径、直线路径上利用简单元素进行模式创作的情况，如果幼儿还不能进行模式创作，教师可以再次提供一些模式范例或半范例，请幼儿观察并识别，然后进行拓展与模仿，进一步增强其对规律重复性与预测性的理解。

有些幼儿在 2 个循环后无法坚持统一标准。主要有两种情况，一是幼儿利用 2～3 种简单元素(颜色)进行重复排列时，由于专注度不够以及完成任务过程中无法较长时间地自我监控，在进行第 3、4 个循环时容易出现忽略前面规律，重新表征新规律的现象。还有一种情况则是幼儿选择了诸如 ABCDEABCDE 等复杂元素(颜色)进行创作，在模式创作中需要幼儿具有强大的记忆能力，对幼儿挑战较大，所以很多幼儿会在第 3、4 个循环时出现遗漏元素的现象。针对第一种幼儿，多培养他们的专注性；针对第二种幼儿，教师可以建议他们先减少元素，使用 2～3 种颜色进行创作。

多数幼儿能根据一种属性(颜色)进行模式创作。2 个元素进行间隔排列是模式创作的第一步。针对这一能力水平的幼儿，通过同伴分享、作品欣赏等方式鼓励他们创作更多的组合方式，如 ABBABB、AABAAB、AABBAABB，丰富幼儿对模式创作的感知，打开幼儿的创作思路。虽然已经有一些幼儿能够进行 ABCDABCD、ABCDEABCDE

① 本案例由苏州高新区金通幼儿园朱萍老师提供。

表 3－5 幼儿作品统计

时间	幼儿	没有完成完整模式创造		完成模式创造					考虑到二维特征	备注
				两个元素进行创造		三个及以上元素进行创造				
		无规律意识	2～3 个循环后无法坚持	AB AB	ABB ABB	ABC ABC	ABCD ABCD	ABCDE ABCDE	颜色、大小	
典型作品		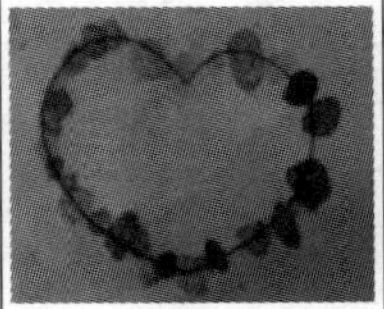	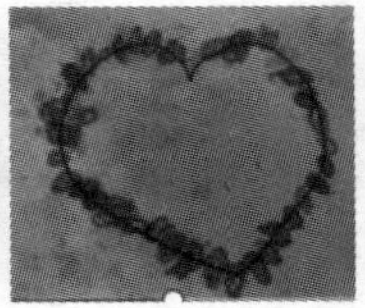	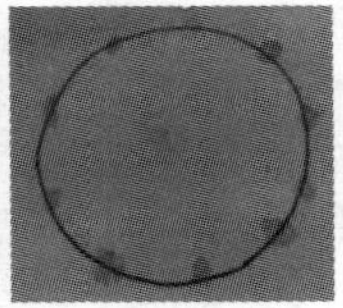						
12.10	彤彤	√								虽然对手链进行了绘画装饰，但没有规律意识。
12.12	萌萌							√		用颜色 ABCDEABCDE 模式进行创作。
12.12	焓焓				√					用颜色 ABBABB 模式进行了创作。
12.13	一宸								√	用 AB 模式进行了创作，考虑到了颜色和大小两维度。
12.13	桐桐		√							用颜色 ABCABC 进行创作，重复 2 个循环后无法坚持。
……	……									
统计		4	5	4	1	3	1	1	1	20

模式的创作，但也仅仅局限于单个元素连接，给幼儿提供机会学习与体验通过元素的重复与组合形成更多样化的重复单元，更深入地帮助他们理解模式创作的精髓。

有些幼儿已经考虑利用2种属性特征进行创作。有一名幼儿已经能够综合考虑颜色和大小两种属性，创造出“一个大红色珠子、一个小蓝色珠子间隔排列”的模式。可以提供更多的具有二维特征的物体，如具有颜色和形状差异的串珠、具有颜色和大小差异的“底板”、具有形状与口味差异的“糖葫芦”等，帮助该幼儿获得更多的利用多种属性进行模式创作的机会和经验。鼓励其他幼儿也用两种属性特征尝试创作。

三、开展模式认知能力发展评价的注意要点

（一）在一日生活中了解幼儿识别和描述环境中模式的水平

在幼儿一日生活中充满了各种与模式认知相关的情境。教师应该把握一日生活中的各种契机，帮助幼儿识别和描述他们在衣服、被子、篮子、玩具、书籍、壁纸、地砖、建筑物和大自然中遇到的不断重复的模式。同时，幼儿在幼儿园散步时，引导他们玩类似的“找规律”或者“猜规律”的游戏，并鼓励幼儿用语言去描述。只有在各种情境中让幼儿去观察、寻找和描述，教师才能真正全面地了解幼儿的模式认识水平。

（二）在项目活动中为幼儿提供丰富的创造模式的机会

为幼儿提供所需要的材料和活动，鼓励他们创造模式，同时了解幼儿的模式创造水平。可以将模式融入各种装饰活动之中，如窗帘、地板、地毯或者娃娃的帽子、衣服和首饰等，幼儿在真正参与问题解决的过程中能够最大化地展现出他对模式的理解以及表征创造能力。教师可以提供设计图纸、蜡笔和马克笔，壁纸、砖块以及自然物品（如贝壳、植物落叶、花瓣、树皮，以及翅膀、毛皮等）的照片，不同尺寸和颜色的珠子、小棒，绘图材料等，激发幼儿创造模式，表现出最真实的模式水平。

（三）在多样化的评价方式中帮助幼儿寻找获得乐趣的机会

评价的功能是持续促进幼儿的发展，使幼儿一直保持对模式探索的乐趣。对于许多幼儿来说，玩模式与拼图或者搭建积木有相同的吸引力，教师可以设置有趣的游戏挑战，激发幼儿的兴趣。例如，鼓励他们填空，ABAB_B（使用实物），问幼儿空白处要填什么。或者更改模式中的元素，请他们相应地更改其余部分，例如从ABABAB更改为ACACAC，并请他们继续完成新的模式。教师也可以故意犯错，看看幼儿是否能纠正错误。总之，教师要利用多种评价情境，以评价激兴趣，以评价促发展。

单项实训

4～5人一小组，结合任务二中设计的“模式的复制、扩展与创造”区域游戏，自行编制观察记录表，结合记录表中的内容，全面分析班级幼儿的模式认知能力水平。

任务四　实践与拓展

一、综合实训

4～5人一小组，选择幼儿园一个班级，统计分析班级中有哪些材料可以支持和促进幼儿的模式认知发展，并对材料的适宜性做出分析评价。请选择一名幼儿，在日常生活和游戏中观察他的表现，评价他模式认知的发展水平，与同学分享你的观察，并撰写发展评价报告。

二、岗证对接

材料分析题（模拟题）：

贝贝（4岁）和亮亮（4岁）在手工区用彩色的珠子串项链。手工区里放着一条教师提供的尚未完工的项链，是按照“红色-黄色-蓝色-红色-黄色-蓝色”串制的。贝贝看到这条未完成的项链，就按照这条项链的样子也穿了一条同样的项链。串完后，贝贝发现还不能围成一圈，该怎么往下接着串呢？贝贝就按照同样的模式在后面继续串，串成了一条漂亮的项链。亮亮也看到了未完成的项链，但是他还是从小框中拿出自己喜欢的绿色和紫色珠子开始串一条新的项链。他的项链串成了“绿色-绿色-紫色-紫色-绿色-绿色-紫色-紫色……”

1. 对贝贝与亮亮两名幼儿的模式能力水平进行分析。
2. 对于贝贝与亮亮两名幼儿，教师应该如何指导？

参考答案

三、资源拓展

饼干模式	贝壳模式
提供饼干图片和模式带，可以让幼儿认识、复制、扩展、创造模式。教师至少提供一条空白的模式带，鼓励幼儿创造饼干模式，以保证活动的开放性和多元性。 	提供各种贝壳，幼儿可以创造各种贝壳模式。幼儿可以独自游戏，也可以创造一个模式让同伴复制或扩展。 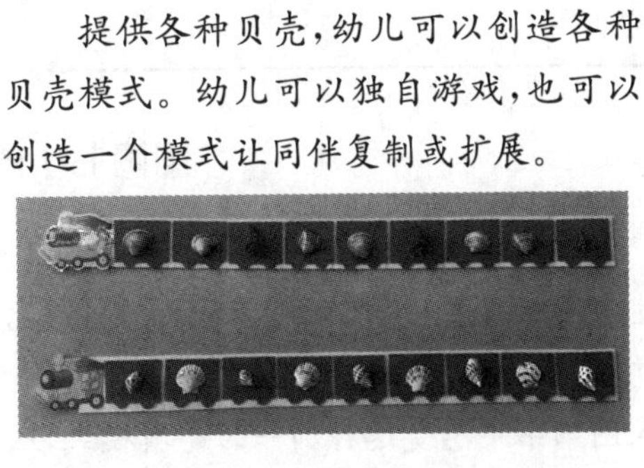

印章模式 各种印章能够激发幼儿创造模式的灵感。教师可以根据幼儿的年龄特点与前期经验，渐进性地提供材料。 	**罐子乐队** 提供各种尺寸的空罐头和敲击的小棒，每一个尺寸都有不同的音高。当幼儿比较罐子发出的声音时，这个罐子乐队自然而然地产生了模式。教师也可以创造模式，鼓励幼儿认知、复制模式。 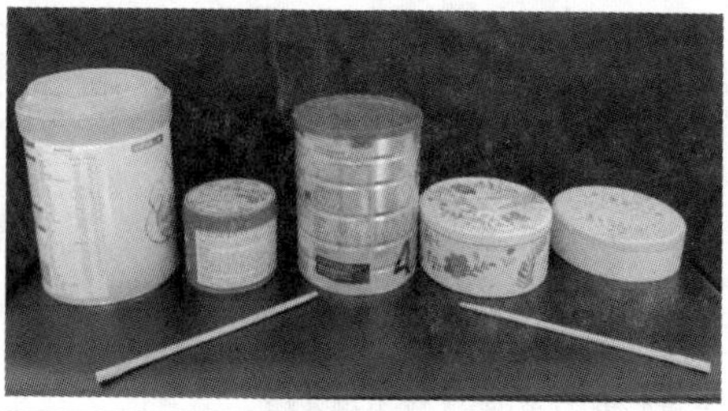
树叶模式 秋天的落叶缤纷多彩，教师可以带幼儿去自然中捡树叶，将五颜六色的树叶带回教室，利用树叶进行各种模式创造。 	**鞋子模式** 教师可以用幼儿的鞋子创造各种模式，这个游戏有无穷的可能性。比如，不同颜色重复排列的鞋子、不同质地重复排列的鞋子、不同款式重复排列的鞋子、不同方向重复排列的鞋子等。  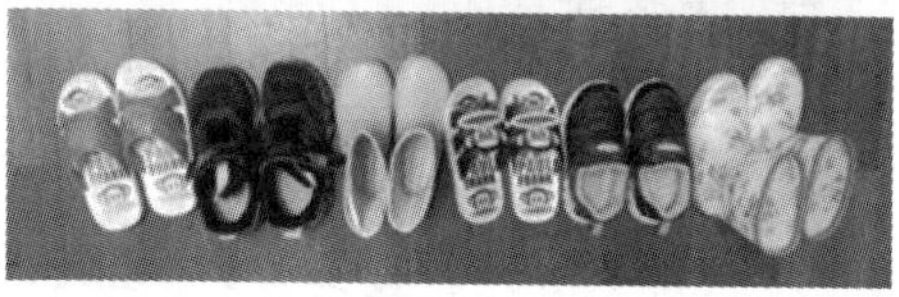

图画书中的数学——模式

《打瞌睡的房子》是美国作家奥黛丽·伍德所写的关于递增的数学图画书。书中描述了一天傍晚，房子里的每个人都在睡觉的画面。奶奶在床上睡觉，孩子在奶奶身上睡觉，狗在小孩身上睡觉……通过规整重复的语言表述和直观沉浸式的画面，让孩子们进入图画书中感受这种加一的递增模式，从中寻找到一定的规律并进行想象和预测，锻炼幼儿发现模式、运用模式的能力。

《乱七八糟的魔女之城》是韩国作家车宝锦所写的关于数学模式的图画书。书中幼儿可以跟着坚强的公主一起，穿过规则之城的重重障碍，打败乱七八糟的魔女，解救被困的王子。他们需要发现果树、砖块等的排列顺序，如ABC、AAB、ABB等，并根据规律摆放或找出错误的物品。幼儿从中可以认识不同的模式，逐步创造出带有一定模式，即带有一定规律性的作品。在活动中可以培养幼儿的数学逻辑思维，能够总体把握事物之间的关系，提高幼儿的预测力和创造力。

《蜈蚣叔叔的袜子》是韩国作家许恩美所创作的有关模式的数学图画本。故事中蜈蚣叔叔平时总是按照一定的规律来穿袜子，主人公嘟嘟在帮助生病的蜈蚣叔叔穿袜子的过程中发现了顺序和模式的乐趣。同时，图画书中在小动物们送来的礼物之中也渗透了各种各样的模式。本书通过给蜈蚣叔叔穿袜子的方式，带领幼儿从熟悉一组模式，到从众多颜色的袜子中挑选出符合模式的袜子，再进行同一个模式的复制，不断提高幼儿对模式的认识和掌握能力。故事情境中渗透的具有各种不同模式的物体，也有利于幼儿探索和发现自己的生活环境中的模式。

《小刺猬的项链》讲述了一个叫拉亚的小刺猬因为浑身长满刺而交不到朋友，但是有一天他在森林里闲逛的时候，发现了好多豆子，于是他找了一个能让自己快乐起来的办法，就是把这些豆子穿成一串串项链。书中没有用文字来描述项链的模式，需要在教师的帮助下，引导幼儿去观察拉亚穿项链使用的豆子的颜色大小规律等问题，让幼儿去仔细阅读自己手中的绘本，使其在教师的引导下自我感知，认识到穿项链用的豆子颜色是错落有致的，一颗颗豆子都有规律地排列着，红黄蓝相间，大中小有序排列。通过这种方式，帮助幼儿深化对模式的理解，提高幼儿自主探索模式规律的能力。

项目四

计　数

项目分析

计数是一种有目的、有手段、有结果的活动，是幼儿日常生活中的一部分，他们喜欢数所有的东西，比如楼梯、饼干、糖果等。要想知道一个集合中元素的个数就要进行计数。计数的过程就是把要数的那个集合的元素与自然数列建立起一一对应的关系。本项目学习的主要内容包括计数的基本理论、计数教育活动的设计与实施、幼儿计数能力发展的评价。

项目导学

- 计数
  - 掌握计数的基本理论
    - 计数的基础知识
    - 幼儿计数能力的发展特点
    - 计数的核心概念与关键经验
  - 学习计数教育活动的设计与实施
    - 正式的计数教育活动
    - 渗透的计数教育活动
    - 开展计数教育的注意要点
  - 学习计数能力发展的评价
    - 计数能力发展的评价内容
    - 计数能力发展的评价方法
    - 开展计数能力发展评价的注意要点
  - 实践与拓展
    - 综合实训
    - 岗证对接
    - 资源拓展

学习目标→

1. 了解计数的基础知识与幼儿计数能力的发展特点。
2. 掌握计数的核心概念与关键经验。
3. 尝试设计、组织专门的计数教育活动。
4. 能够将计数教育渗透于幼儿的一日生活中。
5. 能根据幼儿的表现评价幼儿计数能力的发展，并给予个性化的支持。

任务一 掌握计数的基本理论

情境导入

张教师每天都会组织幼儿数数班级的人数。她发现可以从声音的节奏听出幼儿数数时是否有信心。一些孩子在唱数1到10的过程很投入，数到十几的时候就会犹豫或者断断续续。可能到了二十几或者三十几的时候又开始流利地唱数，但是到39时，又会停下来，过一会儿可能会想起来下一个数是40，有时直接卡住了，不能再继续数下去。

任务要求

1. 了解计数的概念、类型、基本原则。
2. 了解幼儿计数能力的发展特点。
3. 掌握计数的核心概念与关键经验。

幼儿对数的抽象理解是一个漫长而复杂的过程，也是一个连续的发展过程。人们为什么要计数？无非是要确定物体的数量，这就是计数的目的。计数需要采取逐一点数的操作手段，最后用一个数词表示这群物体的数量，所以其结果表现为数的形式。

一、计数的基础知识

（一）什么是计数

计数是一种有目的、有手段、有结果的活动，通常称为“数数”，其结果表现为数的形式，需要最后说出总数。计数活动的实质就是将具体集合的元素与自然数列里从“1”开始的自然数之间建立起一一对应的关系。只要不遗漏、不重复，数到最后一个元素所对应的数就是计数的结果,即总数。计数可以用来确定一个集合中数量的“多少”。

在数学教育中,幼儿在不用数的情况下学习分类,区分“1”和“许多”以及对应比较两组物体数量的相等或不等,为幼儿初步的数概念打下基础,但他们不是也不能最终形成数的初级概念。只有通过计数活动,最后说出总数,才是对数实际意义的初步认识,才能对数形成最初的数概念。

(二)计数的类型

机械计数主要是按顺序从记忆中提取数词,即背诵数词。比如3岁的幼儿,不理解数词所代表的真正含义,但是却能大声背出“1、2、3、4、5、6、7、8、9、10……”,说明他能够在记忆层面上数数1～10。一般把机械计数称为唱数或口头数数,严格来说,它并非真正意义上的计数。

理解计数能够把每个数字和集合中的一个物体对应起来。它建立在幼儿对一一对应概念的理解基础上。比如,他能够用手指指着物体,每指一个物体就对应一个数词,“1块糖、2快糖、3块糖……”,这就说明他成功地在理解计数水平上数物体。

正确的机械计数和一一对应是理解基数的基础,在幼儿数学学习过程中具有重要的作用。它能使幼儿掌握数词名称以及自然数序方面的经验,从而为其理解计数能力的发展奠定基础。随着理解计数能力的发展,幼儿掌握了理解数量概念的有效工具,能够比较不同集合的数量,能够进行数运算,解决“多多少”“少多少”“现在一共多少”“还剩多少”等问题。

(三)计数的基本原则

有些幼儿在进入幼儿园之前就能唱到100,却无法正确地数出20件物品。学习有意义地计数既要能够记住任意顺序(机械计数),又要能够有原则地计数(理解计数)。格尔曼等人认为,幼儿在计数过程中必须遵循四条基本原则:

1. 固定顺序原则

无论数哪个集合的物体,数词的顺序是固定不变的,都是“1、2、3、4……”。数字名称的顺序是固定性的,所以记住数序是掌握固定顺序原则的首要条件。理解固定顺序原则并不是机械地背诵数词的顺序,而是在使用这个原则的过程中,要让幼儿感知和体验数学里的模式和结构。

2. 一一对应原则

在数数时,将集合的元素与自然数列的集合建立一一对应的关系。幼儿在刚开始学习计数时经常会出现一些错误,如点数时说出的数词不正确或者顺序错误,还有漏数、重复数等现象。掌握一一对应的原则就是能够手口一致点数,是幼儿掌握计数,正确理解数量实际含义的必要基础。

3. 顺序无关原则

集合中的项目不论从哪个开始数,并不影响其结果。也就是说,无论从左往右,还是从右往左，还是从中间往两边，最后结果是同一个数。掌握了顺序无关原则，幼儿就会理解数词与对应的点数物体之间的关系只是暂时的，对物体本身没有任何意义。他们还会发现数一个集合的物体是有多种方法的，在数日常生活中分散的物体时就会更自然地使用这一策略。

4. **基数原则**

数到最后一个数的值就代表这个集合所含元素的个数。要理解基数原则会涉及数词的两个不同用法：① 幼儿要给点数过的物体赋予数名称，同时还要使用正确的数序（固定顺序原则），每个元素必须且只能点数一次（一一对应原则）；② 当点数结束时，要用点数时说到的最后一个数字来命名这个集合的总数。这个数词的意义不同于在点数时说出的最后一个数词，前者是表示点数过集合的总数，后者不仅是对最后一个物体的“命名”，也标志着点数的结束。

以上基本原则适用于任何集合，如果幼儿能在计数活动中运用这些原则，那就说明他开始掌握理解计数的技能。

二、幼儿计数能力的发展特点

幼儿的计数能力标志着幼儿对数的实际意义的理解程度。从计数活动的结构来看，可以分为内容和动作两个方面。

从内容看，幼儿计数能力发展一般可以分为四个阶段：

（1）口头说数。俗称“顺口溜”，是口头按顺序说出自然数的能力。一般 3 岁左右，幼儿凭借记忆，能按照自然数列中的数序背诵数词，但没有形成每一个数词与实物间一一对应的关系。开始，幼儿一般只会从“1”开始顺着数，很容易出现漏数和重复数。5 岁以后，不少幼儿能够从中间任意一个数接着往后数，但在进位时有些困难。

（2）按物点数。即用手逐一点物体，同时有顺序地说出数词，使说出的一个数词与手点的物体一一对应，但还未能说出总数。相对于口头数数，这是个复杂的任务，需要数词、动作以及物体三者之间的对应，手、眼、口的协同一致。在发展中，常常出现手口不一致的现象。如，嘴里能按顺序唱数，手却不能按实物一个一个点；手按实物的顺序一个一个点，口却乱数；手与口虽能有节奏地配合，但不是一对一的配合。

（3）说出总数。即在按物体点数后，能将说出的最后一个数词来代表所数过的物体的总数，回答“一共是几个”的问题。幼儿说出总数比按物点数的能力发展要更慢一些，因为这需要把数过的物体作为一个整体来认识，即能理解数到最后一个物体，它所对应的数词就表示这一组物体的总数。这是在直观形象思维基础上出现的最初的数抽象，标志着幼儿已经开始理解数的实际意义。一般 4 岁幼儿能数出 10 以内物体的总数。

（4）按群计数。计数不再依赖于一一点数的方式，而是以群为单位，如两个两个数、五个五个数等。这表明幼儿已经理解数具有更加抽象的性质，数群概念是指能将代表一个物体群的数作为一个整体去考虑，而不需要用实物和逐一计数确定物体群的数量。5 岁以后，幼儿逐渐发展了按群计数的能力。

从动作方面看，可分为两个阶段：

(1) 手的动作。幼儿在计数的过程中，最先用手移动、摆弄或触摸被数的物体，然后逐步脱离对物体的触摸，用手在空中来回摆弄指点着物体进行数数。最后发展到只用眼睛区分物体并点数，以眼代替手的动作。

(2) 语言动作。开始计数时，幼儿往往会大声说出数词，随着计数活动的增多以及计数经验的不断积累，幼儿渐渐地减轻计数时说出数词的声音或以不出声只动嘴唇来计数，最后发展为心里的默数。

建立一一对应的观念是计数的基础，计数能力的发展是幼儿形成初步数概念的必要条件。幼儿在计数中需要调动多种感觉器官，如触觉、视觉、听觉等。

三、计数的核心概念与关键经验

表 4－1　计数的核心概念与关键经验

	概念核心	关键经验
计数	1. 小集合的数量可以直接被感知到，而无需计数。 2. 计数可以用来确定一个集合中数量的“多少”。 3. 计数的基本原则适用于任何集合。	1. 巩固口头数数的经验。 2. 学习手口一致点数，认识总数。 3. 采用多种策略，提高准确计数效率。 4. 学习等量匹配与分类，进一步理解数的基数意义。 5. 进行计数验证，发展数量守恒。

表 4－2　计数各年龄段关键经验

各年龄段关键经验		
3～4 岁	4～5 岁	5～6 岁
1. 进行 20 以内唱数。 2. 通过直接感知说出 3 以内物体的数量。 3. 学习手口一致点数 5 以内的物体，并说出总数。 4. 感知 5 以内的数量，对 5 以内的数量进行等量匹配与按数量分类。	1. 进行 50 以内唱数。 2. 用点数的方法对 10 以内任意排列的物体进行准确计数。 3. 感知 10 以内的数量，发现物体的数量不会因排列方式的改变而变化。 4. 对 10 以内数量进行等量匹配与按数量分类。	1. 进行 100 以内唱数。 2. 学习运用接数、按群计数、目测数群等多种方法计数。

单项实训

1. 自主收集一个关于幼儿计数能力发展的案例，并分析案例中的幼儿处于哪种发展阶段。

2. 4～5 人一小组，去幼儿园观察某小班幼儿一日生活中渗透了哪些有关计数的关键经验，以案例的形式进行记录并分享。

任务二 学习计数教育活动的设计与实施

情境导入

早晨来园，小朋友们围成一个圈，李老师站边上。李老师宣布："我们现在要从小米开始数一共来了多少个小朋友，数到的小朋友就坐下。"李老师摸着最左边小米的头，大家一起和李老师数："1 个"，小米坐下。李老师又摸了小米旁边贝贝的头，大家一起数："2 个"，贝贝坐下。他们就这样转着圈一直转到素素身边，李老师摸了素素的头，大家一起数："25 个"，素素坐下。素素是最后一个孩子，孩子们一起欢呼道："今天来了 25 个小朋友！"李老师盘腿坐下，与其他孩子一起围成圈。李老师说："今天来了 25 个小朋友，我们班一共有 25 个小朋友，那今天有几个孩子没有来？"孩子们一起大声回答："0 个！"。

任务要求

1. 尝试结合关键经验，设计、实施专门的计数教育活动。
2. 学习将计数教育灵活地渗透于幼儿的日常生活中。

计数是幼儿日常生活中最为司空见惯的活动，也是幼儿园各类数学活动中最常用到的技能。幼儿总是会不知不觉地点数看到的各种事物，如站台上等车的时候数一数站台上有多少人，班级里来了多少名小朋友，已经爬了多少个阶梯……幼儿在生活中已经积累了相当丰富的计数经验，但是，这些在日常生活中积累的经验还不够成熟、不够完整。教师组织计数活动的意义在于帮助幼儿巩固、补充已有的计数经验，拓展计数的方法，从而提升幼儿的计数能力，促进数概念的发展。

一、专门的计数教育活动

教师不必急于让幼儿学会手口一致点数事物并说出总数，刚开始时可以让幼儿自由数数，积累数词与实物一一对应的经验，当幼儿逐步理解了数词的基本意义时，自然就能理解数数时说出的最后一个数词即所说的总数。然后通过示范、引导、同伴分享等方式让幼儿逐渐掌握提高计数准确率以及效率的方法。

(一) 巩固口头数数的经验，为计数奠定基础

幼儿一开始只是通过模仿机械地记忆一系列数词，数数过程中不能中断，中断了就无法继续。随着数数经验的丰富，幼儿对数词之间关系和顺序的理解加深，理解了数词

的实际意义，能将数词作为可数的实体，能够灵活进行接数、倒数。这种口头数数活动不仅仅是顺口溜式的机械记忆活动，还可以帮助幼儿感知自然数列中数的顺序和数列系统的规律，为数学学习和十进制学习积累最初的感性经验。这一类活动的关键在于帮助幼儿积累丰富多样的数数经验，不需要专门组织教学活动，适合日常的口头数数游戏，在正式的数学活动开始之前作为热身活动或者作为幼儿园一日各环节之间的衔接活动。例如，教师先数 1、2、3、4，幼儿接着数 5、6、7、8……

（二）学习手口一致点数，认识总数

1. 一一对应，打好计数基础

要把一个集合里的物体数正确，必须遵循“一一对应”原则。也就是说，一个集合里的物体必须且只能点数一次。这个原则对成人来说比较容易，但幼儿要完全掌握还需要大量的练习。也就是说，幼儿需要手口一致地将嘴里说出的数词与点数物体的动作和物体一一对应起来，一个数字对应一个物体，直到所有的物体都被点数一遍。在一一对应原则的发展过程中，幼儿常常容易犯三种错误（见图 4 - 1）。所以，要强调计数活动必须点数具体物体，并辅以点数动作。当幼儿出现错误时，教师要让幼儿自己检查，或者同伴讨论。

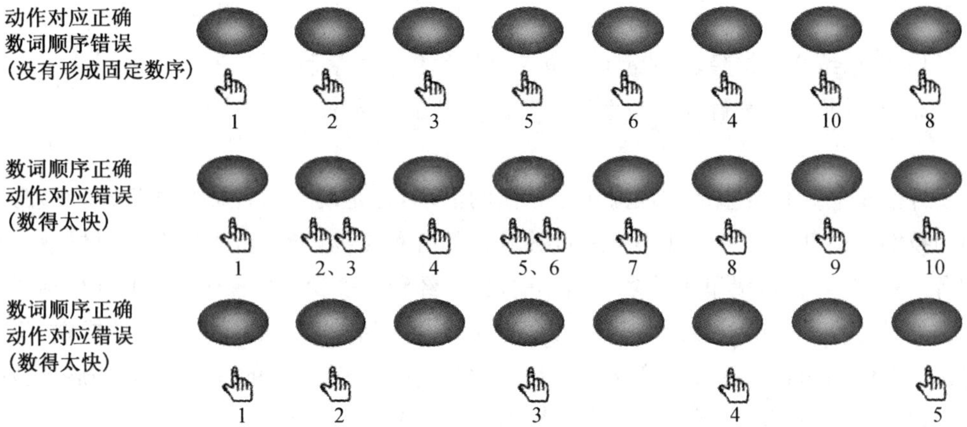

图 4 - 1　与一一对应原则相关的常见错误

2. 适当演示，认识总数

3 岁幼儿刚接触计数活动，教师可以适当演示，让幼儿知道怎样按物点数和点数的最后一个数就表示“一共有几个”，帮助幼儿积累数数的经验。例如，老师取三个同样的物体（3 个苹果或 3 块糖果）排成一行，由教师伴随口头讲解向幼儿进行规范的点数示范，即教师用右手食指，从左向右一边点着物体一边说数词“1 个”“2 个”，在点数到最后一个物体时，提高音调说出这个数词是“3 个”。紧接着，教师要放慢速度，着重演示用手围绕所点过的物体顺时针画个圈，边说：“一共有 3 个××”（见图 4 - 2）。在示范过

程中，教师要自然地结合讲解，特别向幼儿强调"每个东西只能数一次"，"最后数到几就说一共有几个东西"，帮助幼儿掌握点数的技能。

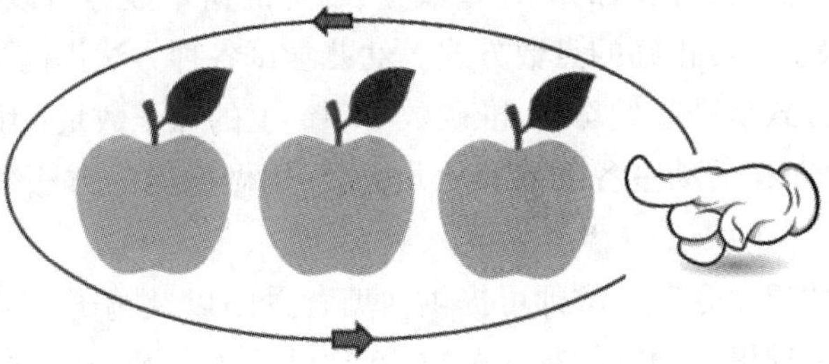

图 4-2　认识总数辅助具体动作

计数活动的指导要点

计数是手段，说出总数、理解数的实际含义才是目的。由于幼儿最初学习按物计数与说出总数是一个连续的过程，不是同一过程，所以年幼儿童在开始学习计数时，如果同时要求掌握正确的逐一点数和说出总数有困难，可以采取分两步走的方法。第一步，由教师完成计数过程，教师点数物体并和幼儿一起数数，然后在教师点数的基础上，由幼儿说出总数，回答一共有几个的问题。这样可以使幼儿首先把注意力放在说出总数上，集中在理解数的实际意义上。第二步，幼儿经过若干次练习，较好地掌握了说出总数以后，再让幼儿自己动手学习点数后说出总数。要提醒幼儿用右手从左至右点数物体，使说出的每一个数字与一个物体建立对应关系，最后说出一共是几个。

3. 变化方式，模仿练习

教师演示完之后幼儿模仿练习。手口一致点数物体和强化总数是 3～4 岁幼儿计数活动的重点和难点，所以，教师需要变化点数的方式，使幼儿在感兴趣的状态下反复练习，促使手的动作和口说数词协调一致。变化点数的方式有把物体排成一行或一列，一边数一边移动物体，或一边数一边取和放物体等。同时，教师应该提供多种实物（水果、玩具、布偶等）让幼儿练习，多问"一共有几个"，强调"最后说的数字就表示一共有几个东西"，并且初步体会到"一个数可以代表相同数量的任何东西，任何东西只要数量相同都可以用一个数来表示"。

（三）采用多种策略，提高计数的准确性及效率

1. 学习对不规则排列的物体进行计数，探索有效的计数方式

随着幼儿计数能力的不断发展，教师给幼儿提供的活动难度不仅仅只局限于计数对象数量的增加，还可以提供不规则排列的物体，帮助幼儿提高计数的准确性。针对

5～6 岁幼儿，教师可以将点数对象的排列方式拓展到圆形（如点数项链上的珠子、玉米棒的玉米列数等）、聚合型（如点数一束花的花朵、一群鸟的数量等）、分散型（如点数活动室里的椅子数、分散在各区域的幼儿人数、广场上的树木数等），以增加点数的难度，使幼儿能更好地探索学习正确的点数方式。幼儿尝试各种方法提高计数的正确率与效率，如以做标记的方式认准起始珠子，准确数出项链上的珠子数量；用划分板块、按块接数的方法来点数分布在活动室各区域的幼儿人数；用做标记的方法数出广场上的树木数等。

如在中班活动“鸭司令”中，教师可提供池塘背景图以及鸭子、小鱼、蝌蚪等池塘动物图片，随时调整池塘里小动物的布局及数量，请幼儿数一数小动物的数量，帮助幼儿积累呈封闭状排列物体的数数经验，在生活化的情境中体验数数的乐趣。

图 4-3　数池塘里的小动物

活动案例

鸭司令

2. 按群计数，提高计数的效率

按群计数指不依赖于一一点数的方法，而是以数群为单位进行计数，如以两个为单位或五个为单位进行计数，又或是将总数分为两个数群分别计数，再通过两数相加得出总数。以两个一数的按群计数活动可以帮助幼儿以一种新的方式来了解数系统中存在的模式，也就是说，一个数可以不再由若干个 1 组成，而是由若干个 2 组成。在这里，数数的单位是 2，而不是 1。在教学中，教师可以提供两个为一组的可数实物（见图 4-4），便于大班幼儿进行两个两个数，活动前告诉幼儿，两个一数的方法就是要一次点两个，数数时只需要说出双数“2、4、6、8……”，教师在活动中可以做一些两个一起数的示范，如请幼儿去玩游戏时一次摸两个幼儿的头，口头数双数，帮助幼儿体验两个一数的意义。

图 4-4　两个两个数

按群计数活动的指导要点

如果幼儿在活动中不能将日常生活中已有的两个两个数或五个五个数的方法进行迁移,那么教师可以运用动作演示和语言讲述进行两个两个数或者五个五个数,并引导幼儿讨论:“老师是怎么数的?”幼儿在介绍各自的数数方法时,可能会出现一一点数、接数或将两个群体合成总数的方法,对于这些方法教师都要给予肯定。如果有幼儿运用两个两个数或五个五个数的方法,教师可以引导大家比较这两种方法与以往方法的不同,从而发现这两种方法数数与逐一计数的不同,按群计数可以较快地数出物体总数。

3. 目测数群

目测数群也是幼儿先天的数量感知能力。克莱门茨(Douglas H. Clements)将感数分为直接感数和概念性感数。概念性感数也叫作目测数群,是在感数的基础上进一步发展而来,是一种先感知,再通过空间模式进一步运算,快速计数的方式。目测数群要求幼儿已熟悉数的组成,并已有数群的概念。感知数量的活动不仅可以帮助幼儿发展抽象的数概念,还可以帮助幼儿积累基础的运算能力。

目测数群活动可以安排在5～6岁阶段,通过幼儿喜欢的竞争性游戏进行。目测数群活动组织的关键在于材料的排列方式要有规则,便于幼儿感数,如线性排列、矩阵排列等。教师可带领幼儿进行小数量感数活动,巩固已有经验,而后引导幼儿观察要计数的操作材料,可以分为两部分,一眼就可以看出多少。

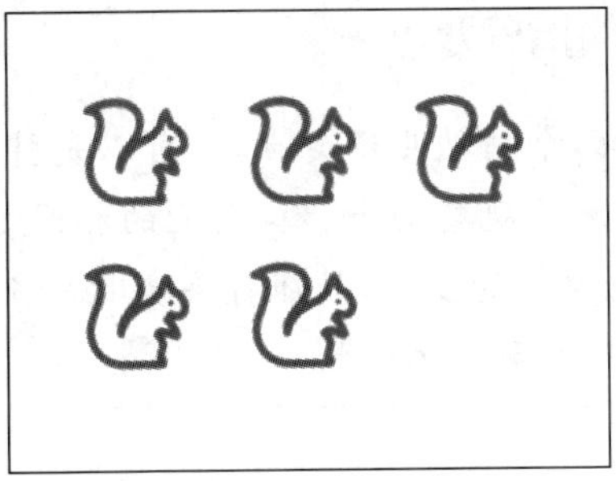

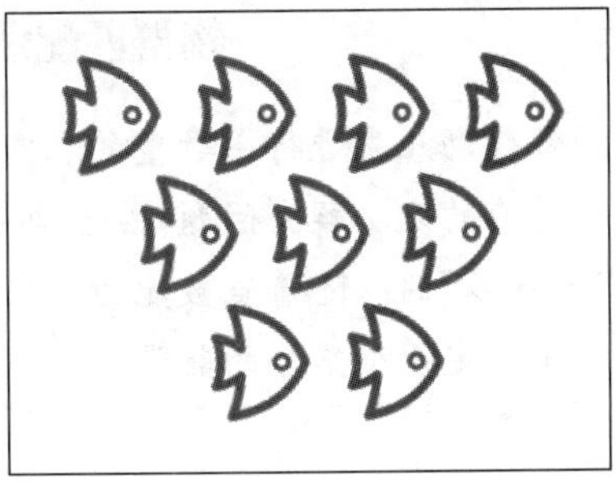

图4-5 目测数群材料

(四) 进行等量匹配与分类,进一步理解数的基数意义

当一个数用来表示集合元素的个数时叫作基数。基数体现自然数量的抽象意义。

幼儿对数的基数意义的理解一般通过等量匹配、按数量分类进行。根据年龄特征,两种活动可以依据数量递增的顺序平行进行。在3～4岁阶段,设计感知5以内数量的各种活动,初步理解5以内数的抽象意义。随着年龄的增加,逐渐增加至10以内数量的感知，并发展初步的数量守恒。

1. **等量匹配**

等量匹配要求根据集合的数量属性进行匹配和操作。其设计的关键是“把数量一样的集合匹配在一起”。在此类活动中，教师可以引导幼儿关注不同的集合在数量上的相同点，提供的操作材料可以是实物物群，也可以是印有实物的物群卡片，或更具抽象意义的点子卡片。按照操作要求的高低分为“物群匹配”“点物匹配”“按数取物”。物群匹配的材料是实物或者实物图片，具体而直观，幼儿可先计数实物或实物图片再操作。而按数取物给定的条件更为抽象，要求幼儿对数的实际含义有准确的理解才能完成任务。一般幼儿先学习物群匹配，再学习点物匹配以及按数取物。此外，操作材料在难易程度上可以分为1～5的一套、3～7的一套、6～10的一套，分步向幼儿提供，满足不同发展水平的幼儿根据自己的能力来选择材料。

(1) 物群匹配

物群匹配要求综合考虑两个物群之间原有联系与数量进行匹配操作。在组织活动中，教师主要引导幼儿关注物体的数量特征，强调取出一样多的另一个物群进行匹配。物群可以是实物，也可用实物图片。

比如，在小班“给小动物发点心”的活动中，准备小猫、小狗、小兔与小猴的物群卡（数量在5以内），以及这些小动物爱吃的食物的仿真玩具，如小鱼、骨头、萝卜、香蕉等，请幼儿给小动物发点心，卡片上有几个小动物就发几个他们爱吃的点心，帮助幼儿体验5以内的等量关系，并学习用“几个××吃几个××”进行讲述。

活动案例

给小动物发点心

物群匹配活动的指导要点

教师带领幼儿先进行小数量的物群匹配，个别幼儿不会点数，可以先引导它们通过一一对应的方法解决问题，然后再引导幼儿观察两个物群之间的相同之处，即它们是“一样多”的。随着点数能力和思维抽象性的发展，教师引导幼儿逐渐通过点数的方法先确定一个集合的数量，再取出相同数量的另一物体。

(2) 点物匹配

点物匹配即用抽象的点子集合代替一种物群集合进行匹配操作。通过点物等量匹配的活动，使幼儿体验到点子等图符构成的集合与实物集合可以有相等的数量，集合之间只有数量相等这一种联系。点子可以看作是具体向抽象过渡的桥梁，它既是具体形象的，同时也具有概括性，为幼儿抽象出相应的数概念奠定基础。可以进行“按点子拿取相应数量的实物”，也可以进行“相同数量点物接龙”的游戏。

比如，在小班“装水果干”的活动中，提供贴好点卡标签3、4、5的易封袋若干，贴好点卡标签的3、4、5的大整理筐各1个，水果干任意一种若干，要求幼儿根据包装袋上的点子数装相应数量的水果干，然后将装有水果干的包装袋送至相同数量点子标记的大筐中，发展幼儿根据点数匹配相应数量物体的能力，从而进一步感知5以内数量。

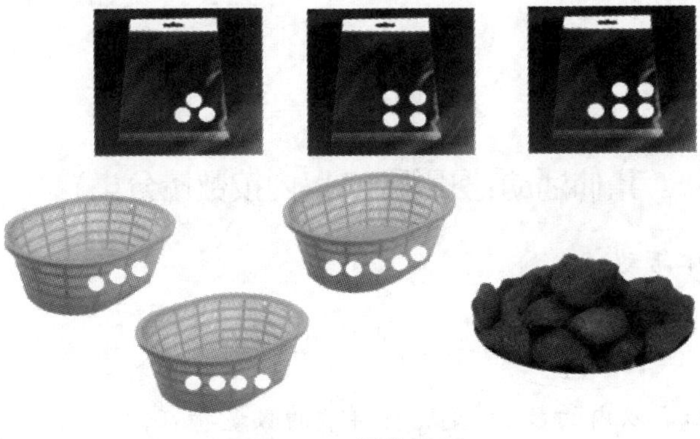

图4－6　装水果干

活动案例

装水果干

点物匹配活动指导要点

点物匹配活动的指导要点是要求幼儿先确定点子数量，再一次取出等量的物体，即按点数取物。把同样点数的袋子放到大筐里是按点数归类，让幼儿初步体验到“点子可以表示物体的数量”。活动中，教师要观察幼儿是否理解操作规则，按照规则进行游戏。同时，观察幼儿的操作策略，分析其发展水平，进行个别指导。如果幼儿不去数点子，而是随意往袋子里塞食品甚至塞满，教师可以请他仔细观察同伴正确的操作过程，引导它们注意包装袋上的点子数，提示“有几个点子就要装几个相同的食品”。如果幼儿能正确点数点子数量，但在取水果干时偶尔有多拿或者少拿，就请幼儿分别点数点子和实物，自行调整。如果幼儿已经能正确点数点子并取出相同数量的实物，教师可以让幼儿讲讲自己是怎么装的，还可以请他们协助检查其他幼儿的操作结果。

（3）按数量取物

按数量取物即先确定一个集合的数量，再一次取出等量的另一个集合进行匹配，即要先确定总数，再按照总数取物，而不是简单地一一对应，进一步巩固幼儿点数能力的同时加深对总数意义的理解，并初步理解数量的基数意义。比如，教师带领幼儿玩“采蘑菇”的游戏，请幼儿根据要求“采”相应的蘑菇玩具，幼儿学习按教师口令采相应数量的蘑菇。

活动案例

采蘑菇

2. **按数量分类**

按数量分类即要依据集合的数量特征，将数量相同的集合归为一类。分类的结果更具概括性。教师在组织这一活动时要引导幼儿关注集合的数量特征，强调“数量一样多的放在一起”的规则，使幼儿能够排除集合的其他干扰因素按数量分类。在一开始的材料提供中，教师要在材料的颜色、形状、大小等属性上稍做控制，使幼儿的注意力从外部特征转向内部数量特征，实现从数的角度来表征物体。

【案例 4－1】

集体活动：摄影展（7 以内按数量分类）

活动类型：集体活动。

年龄段：4～5 岁。

活动目标：

1. 进一步感知 7 以内的数量，发现物群卡的数量特征。

2. 能按数量给物群卡分类。

活动准备：

教具：大海报（分四格），不同数量的物群卡片若干。

学具：四组，每一组一张大海报，以及数量分别为 4、5、6、7 的小动物卡片，共 12 张。

活动过程：

1. 春游归来，引出问题

教师：春天来了，毛毛和方方和我们一样，也去春游了，还给小动物拍了很多美丽的照片，他们想整理在相册上。可是，照片都混在一起了，你们愿意帮忙分一分吗？

2. 观察照片，提出要求

教师：每张照片上有几个小动物？这是几个什么？还有这些呢？

教师：毛毛和方方希望大家能帮他把小动物数量一样多的照片挑出来，贴在同一个相框里。

教师请一名幼儿上前示范。

教师：他把什么样的照片贴在了一起？这是几只什么？这个呢？还有这个呢？数量一样多吗？有没有按照毛毛和方方的要求贴在一起？

教师：为什么小兔没有和小兔放在一起，而是和小猫、小猴子放在了一起？

（进一步强化幼儿按物群卡上物体的数量特征分类的意识）

3. 小组操作，观察指导

教师：请把动物数量一样多的照片贴在同一个相框里。

教师巡视幼儿操作情况，了解幼儿是否理解活动规则及操作步骤，观察幼儿的操作策略，分析发展水平，适时进行个别指导。

4. 展示分享，结束活动

教师：你是怎么帮他们分照片的？你们的方法和其他小朋友一样吗？

教师：哪些小朋友是按小动物的数量分类放照片，并且一张都没有放错的？

活动材料(部分):

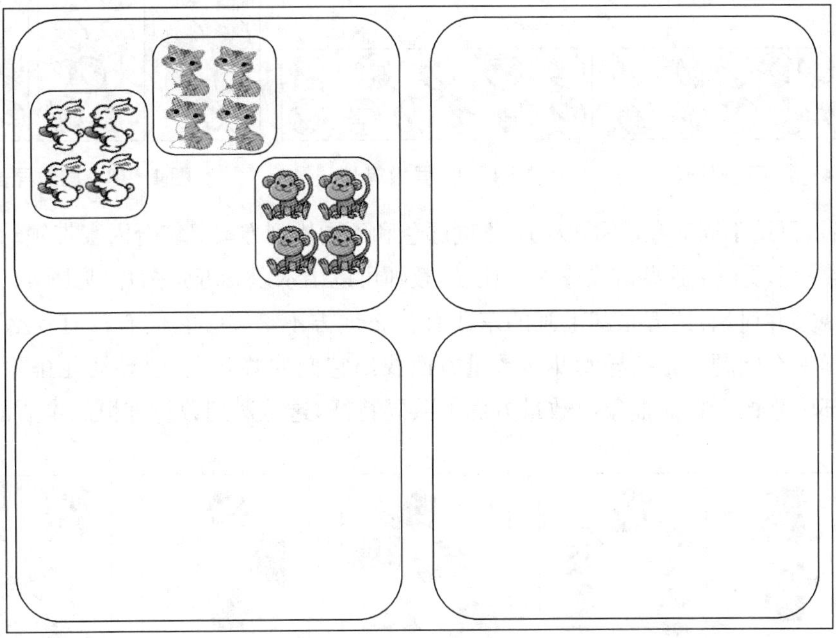

图 4-7 摄影展

拓展延伸

按数量分类活动的指导要点

如果幼儿计数能力不足,可能需要反复数物体的数量,但还是会出现重复数、漏数的情况,教师首先要解决“如何数清每张照片上动物的数量”这一问题,在他们能正确点数物体数量之后,再尝试按物群特征进行分类。如果依然难以正确点数,则不必勉强按数量分类,只要他们确定每张卡片上的数量即可。如果幼儿不能坚持按照一个标准分类,一会按数量分,一会按物种分,教师要从旁提醒分类标准。等分好后提示幼儿按规则进行自我检查。如果幼儿完全理解操作规则,操作熟练正确,教师可以让他们在完成操作后解释自己分类的理由。

(五) 进行计数验证,发展数量守恒

数量守恒是幼儿获得初步数概念的主要标志之一。数量守恒即要求幼儿懂得不论是什么物体,不管它们的颜色、大小、形状以及摆放方式发生什么样的变化,它们的数量都是一样的。幼儿学习数量守恒的方法很多,可先用同样颜色、形状、大小的物体,改变排列形式学习守恒(见图 4-8、图 4-9、图 4-10)。

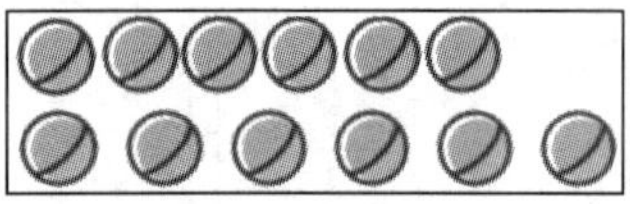

图 4-8　同数异长

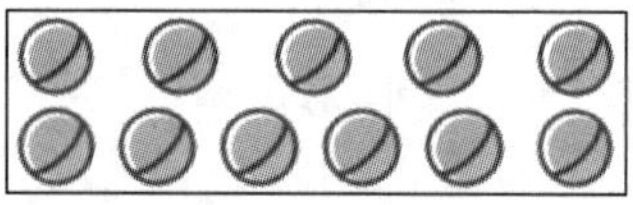

图 4-9　异数等长

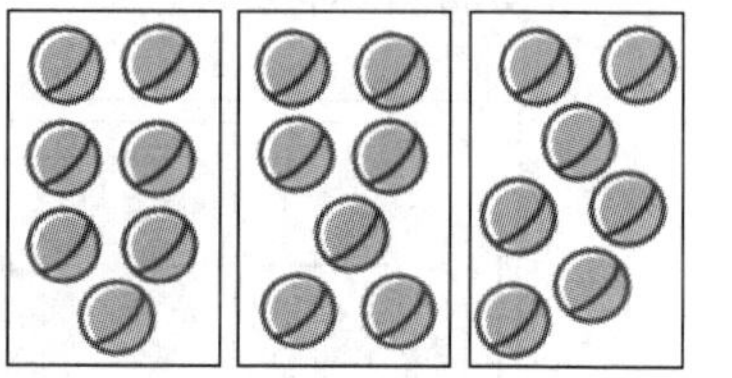

图 4-10　同数异位

然后，再用不同对象、不同大小、不同颜色和不同排列方式等综合因素带领幼儿感知物体的数量不受以上这些因素影响。比如，教师可以出示以下五张图片(见图 4-11)，引导幼儿观察并讨论：这五张图上画的东西有什么地方不一样？它们有没有什么地方一样？后面一个问题就是引导幼儿从数量方面找出它们的共同点，引导幼儿排除对象的各种外部因素的干扰而抽象出数量方面的共同特征，这是达到数量守恒的本质的要求。

图 4-11　找不同，找相同

【案例 4-2】

分食物(感知物体的数量与排列形式无关)①

活动类型：集体活动。

年龄段：4～5 岁。

活动目标：

1. 进一步体验物体的数量与排列形式无关。

2. 能用计数的方法比较 7 以内数量一样多、不一样多。

活动准备：

1. 不同动物的物群卡(兔子、小狗、小猫)线性排列，数量在 7 以内(见图 4-12)。

2. 与动物匹配的食物物群卡(萝卜、骨头、鱼)，以盘子为背景，排列方式不同，同种食物分两组，一组数量与动物相同，一组不同。

① 张俊. 幼儿园数学领域教育精要——关键经验与活动指导[M]. 北京：教育科学出版社. 2015：103-105.

活动过程：

1. 创设情境，提出问题

教师：森林餐馆第一天开业，来了好多动物客人，你们看看都有谁？

教师出示排成一排的兔子物群卡、围成一圈的小狗物群卡、排成两排的小猫物群卡。

教师：小兔子喜欢坐长桌，小狗喜欢坐圆桌，小猫喜欢坐方桌。你们还记得他们喜欢吃什么？

2. 角色扮演，等量判断

教师：小熊是服务员，它现在遇到困难了，他不知道该给每桌的客人送几份食物。小朋友们你们来帮帮他好吗？

教师：这里有两盘萝卜，该给小兔送哪一盘呢？你是怎么知道的？我们来数一数。

教师将两盘萝卜与兔子物群卡并列排放。

教师小结：原来摆的长度一样，数量不一定一样多，要选哪一盘，可以用数一数的方法，先数一数兔子有几只，再数一数每盘有几根萝卜，一样多的就是应该送给兔子的食物。

3. 小组活动，观察指导

教师：请每一小组把食物送给小动物吃，记住，食物的数量要和小动物的数量一样多哦。

4. 展示分享，结束活动

教师：小动物都吃到食物了吗？你是怎么分食物的？哪一盘给了小猫？哪一盘给了小兔？哪一盘给了小狗？

活动材料（部分）：

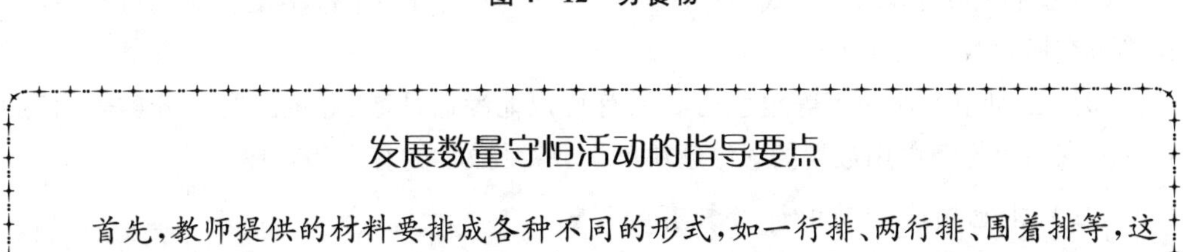

图 4-12　分食物

发展数量守恒活动的指导要点

首先，教师提供的材料要排成各种不同的形式，如一行排、两行排、围着排等，这样做的目的在于让幼儿明白，比较物体多少时要看它们的数量，不能只看谁大谁小，谁排得长，谁排得短。如果幼儿不受物体大小或者排列形式的影响，一下就回答是哪个多时，教师可以反问："你们都认为这盘萝卜多，我怎么觉得这盘多呢？你们看这盘萝卜排的队伍最长。”让幼儿在思考、回答教师问题的过程中，获得正确判断物体数量的方法。在日常生活中，教师可以利用生活用品来引导幼儿正确判断物体的多少，如让幼儿判断一把筷子和一把粗的水彩笔谁多谁少，碗和勺子谁多谁少等。

三、渗透的计数教育活动

（一）日常生活中计数教育的渗透

日常生活与数量息息相关，密不可分，教师应该适时找到一日生活中的多种机会展开非正式的计数练习。幼儿的计数能力趋于明显的生活化和情境化特点，幼儿在日常生活中，会自然地获得很多非正式计数的经验。

（1）在日常生活中结合实物引导幼儿学习数数，如数数有几朵小花、几本书、几个苹果、几块糖果，今天来了几个小朋友等。

（2）在日常生活中引导幼儿按数取物，如请拿 3 把勺子、5 本书、6 块糖等。数一数每组有几个小朋友，在发纸张、剪刀等活动所需辅助材料时，让幼儿根据小组的人数拿取相应数量的物品。

（3）在餐点时间，教师可以提供两种不同形状的饼干，幼儿可以根据自己的喜好只拿一种或两种都拿，但每人拿到的数量不能超过 5 块，这就会涉及点数及按数取物，甚至是数的分解与组合的概念，比如可能是 2 块圆形饼干和 3 块长方形饼干，或者 4 块正方形饼干和 1 块圆形饼干等。

（4）散步时和幼儿玩跨大步的游戏，如教师说跨 6 步，幼儿边跨边数，跨到第 6 步时停止；或学小动物跳，教师说跳 5 下，幼儿边跳边数，跳到第 5 下时停。

（5）引导幼儿观察、发现周围环境中的树、花、车、窗户、石墩等，鼓励幼儿对不规则排列的物体进行计数、按数群计数、目测数群。

（二）游戏中计数教育的渗透

（1）提供 1～6 的筛子进行棋类游戏，巩固幼儿对数字 1～6 的认识。

（2）提供扑克牌，两人游戏，一人出牌，另一人根据牌面上数字出相应的玩具，数量正确可交换游戏。

（3）在小吃店、小超市等角色扮演区有意识地渗透计数、等量匹配与分类等内容。让幼儿在角色扮演中用数学的思维解决问题，感受数学的有用和有趣。

（三）其他领域活动中计数教育的渗透

（1）在语言活动中，阅读图画书、听故事的时候，启发幼儿去感受故事中数物对应。诵读关于数的儿歌，如：“一只小鸟叫喳喳，两只青蛙叫呱呱，三至小猪哼呀呀，四匹小马呱哒哒，五个娃娃笑哈哈，分吃一个大西瓜。”

（2）在音乐活动时，玩击鼓游戏，让幼儿一边击鼓一边数数，感受一一对应原则。

（3）在体育活动中，幼儿拍皮球、跳绳都可以进行数数及数量比较，比一比谁拍得多、跳得多。幼儿手拉手围成圈，边顺时针走边说儿歌《马兰花》，念完儿歌根据教师说出的花瓣数量，几名幼儿自由组合抱在一起。幼儿和教师一起检查数量是否正确。

三、开展计数教育的注意要点

1. 重视小数字计数，在日常生活中渗透计数学习

全面、熟练掌握10以内的理解计数能力需要2～3年的发展过程。对于多数幼儿来说，理解计数一般从5岁左右出现，至6岁左右，许多幼儿能熟练掌握20或者25以内的数概念，但多数幼儿还不能确切理解50和100以上的数到底表示“多少”。在小数字的计数基本原则概念建立之前过分强调机械的大数字口头唱数，可能会对理解计数能力的发展产生不良影响。为了帮助幼儿更好地理解计数的基本原则，关键是要通过真实情境和教学对话来理解小数字的意义。一日生活是开展计数活动的绝佳机会。例如，多少幼儿出勤，确认美工区是否有足够的工具，为每组幼儿准备多少点心等，让幼儿在真实情境中体验计数非常重要。设计的活动要以幼儿日常生活为素材，尽量与幼儿的生活经验相结合，使得计数更有意义。

2. 重视数模式中的结构，促进幼儿理解计数能力的发展

数字系统是一个定义明确的、可预测的模式。一旦我们理解了其中的结构，就能准确地从某一个数开始接着数或者倒着数。同时，数字系统还是十进制的，每当进入下一个整十后，个位就会又一次重复1、2、3、4、5、6、7、8、9的数序。知道这个模式，数大数字就会很容易。还有一些诸如5、10这些“友好”的数字，在数字系统里可以作为标记，如：我们每只手上有5根手指，2只手一共10根手指。所以幼儿最初学习按群计数就是借用这些“友好”的数字。教师可以带领幼儿通过数数游戏、唱歌或动作活动感受数的结构和模式。

3. 鼓励幼儿用数学语言进行数学交流

幼儿与他人的语言交流能刺激其思考能力的提升。幼儿与同伴或教师谈论他们理解的数学会促进幼儿认识到“数学是可以被思考的”。在教学时，无论是设计问题情境或是游戏情境，都要尽量提供机会并鼓励幼儿进行交流和互动，谈论他们自己的想法和思考过程。一些桌面的操作游戏以及棋牌游戏，或是集体、小组的竞赛游戏，最能引发幼儿进行交流，因为他们非常在意谁比谁多或谁比谁快，以及多一分、少一分的结果，因此数学的思维过程以及自己的想法就会在游戏中直接表现出来。这种交流讨论数学的方式，能促进幼儿在表达中进行解释和调整思考，也有助于幼儿进行推理，促进幼儿将生活变得“数学化”。

单项实训

1. 学生分为三组，分别从关键经验“等量匹配”“等量分类”“数量守恒”中选择一

条，设计教育活动方案，活动名称、年龄段、组织形式自定。

2. 4～5人一小组，去幼儿园观摩幼儿的一日生活，观察并记录教师在一日活动的哪些环节中渗透计数教学，并提出进一步的教育建议。

任务三　学习计数能力发展的评价

情境导入

今天贝贝是苹果组的值日生。点心期间，老师请贝贝去给自己组的小朋友拿牛奶。贝贝站起来，用手指着围坐在一圈的小朋友，大声点数起来："1、2、3。"数到最后，点了点自己："4！今天来了4个小朋友。"他来到放点心的操作台，发现上面有5个托盘，清点了每一盘的牛奶，发现都是5袋。他选择一盘，从里面拿出一袋放在另一个空的托盘上，然后端着还剩有4袋牛奶的托盘回到了苹果组，给每个小朋友发了一袋牛奶。

以上案例中，贝贝的计数能力处于什么水平？

任务要求

1. 了解幼儿计数能力发展的评价内容。

2. 结合典型案例理解幼儿计数能力发展评价的常用方法和注意要点。

3. 能够根据幼儿的行为表现评价幼儿计数能力的发展水平，并给予个性化的支持。

一、计数能力发展的评价内容

根据3～4岁幼儿计数能力的发展特点，教师在评价时重点关注以下内容：

- 幼儿最大能唱数到几？
- 数出的数词顺序是否正确？
- 能否正确数出一个物群的数量？
- 在数数时手、头、口有什么样的动作？
- 所数的物群有什么样的特征？
- 幼儿能进行什么水平上的等量匹配、按数量分类？

根据4～5岁幼儿计数能力的发展特点，教师在评价时重点关注以下内容：

- 幼儿最大能唱数到几？
- 幼儿能进行什么样水平上的等量匹配、按数量分类？
- 能否不受物体的大小、形状及排列方式的影响准确计数？最多数到多少？

根据5～6岁幼儿计数能力的发展特点，教师在评价时重点关注以下内容：

- 幼儿最大能唱数到几？
- 幼儿能否使用策略提高计数的准确性？用什么样的策略？
- 能否使用策略提高计数的效率？用什么样的策略？

二、计数能力发展的评价方法

教师可以观察幼儿在生活和游戏等自然情境中的行为表现，寻找自然发生的计数行为，也可以有意设计特定的情境，借助具体的任务对幼儿进行计数能力的评价。

（一）非任务情境（自然情境）中的观察

来园时间、离园时间、学习活动、游戏活动、户外活动、过渡环节等都可以成观察幼儿计数学习与发展的重要情境。教师可以梳理一日生活中的各个环节，分析哪些活动中幼儿可能会自发产生计数行为，然后对这些活动进行重点观察。

【案例4-3】

满5个才能走

【观察记录】天气越来越冷，老师与小朋友们约定，吃完点心后到门口排队，满5个人后可以出教室活动。12月30日，下午吃点心时间，老师发现门口已经排了很多人，就说："哇，这么多小朋友吃好了，那有多少个人了呢？"小朋友们都学老师平常的样子开始一个一个地点数，排队中的大多数幼儿都能点数到3，从4开始有的小朋友就乱数了。贝贝按小朋友们排好的队伍摸着他们的头开始一个一个地数："1、2、3、4、5。"他把队伍中小朋友的头都摸了一遍。当他停下来的时候，其他小朋友都看着他，他意识到自己还没有数进去，马上摸着自己的头念出"6"。"老师，现在有6个人了。"老师反问她："那有6个小朋友排队，能不能开门了？"她高兴地说："满5个人了，可以开门了。"

【行为分析】在排队等出门的情境中，贝贝也很乐意进行数数活动，他能对排队的小朋友一一对应进行点数，把自己数进总数里，准确说出总数6，而且还明白6个已经满足"满5个"的要求，说明他已经知道6比5多。

【未来规划指导】给贝贝提供更多的数数及数量比较的机会，了解他关于数量比较的经验与水平。

（二）任务情境中的观察

表 4-3 计数评价任务清单列举

模块	评价任务清单列举	观察重点
计数	口头唱数时观察幼儿最大数到几。	有没有漏数或重复数，在进位时有什么样的表现。
	准备纽扣、积木、雪花插片等可分离的、可操作的小物件，请幼儿数一数。	手部动作：是碰触、遥指、移开，还是无手部动作但用眼睛默视或点头确认已数过的物品。 语言动作：是出声地数出数词还是默数。 数序：数出数词的顺序是否正确，出现怎样的错误。 数目大小：能够正确计数多大数目的物品。
	请幼儿取出特定数量(如 5)的物品。(根据幼儿的反应调整数的大小，可从物群匹配开始，发展到按点子数量、数词、数字取物，在幼儿取出物品之后，一定要求幼儿再次计数所取物品的数量，以确认幼儿是真正理解了给定数与所取物品数量的对应关系)	在操作时是否有计数行为，计数时的观察重点参考上部分内容。 观察幼儿能在什么样的水平上按物群、点子、数词、数字进行等量匹配。
	针对同样数量摆放方式不一样物品，询问幼儿一样多吗，为什么。	观察幼儿在判断数量时是否有计数等行为，分析幼儿做出守恒判断的依据和策略是什么。

【案例 4-4】

计数观察表：数数多少颗珠子

表 4-4 展示的是三名幼儿计数原则掌握的情况。对观察表进行分析可知，有些幼儿在计数时还存在一些问题，如不会手口一致点数，手口一致点数但无法说出总数，不知道从任何一个物体开始数都是这个集合的总数等。未来规划指导中，教师可以多给这些幼儿提供计数的机会，如数小组的小朋友、餐桌上的碗筷等。同时，教师可以适当地进行演示，如每一次从不同的物体开始数，数完后用手围绕所点过的物体顺时针画个圈，说出总数等，帮助幼儿理解计数的基本原则。

表 4-4 幼儿计数观察表

时间	姓名	建立集合	计数原则掌握				评价
			固定顺序	一一对应	说出总数	顺序无关	
9.12	子恒	4 以内	✓	✓	✓		4 颗珠子能一一对应点数并正确说出总数，但每次数都会从固定的一个开始。

（续表）

时间	姓名	建立集合	计数原则掌握				评价
			固定顺序	一一对应	说出总数	顺序无关	
10.13	菲尔	4 以内	√				在数 4 颗珠子时还不能手口一致点数，嘴上能按顺序说出数词，但手部动作无法与数词匹配。
11.08	墨墨	5 以内	√	√	√	√	能手口一致准确点数 5 颗珠子，在老师要求再数一遍时能从任意一颗珠子开始数。

【案例 4－5】

基于课程的评价：给小动物分橘子（5 以内按数取物）[①]

【背景】小班是幼儿计数学习的关键期，手口一致点数并说出总数以及对基数意义的理解都需要通过充分的练习予以巩固。本学期，许老师通过每日早晨一起数来园幼儿数量，小组长按小组人数分发牛奶、水果、点心，以及根据玩具筐点数标记收拾玩具等各种途径进行计数活动的渗透。临近期末，幼儿计数能力以及对基数意义的理解已经发展到什么水平？许老师决定利用数学区域活动做一次评价。许老师创设了“给小动物分橘子”的情境，设计了“按范例数量取物”与“按点子数量取物”两种水平的 5 以内按数取物活动（见图 4－13）。许老师也设置了一张简单的记录表来记录每一名幼儿的完成情况。

【关键经验】5 以内“按范例数量取物”与“按点子数量取物”

【活动准备】5 个不同小动物形象的底板；1～5 点子数卡片、1～5 物体物群卡（橘子）、橘子卡片 30 张。

【数学语言】5 名小动物想吃橘子，请你帮每个小动物抽一张卡片出来贴在下面，数一数这个小动物想吃几个橘子，然后把橘子分给他。

【观察重点】幼儿能否进行 5 以内的按数取物，处于实物水平还是符号水平？计数能力如何？用了什么样的计数策略？

① 本案例由苏州高新区金通幼儿园许可凡老师提供。

动物底板

橘子图片

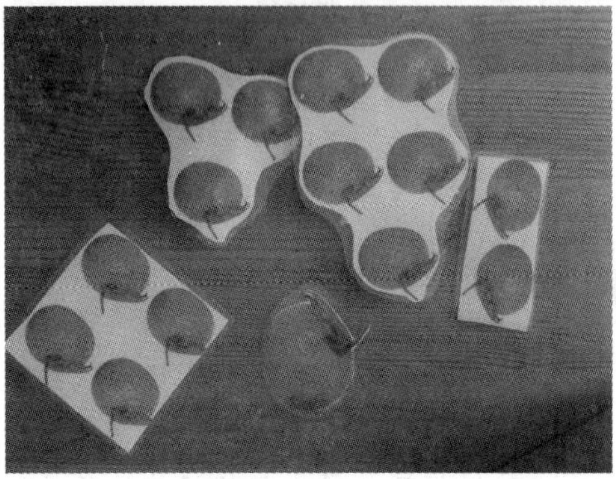

橘子物群卡

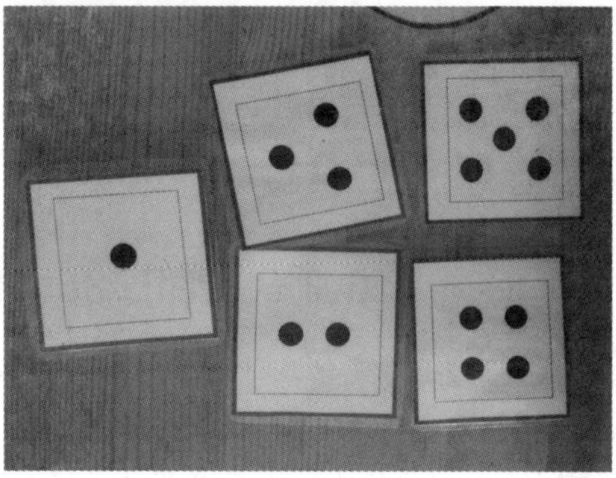

点卡

图 4-13 “给小动物分橘子”的材料

【评价解读】在持续两周时间里，教师共对 27 名幼儿进行了观察。在按范例数量取物的活动中，24 名幼儿能正确拿取数量为 5 以内的橘子，1 名幼儿能正确点数 5 以内物体，不能按总数 5 取物；1 名幼儿无法说出总；1 名幼儿无法手口一致点数。在按点子数量取物的活动中，19 名幼儿能正确拿取数量为 5 的橘子，还有 8 名幼儿中，有 4 名能够正确点数并说出总数，但拿取物体时无法与点数的总数相对应，如：点数后能够说出“一共是 4 个”，但最后拿取物体时会拿成 3 个或 6 个橘子。有 3 名幼儿能够正确点数点子卡上的圆点，但无法说出总数，如：点数时能一边点一边数“1、2、3”，最后老师问一共有多少时，会说出“4”“8”等数词。还有 1 名幼儿无法手口一致点数。

表 4-5 全班幼儿按数取物情况统计与分析

类型	5 以内按数取物					5 以内计数		
	5	4	3	2	1	正确点数 5 以内物体，不会按数取物	手口一致点数，无法说出总数	无法手口一致点数
按范例数量取物	24	1			2	1	1	1
按点子数量取物	19	4	1	2	1	4	3	1

【未来规划指导】虽然我们无法只通过一种游戏、一次活动对幼儿的能力进行定量评定，但是这一次的观察和分析也让老师对班级内幼儿5以内按数取物的水平有了大致感知。接下来，可对不同水平的幼儿进行分层次的支持与指导，同时也希望在其他的情境中观察幼儿的表现，更全面、更深入地了解他们的计数及按数取物的真实水平。

针对既能完成5以内按范例数量取物，也能完成5以内按点子数量取物的幼儿，可在日常生活中继续渗透多种多样的按数取物活动，观察幼儿的表现，丰富幼儿计数及按数取物的经验。同时，也可适量增加1～5阿拉伯数字卡片，引导幼儿尝试按阿拉伯数字取物。

针对能正确点数5以内物体(包括范例数量与点子数量)，不会按点子数量取物的幼儿，为其多提供按点子取物的机会。如，在玩具筐上贴上不同数量的点子，要求幼儿放相应数量的玩具；在美工区的花瓶上贴上点子，请幼儿插上相应数量的花等。针对按5以内物群卡和点卡取物都有困难的幼儿，要帮助其明确按数取物的意义。允许幼儿先通过一一对应的方法拿取物体，在多次的对应过程中，幼儿会逐渐感知其中的等量关系。

针对能手口一致点数5以内物体，但无法说出总数的幼儿，教师在示范点数集合中的物体之后，围绕整个集合边缘画一个圈，强调数到的最后一个数就是这个集合的总数。同时，在日常生活中引导幼儿去数身边的东西，如数花瓣、数小鱼、数小球、数玩具等，提升点数后说出总数的经验。

针对无法手口一致点数的幼儿，需要在生活中丰富其口头数数的经验，有针对性地帮助幼儿学习手口一致点数的方法，引导幼儿用手点一个物体，嘴上只说一个数字，感知数词与物体的一一对应。

三、开展计数能力发展评价的注意要点

(一) 将计数评价渗透于一日生活的各个环节中

幼儿一日生活中的所有活动都能成为计数能力评价的有效途径。如来园环节请幼儿数一数自己小组内来了几名幼儿；早餐环节请值日生幼儿根据小组人数去取相应的点心和牛奶；户外活动中数一数自己拍球拍了几个，同伴拍了几个，和幼儿一起数一数操场上有多少名幼儿，多少个球筐等；过渡环节带领幼儿进行有关数字的儿歌、手指谣活动等；集体数学活动中全面了解幼儿的计数水平；区域游戏中除了数学区域活动，在小超市、银行、医院、理发店、游乐场等任何角色区都能渗透计数的内容，让幼儿在真实的游戏情境中运用数学思维解决问题，表现出最真实，也是最佳的数学思维水平。教师需要有意识地为幼儿提供各种计数的机会，并敏感地捕获幼儿计数行为的信息，全面评价幼儿的计数能力。

(二) 将对幼儿计数能力的评价与发展其对基数意义的理解进行融合

对一个集合进行计数，其总数表示的是这个集合中物体的数量，代表的是数的基数意义。计数的一项基本原则是基数原则，即数到最后的数代表这个集合的总数。因此，

对幼儿计数能力进行评价时也要关注其对基数意义的理解。如，除了单纯数数之外，多利用等量匹配、按数量分类、按数取物等活动，在发展幼儿对基数意义理解的同时也作为评价其基数概念发展的手段与方法。在这些精心设计的评价活动中，教师既可以看到幼儿计数能力的不同水平（如是否会手口一致点数，是否能说出总数，有无出现重复数、漏数等），还能通过幼儿与实物、点卡、数字等难易程度不同的操作材料的互动有效评价其对数的抽象意义的理解水平。

（三）观察表可以作为评价幼儿计数能力的有效工具

观察表列出了一些重要的发展指标，为幼儿评价幼儿在一段时间内的发展情况提供了便捷方法。根据评价的核心经验，教师精心设计评价方案与观察表，然后依据评价计划依次对不同幼儿在不同情境下的计数表现进行观察，能系统、高效地获取幼儿计数行为的数据，全面评价幼儿的计数水平。观察表中数学概念和推理的信息都以表格形式呈现，教师迅速浏览一下就可以知道哪些幼儿需要关注哪些概念。

单项实训

4～5 人一小组，在幼儿园自选一个关于计数的游戏活动，观察 1～2 名幼儿的表现，分析其计数能力水平，并提供个性化的指导方案。

任务四　实践与拓展

一、综合实训

4～5 人一小组，选择小、中、大班各一个，观察班级中投放游戏材料中有哪些材料可以促进幼儿计数方面的学习与发展，观察幼儿操作使用这些材料的行为，分析这些材料的适宜性。

二、岗证对接

材料分析题：教师为小班幼儿制作了一列“小火车”，在每节车厢上分别贴了不同品种与数量的“水果”标签，要求幼儿能按标签投放“水果”。

雪儿看着标签，然后往不同的车厢装进与标签品种一样的“水果”，每节车厢都装满了“水果”。

莉莉看着标签，并用手点数标签上的“水果”，嘴里还念着数字，然后拿出相应品种和数量的“水果”放进车厢。

民民看着标签，就取出相应品种和数量的“水果”放进车厢，然后看着车厢里的“水果”，自言自语道：“嗯，都放对了。”

1. 根据上述三位幼儿各自的表现分析其数学能力发展的水平。

2. 该材料对教育的启示是什么？

（保教知识与能力真题，2020 年下半年）

参考答案

三、资源拓展

捡草莓

把草莓放在篮子里，幼儿轮流掷骰子，根据骰子上的点数把相同数量的草莓放进小筐里。本活动可满足处于各种发展水平幼儿的需要，无论是刚开始学习计数的幼儿，或是能够对数量较多的集合进行比较的幼儿，或是那些开始用较少的数量学习加减法的幼儿，都能在本活动中进行与自己能力匹配的操作，找到乐趣。

自然物游戏

幼儿喜欢摆动小松果、小坚果之类的小东西。教师根据幼儿的学习需求及兴趣，选择制冰格、骰子、夹子、实物等材料，供幼儿操作。对于正在用一一对应方法计数的幼儿来说，这是一个非常好的起步性游戏，提供的骰子点数为 1～3。对于年龄稍大一点的幼儿来说，可以提供有较多格子的制冰盒和点数是 1～6 的骰子。

小兔子的家

在这个游戏中，幼儿会思考小兔子怎么放的问题。一只兔子要进 1 个圆点的房子还是 6 个圆点的房子？6 个圆点的房子里要放几只兔子？要不要按照 1～6 的顺序往房子里放小兔子？本游戏适合幼儿练习 6 以内的计数。年龄小一点的幼儿还可以用这些材料练习一一对应和点数。

秋天的游戏

本游戏适合那些正在建构一一对应或掷骰子计数 5 以内物体数量的幼儿。每个游戏都可以通过调整格子数量、骰子和物体的类型来改变游戏的难易程度。游戏没有特殊的规则。也可以用瓶盖替代橡子壳。

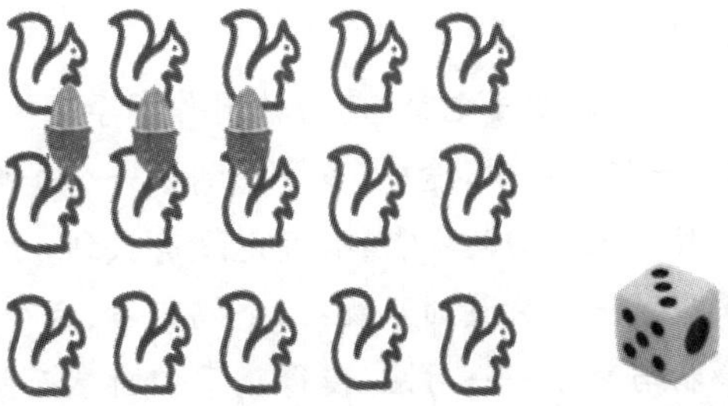

秋天的路径

“秋天的路径”游戏适合那些刚开始用骰子玩路径的幼儿。幼儿掷骰子，根据骰子上的点数决定行走的步数。轮流掷骰子有利于幼儿发展轮流参与游戏的能力，并给他们提供机会观察教师或同伴所用的不同于自己的计数方法和解决问题的策略。

棋类游戏

这是一款合作棋类游戏，幼儿两两合作，可以在路径上任一格出发开始游戏。掷骰子，根据骰子的点数在棋盘上行走相应的步数，如果最后一步走到皇冠上，就可以从罐子里拿取与骰子点数一样数量的白棋子放在自己前面的盒子里。游戏结束，用快速计数的方法比一比谁盒子里的白棋子多。年龄大一点的幼儿可以改变游戏规则，或者根据幼儿对数学的兴趣和理解调整游戏规则。

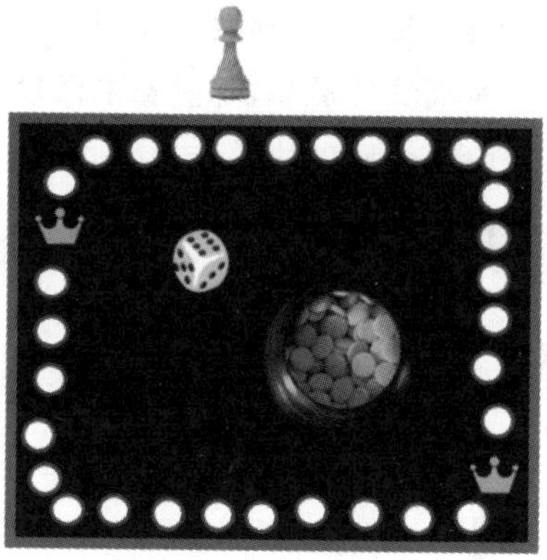

图画书中的数学——计数

《首先有一个苹果》作者是伊东宽，蒲蒲兰译。首先有一个苹果，两条虫子从里面钻出来，三只鸟想吃虫子……作者很巧妙地把原本枯燥乏味的数字融入了形象生动的故事中，以一种既好玩又有趣的方式表达了数字的概念，符合孩子形象化的思维方式。无论在哪个画面中，苹果总是有一个，虫子总是有两条，小鸟总是有三只……孩子们能够很容易地通过寻找，将数字和形象结合起来，并随着情节发展不断巩固对数字概念的认识。

《我想要手电筒》是由韩国作家李商娇写的关于数数的图画书。一群小伙伴感到无聊，一起去散步，途中，多多捡到了一个手电筒，小伙伴们羡慕极了，也希望能捡到一些宝贝。他们四处找啊找，可是没有找到，于是决定一起去集市。这本故事书通过故事，展现了一定数量的事物：五个鹅卵石、六个大石块、七捆草、八条鱼、五顶帽子等，并通过事物与数字一一对应，使得孩子们自然而然地理解数量比较的概念及数数的必要性。

《装得慢慢的篮子》是韩国作家金京华写的有关零的概念的图画书。书中讲述了松鼠们收集橡子来过冬的故事。小美收集的五个橡子在漫长的冬天中，一个一个地减少，直到篮子里一个橡子都没有了，从而引入了数字零这一概念。受幼儿具体形象思维的局限，对于看不见实物的“零”往往难以理解，明明什么都没有，却要用“0”来表示。而故事中展示了从空篮子（橡子数为零）到一颗颗逐步放入橡子后的数字变化，再到慢慢减少橡子，最终呈现出橡子数量为 0 的篮子，使幼儿得以在反复动态的过程中加深对零这一概念的理解。

《数豆粒儿》是韩国作家金京花所写的关于计数的图画书。它讲述了一个农夫和妖怪用数豆粒儿打赌的故事，如果妖怪能数出总共有多少豆粒儿就能得到农夫送的一篮子豆粒儿。在妖怪数豆粒儿的过程中，尝试了一个一个数和以十个为一组数，为孩子们展现了在数量较大的情况下，如何使用分组捆绑式数数的方式来计数。同时，图画书塑造的农夫和妖怪的形象诙谐幽默，人物情绪饱满夸张，情节生动有趣，具有很强的趣味性和可读性。并且在图画书的关键页上附以了清晰的图片说明，便于孩子更直观地进行理解。

项目五

数 感

项目分析→

在数学中，数感有多种定义，在这里将它定义为：理解一个集合的数量、数量关系以及用数来表达这个数量的能力。具有较强的数感是幼儿在小学能够学好算术的关键，因为数感能够将唱数和数量相联系，增强并提高幼儿对多和少的理解，帮助幼儿进行估算和测量。将天生的、非正式的数知识转换成对数感的常规理解，是儿童认知发展的重要方面。本项目包括数感的基本理论、数感教育活动的设计与实施、数感能力发展的评价。

项目导学→

- 数感
  - 掌握数感的基本理论
    - 数感的基础知识
    - 幼儿数感的发展特点
    - 数感的核心概念与关键经验
  - 学习数感教育活动的设计与实践
    - 正式的数感教育活动
    - 渗透的数感教育活动
    - 开展数感教育的注意要点
  - 学习数感能力发展的评价
    - 数感能力发展的评价内容
    - 数感能力发展的评价方法
    - 开展数感能力发展评价的注意要点
  - 实践与拓展
    - 问题讨论
    - 实践拓展
    - 资源拓展

学习目标→

1. 了解数感的基础知识与幼儿数感能力的发展特点。
2. 掌握数感的核心概念与关键经验。
3. 尝试设计、组织专门的数感教育活动。
4. 能够将数感教育渗透于幼儿的日常生活中。
5. 能够根据幼儿的行为表现评价幼儿数感能力的发展水平,并给予指导。

任务一 掌握数感的基本理论

情境导入

在中班“小动物搬家”的活动中,老师告诉幼儿:“小动物们都搬新家了,可没有门牌号,它们经常找不到自己的家。有时去找朋友玩,也经常出现找错门的情况。小朋友们,我们要怎么帮助小动物解决这个困难呢?”幼儿讨论起来,最后大家商量决定:帮助小动物定制每间房的房号,给各家装上门牌号码,这样就不会找错门了。老师出示提前做好的门牌号码,请幼儿给小动物送去。“我来送!”“我也要送!”……孩子们边举手边迫不及待地要求着。“从左往右数,小鸡住在第三间房,谁会送?”“从右往左数,小猪住在第五间房,谁会送?”……大家的声音渐渐小了,高高举起的小手“哗”地放了下来。这是什么原因呢?

任务要求

1. 了解数感的概念、具体内容以及数感对幼儿发展的意义。
2. 了解幼儿数感能力的发展特点。
3. 掌握数感的核心概念与关键经验。

在数学中,数感有多种定义,在这里将它定义为:理解一个集合的数量、数量关系以及用数来表达这个数量的能力。具有较强的数感是幼儿在小学能够学好算术的关键,因为数感能够将唱数和数量相联系,增强并提高幼儿对多和少的理解,帮助幼儿进行估算和测量。

一、数感的相关知识

（一）什么是数感

数感是理解一个集合的数量、数量关系以及用数来表达这个数量的能力，主要表现为理解数的意义，能用多种方法来表示数，能在具体情境中把握数的大小关系，能用数来表达和交流信息，能为解决问题而选择适当的算法，并对结果的合理性做出解释。总的来说，数感能力是一种综合能力。

（二）数感的具体内容

1. 数字的用途

（1）命名数。没有实际的数学意义，不能代表数量、级别或者其他测量结果。例如关于 105 房间号码，只是一个命名数或者分类编号，虽然 105 房间前面可能是 104，后面是 106，但前面未必一共有 104 个房间，并且是从 1 号开始。所以，105 只是用作识别，同样的还有电话号码、电视频道、社会安全号、邮编、运动衣上的数字等。

（2）参照数。共享的衡量标准。例如，当钟表上的时针指向 10，幼儿就知道现在是“自由活动”时间了。成人说“明天下午 4 点见”或者“明天暖和，大约有 20 度”。这些数字表示文化中一些统一的标准，尽管它们也可以排列和比较，但人们一般很少对这些数字进行数学思考和运算。

（3）基数与序数。建立数感的基石和进行数学思维的必要条件。基数回答“多少”的问题，比如，今天来了 20 个小朋友，20 就是一个基数，表示班级里小朋友这个集合的数量。理解基数是数数和数运算的首要任务。序数用来确定物体在一个序列中的位置，是用自然数表示事物排列的次序，回答“第几”的问题，如第一、第二、第三。比如，今天明明是第三个来幼儿园的。这个时候数字的功能不是表示数量而是用于指明排列和次序的名称。

2. 数量表征

数学符号是表示数学概念、数学关系的符号和记号。对数的符号系统的掌握是幼儿从具体的数学思维向抽象的数学思维转化的标志。对于 3～6 岁幼儿来说，理解数的表征系统，不仅要理解 10 以内阿拉伯数字的抽象意义，能用数字符号来表征数量，还应该包括对数表征系统中的数字排列规律和结构的感知，这也是寻找模式和结构的过程性能力。感知数系统的结构及其重复规律，是位值概念发展的基础。

3. 数量关系

数量关系是幼儿数学教育内容中起发展思维作用的核心因素。数量关系反应的是数学知识之间的内在联系及其规律。数量关系主要包括数量“大小”与“多少”的比较与排序。

（1）数量比较包括两个方面，即具体的量的“多少”比较与抽象的数的“大小”比较。幼儿在具体的量的水平上进行“多少”比较，感受量的差异，是理解数的大小关系、发展心理数线必不可少的基础。幼儿学习数量比较必须首先借助于具体的物体进行量的比较，逐步理解数及数与数之间的抽象关系，体验数的实际意义。数量的比较对应于数的大小比较，这实际上也是数词和物体的相应量不断地进行具体对应的过程。

(2) 数序即自然数的排列顺序，每个自然数在自然数列中的排列，就数的正向排列顺序而言，数与数之间是按“多 1 个”的数量等差关系进行排列；就数的逆向排列顺序而言，数与数之间是按“少 1 个”的数量等差关系进行排列。数序与数差反应的是每个自然数在自然数列中的位置以及相邻两个数之间的大小关系。引导幼儿掌握数序，最重要的是要让幼儿认识数与数之间这种“多 1 个”或“少 1 个”的数量等差关系。

4. 数据统计与分析

对成人来说，数据分析是复杂的，涉及包含细节内容的图、表、计算以及分析的复杂方法。幼儿的数据分析相对简单，比如列出一些物品的清单，在括号里记下每种物品的数量，或者做一个条状图，统计一个月下雪和下雨的天数。数据分析以量化(有多少)的方式来获取信息，然后用一定的方法组织信息，以便进行比较和概括。

(三) 数感对幼儿发展的意义

幼儿“理解数字有多种用途”就开始明白数字不仅可以用来数数或者表示“多少”，还可以用来表征其他含义，有助于幼儿清楚日常生活中各种容易困惑的与数相关的信息。

幼儿“对数符号的理解和表征”蕴含了他们对数的理解，对书面数符号的学习和了解过程不仅促进了幼儿对数的抽象特征的理解，而且使他们认识到数符号在解决问题过程中的特殊功能。

幼儿“对数量关系的掌握”一方面加深了对有关数量概念的理解，另一方面它要求相应的思维水平，从而促进了思维抽象能力和推理能力的发展。

学习“数据统计与分析”用更有效的方式来呈现信息，能帮助幼儿认识到可以围绕量化的信息做一些事情。他们会发现自己有能力组织数据，找到问题的答案，并发现新的问题，也会认识到表格和图表包含着一些有用的信息。有意义的数据分析经验能够为培养终身的数据创造者和使用者打下良好的基础。

二、幼儿数感的发展特点

儿童数感的发展既有连续性，又呈现出明显的阶段性特征，具体表现为以下阶段：

1. 3 岁之前：笼统感知数量阶段

3 岁之前的儿童对集合和元素的感知是笼统的、不精确的，对数量只有模糊的感知，能区分差异明显的多与少，但不能精确地判断物群的数量。所以精确感知数目大小仅限于 3 个以内。这个阶段儿童逐渐习得数序，能够按顺序唱数，但一般不会超过 10，容易出错。从完全不会点数发展到手口一致点数 5 以内的物体，但还不理解总数。

2. 3～5 岁：初步理解数的实际意义阶段

3～5 岁幼儿在感知比较物群的基础上，知道最后一个数包含了前面所有的物体，能够掌握计数;理解某一个数词或者数字对应一定数量的物体;理解集合元素排列方式的改变、元素的外观特征的不同不会改变元素的个数;能够掌握序数。这一阶段幼儿能够逐渐理解数的实际意义。但是,此阶段幼儿对数的实际意义的理解主要依赖于事物与动作的支持,多停留在动作和表象层面。

3. 5 岁以后:初步理解数与数之间关系阶段

4 岁幼儿就已经开始对数与数之间的关系有初步的感知,能够在操作实际物体基础上比较和判断数的大小,感知总数与部分数的关系。5 岁以后的幼儿对数与数之间关系的理解得到加深,他们能够借助数序知识比较数的大小;能理解两个或三个相邻数及其关系和 10 以内自然数列的等差关系。这一阶段也是幼儿对数概念的理解和掌握从具体动作和表象层面向抽象符号层面过渡的重要阶段。

三、数感的核心概念与关键经验

表 5-1　数感的核心概念与关键经验

	概念核心	关键经验
数感	1. 数字有多种用途,有些更具数学意义。 2. 数量是集合的属性之一,用数字来表示具体的数量。 3. 集合之间可以根据数量的属性进行比较,还可以根据多少或相等进行排序。 4. 收集数据的目的是回答那些答案不明显、不直接的问题。 5. 数据表征的目的在于说明问题,而如何收集和整理那些数据则取决于问题本身。 6. 对局部数据进行比较有助于预测整体情况。	1. 感受数字的多种用途,理解基数与序数意义的不同。 2. 体验数量表征,理解数字符号的实际意义。 3. 学习数量比较与排序,感知数量关系。 4. 尝试数据统计与分析,解决真实问题。

表 5-2　数感各年龄段关键经验

各年龄段关键经验		
3～4 岁	4～5 岁	5～6 岁
1. 用点子等非正式的方法表示 5 以内的数量。 2. 通过一一对应或数数的方法比较 5 以内物体的数量。 3. 在感知的基础上将数量为 5 以内的集合按多少排序。	1. 区分基数和序数。 2. 学习 10 以内的序数,从不同方向正确指出某一物体在序列中的位置。 3. 认识数字符号 1～10,将数字符号与所对应的数量进行匹配。 4. 用计数的方法比较 10 以内数量的多少。 5. 比较不相邻的 2 个数或 3 个数的大小关系。 6. 在数量比较的基础上将数量为 7 以内的集合按多少排序。 7. 认识 10 以内数序,感知 10 以内相邻数的数差关系。	1. 理解 10 以内数量关系的传递性、可逆性。 2. 学习数据统计与分析。

单项实训

1. 自主收集一个关于幼儿数感能力发展的案例，并分析案例中的幼儿处于哪种发展阶段。

2. 4～5 人一小组，去幼儿园观察某中班幼儿一日生活中渗透了哪些有关数感的关键经验，以案例的形式进行记录并分享。

任务二　学习数感教育活动的设计与实施

情境导入

“我粘的扣子多，你看我扣子占的位子多大！”“虽然我扣子占的位子小，但我粘的扣子颗数多！”这是从活动区角发出的声音。教师走过去，了解到：东东和朋朋两个人在玩按点粘扣的游戏。两个人分别选用了不同的活动材料进行粘扣活动。虽然两张纸上粘扣的数量点一样，但摆放的形式不一样。活动结束后，根据已有的生活经验，他们都认为自己粘的扣子的颗数比对方多。于是争论不休。这是什么原因呢？

任务要求

1. 尝试根据关键经验，设计、实施专门的数感教育活动。
2. 学习将数感的教育灵活地渗透于幼儿的日常生活中。

通过与数量有关的教学和体验，幼儿开始熟悉数字，并形成稳定的有关数字之间关联的心理图像。数感在数学学习中的地位就如同音素意识在阅读中的地位。为了理解如何阅读，幼儿必须理解音素音调如何形成话语。同样，在数学学习中，幼儿必须了解“3”“4”的量化意义以及相互间的区别，才能更熟悉地进行数运算并解决问题。数感活动类型丰富多样，包括感受数字的多种用途，理解基数与序数意义的活动；体验数量表征，理解数字符号的实际意义的活动；学习数量比较与排序，感知数量关系的活动；以及学习数据统计与分析，解决真实问题的活动。这些活动的开展没有特定的时间顺序，教师应该根据幼儿当前的发展水平，多渠道多途径支持幼儿数感能力的发展。

一、正式的数感教育活动

（一）感受数字的多种用途，区分基数与序数意义的不同

《3—6 岁儿童学习与发展指南》中数学认知部分目标 1 是“初步感知生活中数学的

有用和有趣”，要求3～4岁幼儿“体验和发现生活中很多地方都用到数”，4～5岁幼儿“在指导下，感知和体会有些事物可以用数来描述，对环境中各种数字的含义有进一步探究的兴趣”，5～6岁幼儿“能发现生活中许多问题都可以用数学的方法来解决，体验解决问题的乐趣”。教师应该有意识地引导幼儿感知和体会生活中很多地方都用到数，关注周围与自己生活密切相关的数的信息，体会数可以代表不同的意义。同时，通过丰富的感知体验活动，让幼儿感受到“数字有多种用途，有些更具数学意义”，如基数意义与序数意义。

1. 感受数字的多种用途

数在生活中无处不在，教师可以和幼儿一起寻找生活中用数字做标记的事物，如电话号码、时钟、日历和商品的标价等。引导幼儿了解和感受数用在不同的地方，表示的意义是不一样的。如天气预报中表示气温的数代表冷热情况；钟表上的数表示时间的早晚等。

2. 理解基数与序数意义的不同

与命名数、参照数相比，基数和序数则是建立数感的基石和进行数学思维的必要条件。基数回答“多少”的问题，表示的是集合的总数。理解基数（数字对应的数量）是数数和数运算（加减）的首要任务。序数用来确定在一个序列中的位置，表示排名和次序。序数能用来比较量的属性，比如，如果一个玩具娃娃在5个娃娃中第二高，意味着尽管还有另一个娃娃是第一高，这个娃娃比其他3个娃娃高。帮助幼儿理解基数与序数意义的不同则先要带领幼儿区分基数与序数，再进一步认识序数的意义。

（1）区分基数与序数

基数和序数对幼儿意味着极大的心理差异。通常，幼儿会凭直觉认为越多越好——即一个较大的基数值更好。10个比5个好，5个比2个好。但是序数却相反，通常人们认为第一是最好的。刚开始学习基数和序数时，幼儿很容易将两者混淆，因此，为幼儿提供清晰、有意义的例子非常重要，有利于他们形成稳定的基数和序数概念。

【案例5-1】

动物列车（区分基数与序数）[①]

活动类型：集体活动。

年龄段：4～5岁。

活动目标：

1. 区分数字的基数意义和序数意义。

① 张俊.幼儿园数学领域教育精要——关键经验与活动指导[M].北京：教育科学出版社，2015：106-107.

2. 能用数字正确表示物体的个数和次序，并用“第几节车厢有几个”进行表达。

活动准备：

1. 5 节车厢的火车底板。

2. 数量不同的动物卡（小猫、小狗、小兔、小猪、小猴）人手一份，动物标记人手一份。

3. 记录纸（上面一排是空白的车厢，下面一排是空白格子）。

活动过程：

1. 介绍情境，引出问题

教师出示火车底板和动物物群卡，提问：今天小动物又要出门去旅行啦，它们和上次一样，要乘火车出门旅行。看看有哪些小动物？它们分别有几只呢？我们来数一数。

2. 安排上车，感知基数有序数的区别

教师：动物们都到齐啦，下面要请小朋友安排小动物们上车。

教师分别请 5 个幼儿将小动物“送上车”，然后提问其他幼儿：这是第几节车厢？小兔（小猫、小狗、小猪、小猴）在第几节车厢（从左往右是第几节，从右往左是第几节），你是怎么知道的呢？在第 1（2、3、4、5）节车厢里有几只小动物？

教师演示记录方法，先用数字表示第几车厢，再将动物贴在车厢上面，用数字表示几只。

3. 幼儿操作，教师指导

教师：下面请小朋友们都来玩一玩动物列车的游戏，请你们把小动物送上车，说一说，第几节车厢里是哪个小动物，有几只，然后在记录纸上记录。

4. 交流分享，结束活动

教师：我看到小朋友都在活动单的上下两格里都记了数字，上面一排的数字代表什么意思？下面一排的数字代表什么意思？

幼儿分享，教师点评。

活动材料（部分）：

图 5－1 基数与序数

区分基数与序数活动的指导要点

在区分基数与序数的活动中要求幼儿同时记录两种数据(如,同时记录车厢号和物体数量),记完说一说,促使幼儿更明确地意识到数字的序数意义和基数意义的区别。在上述案例中,幼儿可能会出现各种各样的表现,教师要根据幼儿的不同表现给予个性化的支持。

如果幼儿一把抓了很多张物群卡,随意堆砌在车厢上,说明幼儿不了解活动的规则,教师指出:“每一节车厢上只能坐一种小动物。”即“每节车厢只能放一张物群卡,多的材料请送回。”

如果幼儿认为一定要把数量为3的小兔物群卡放在第3节车厢,把数量为4的小狗物群卡放在第4节车厢,则说明幼儿还未区分序数与基数,认为两者是对应关系,教师则可以追问:“那第1、第2节车厢坐什么小动物?”如果幼儿不知所措,可以提醒他任选一张物群卡放上去即可,同时要求他在记录时要按实际数量记数字。然后鼓励他描述:“这是第×节车厢,坐了×只小动物。”在操作中进一步感知序数与基数的差别。

如果幼儿每节车厢一定要放数量不重复的物群卡,教师则可以告诉他们不同的车厢可以装相同数量的东西。并请他们试一试,放一放。在交流分享环节,通过观察同伴的操作卡,进一步发现不同车厢里动物的数量可以一样。

如果幼儿按规则正确完成了记录,教师可以追问他是怎么安排车厢的。如果有的车厢号和物品数量相同,请他解释上下两格的数字分别代表什么意思。

(2) 认识10以内的序数

认识10以内的基数在前一项目“计数”中已经有所涉及,可通过按范例数量取物、按点子数量取物、按数量分类等各种等量匹配活动进行感知、体验与学习。在本项目,主要学习认识10以内的序数活动。认识序数活动要以认识基数活动为基础,一般安排在学习10以内基数的后面,是4～6岁幼儿的数学学习内容。可以分两段集中学习10以内的序数:先学习5以内序数,再学习10以内序数。

【案例5-2】

10只小猫去旅行(认识10以内的序数)①

活动类型:集体活动。

年龄段:5～6岁。

① 本案例由苏州市民治路幼儿园张兰老师提供。

活动目标：

1. 认识10以内的序数，学习从不同的方向辨别物体在序列中的位置。

2. 会用序数词“第几”较准确地表示物体在序列中的位置。

3. 在游戏中学习用数学的方法解决问题。

活动准备：

1. 物质准备：多媒体课件，操作材料若干份，座位票若干张。

2. 场地布置：三个车辆标记，三条线。

活动过程：

1. 情景导入，引发幼儿学习的兴趣

教师：天气真好啊，小猫们排成一队出门去旅游，走在最前面的是猫队长。看一看，一共有几只小猫？

2. 启发认识，复习从不同的方向辨别物体在序列中的位置

教师：这只背着咖啡色书包的小猫排在第几个？你可以用数字几来表示小猫的位置？这只小猫排在第几个？这只呢？

教师：刚才我们是从左往右数，现在从右往左数，谁排在第一个？这只背着咖啡色书包的小猫呢？

小结：同样是这只背着咖啡色书包的小猫，为什么一会儿他是第4个，一会儿他是第7个。原来看小猫在队伍中的位置，首先要先确定好从哪个方向开始数，如果方向改变了，那么小猫的次序和位置也会改变。

3. 寻找钥匙解救小猫，按多个不同方向辨别物体在序列中的位置

教师：不好，刮来一阵怪风。发生了什么事？排在“第几”的小猫不见了？原来怪风是一只怪兽吹出来的。他扛着小猫朝他的城堡跑呢。

怪兽：想要解救小猫，必须解开所有我出的难题。第一个难题是找钥匙。我把小猫都锁在城堡的密室里，想要打开密室，首先要找到密室的四把钥匙。这四把钥匙都藏在我的衣柜里。

教师：第一个难题是什么？（找钥匙）我们来听听有什么提示。第一把钥匙藏在哪里？是从哪边数？第几件衣服？是什么颜色的？我们来看看有没有。

按同样的方法找第2把、第3把、第4把钥匙。

4. 寻找密室解救小猫，综合两个维度辨别物体的具体位置

怪兽：第二个难题是找密室（出示1幢楼）。我有一栋楼，里面有很多个密室。但只有4个密室关了被我抓走的小猫。钥匙上有密室的线索，你们自己去找答案吧。

教师：第二个难题是什么？我们先来看看这一栋楼，一共有几层？第一层楼的门是什么颜色的？每一层有几个房间？

教师：怪兽说，钥匙上有找到小猫的线索，我们来看一看，钥匙上到底有什么线索？（放大1把钥匙）这几个数字是什么意思？你可以和旁边的小朋友商量商量。

小结：原来钥匙上的数字会告诉我们小猫被关在了第几层楼的第几个密室。

幼儿操作,在操作材料上找到正确的密室,把钥匙贴在上面。

5. 按照车票提示对号入座,结束活动

教师:原来怪兽不是真的要捉小猫,他只是想请大家来城堡玩。你们愿意吗?城堡里还有一个好玩的地方,那就是超级游乐场。里面有超级滑滑梯、超级蹦蹦床……好多好多好玩的。那我们一起排着队出发吧。

教师:怪兽提醒我们,游乐场离这里很远,必须坐游览车去。它已经给大家准备好了3辆车和车票了。如果你拿到了这张车票,你可以坐哪个位置呢?请大家根据车票的提示找到自己的车头,并按座位号排好队。

除了集体活动,教师可以在区域活动中投放"楼房游戏"。比如,提供有六层楼,每层楼有六个房间的楼房模型以及若干小动物图片,每个小动物身上贴有标签(如302、504等),表示小动物的房间号,请幼儿把小动物送回家。本活动需要幼儿在横向和纵向两个维度上确定小动物家的位置,可以进一步发展幼儿的序数概念。

认识序数活动的指导要点

在带领幼儿学习10以内序数时要运用直观教具讲清楚序数的含义。例如,教师可利用"给动物排序"的游戏,同时摆出5个小动物玩具,请幼儿说一说他们的名字并数一数共有几个小动物,然后边挪动小动物边说:"我从左边开始排,请小狗排第1个,小猫排第2个,小熊排第3个,小兔排第4个,大象排第5个。"接着,可请个别幼儿回答老师提出的"××排在第几个"的问题,借以巩固对序数的认识。然后,可改变玩具的位置,或请幼儿来排列和提问等,改变方式继续进行游戏。

带领幼儿学习序数,应注意说明从什么方向开始。物体的排列位置可因起始方向而不同。如果从左到右,排在最左边的是第一;反之,最右边的是第一。楼房的最下面是第一层。小朋友跳远,跳得最远的是第一;跑步,跑在最前面的是第一……先学习从左往右的排列顺序,再学习其他方向的排列顺序,最后再进行综合练习。要通过操作和游戏活动不断练习与巩固。

(二)体验数量表征,理解数字符号的实际意义

大量的经验和对话有助于幼儿理解数字可以用来表达"多少"这个概念,即数字可以用来表示数量属性。所有3个物体的集合,无论是不是同一类事物,都有一个相同的属性,就是可以用数字3来表示。3只狗和3把椅子一样多,和3只小熊或者猎户座上肉眼可见的3颗星星是一样多的。这就是数字3的数量表征。要理解一个集合的数量表征,需要忽略这个集合物体的外在特征,只关注集合的数量。让幼儿反复体验数字和集合数量之间的关系,对其数感的发展非常重要。基于此关键经验的活动思路是:先带领幼儿认读1～10数字符号,让幼儿对数字符号有一定的了解;然后通过各种各样的数

量表征活动帮助幼儿理解每一个数字符号所代表的实际意义；最后帮助幼儿学习规范书写数字符号。以此让幼儿感受到“数量是集合的属性之一，用数字来表示具体数量”。

1. 认读数字符号

针对 4～5 岁幼儿，在认读数字过程中，教师可以利用幼儿熟悉的事物和形象的比喻，帮助幼儿记住字形。例如，“1”像小棍，“2”像鸭子，“3”像耳朵，“4”像旗子，“5”像秤钩，“6”像哨子，“7”像镰刀，“8”像葫芦，“9”像勺子，“0”像鸡蛋。

2. 数量表征

在幼儿对数字符号有一定的了解之后，就可以带领幼儿进行各种各样的数量表征活动，帮助幼儿在将数字与相应数量的集合匹配的过程中建立起数字符号与量之间的联系，逐步理解数字的实际意义。幼儿在将数字与相应数量的集合匹配的过程中，建立起数字符号与量之间的联系。数量表征活动还包括通过说、图画、符号等方式将计数结果表示出来，加深对数字实际意义的理解。还可以请幼儿对一集合进行按数量分类，然后插上相应的数字表征分类的结果。

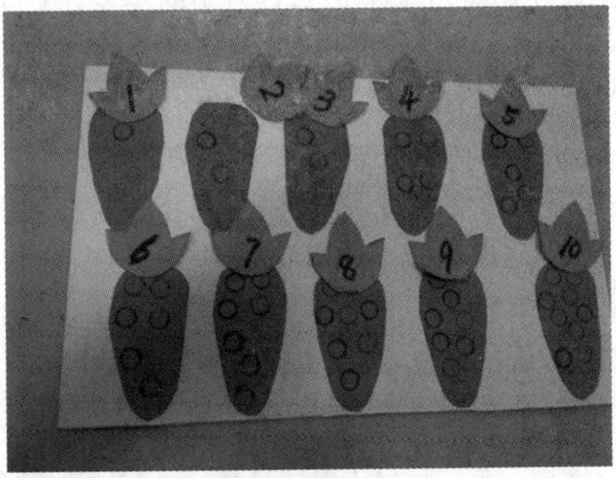

图 5－2　数量表征

3. 规范书写数字符号

随着年龄的增长，幼儿对书写数字符号产生了兴趣，并开始在生活与游戏中尝试书写数字符号以解决遇到的问题，如，在做完自然角的记录后写上日期以便持续观察与比较，小超市的工作人员每天进行售卖情况统计等。针对 5～6 岁幼儿，可以给他们讲解、示范正确书写阿拉伯数字的姿势及要领。如，坐时两脚自然平放地上，身子坐正，头要直，胸部和桌边保持一定距离（约一拳头），纸放正，左手轻按纸，右手握笔；握笔用三个手指握笔（大、食、中指），手指握笔部位约离笔尖两手指宽，小指轻触纸面作为支点等。教师边讲解边示范，从何处起笔、向什么方向运动、如何拐弯等。需要注意的是，书写数字符号以幼儿兴趣为主，不可机械训练，通过各种环境引导促进幼儿自主自发的学习，在循序渐进的过程中提高幼儿书写数字的水平。

（三）学习数量比较与排序，感知数量关系

数量关系是幼儿数学教育中起着发展思维作用的核心因素。数量关系反应的是数学知识之间的内在联系及其规律性。幼儿对数量关系的掌握一方面加深了对有关数量概念的理解，另一方面它要求相应的思维水平，从而促进思维抽象能力的发展。[①] 数学中存在的数量关系有许多，这里主要包括“数量(数)的比较”与“数量(数)的排序”。

1. 学习数量比较

数量比较包括两个方面，即具体的量的“多少”比较与抽象的数的“大小”比较。有三种方法可以用来比较集合的数量大小：目测、一一对应、数数。当幼儿还不会正确计数时往往使用一一对应的方式进行比较；另外一种可靠的方法是数数，更加精确与高效。

数量比较活动的设计思路是从带领幼儿先感知 10 以内的数量的“多少”关系开始，初步理解 10 以内的数量差别，为学习数量的“多少”和数的“大小”比较积累感性经验，也是学习数量排序的基础，然后再进行数量比较活动。活动安排一般先从感知 5 以内数量开始，接着到数量 10。在幼儿理解 10 以内数字的实际意义的基础上，再进行数的“大小”比较活动。

(1) 感知数量的“多少”

教师可引导幼儿找出比一个数少的所有数量的方式来感知物体数量的“多少”，体验相邻数量之间多 1 个、少 1 个的关系，也为理解相邻数以及数序积累经验，同时培养幼儿“有序”的思维品质。如图 5－3 中，教师提供 10 以内不同数量、大小的圆圈及数字，请幼儿看看每组每排有多少圆圈，与相应的数字连线，然后把最多的一排圆圈涂色，进一步感知数量的多少。

活动案例

数字连线

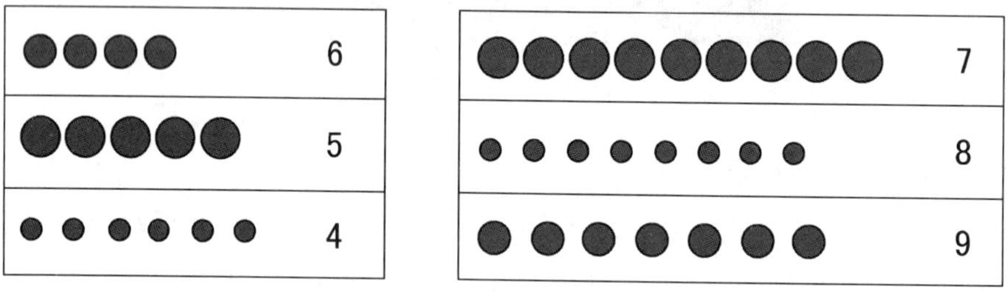

图 5－3　数字连线

(2) 进行数量“多少”比较

进行数量“多少”比较是为学习数的“大小”比较积累感性经验，也是一个从具体到抽象的过程。教师在为 3 岁幼儿准备的数量比较活动中需要帮助幼儿排除视觉干扰，

---

① 林嘉绥，李丹玲. 学前儿童数学教育[M]. 北京：北京师范大学出版社，1994：31－35.

运用一一对应的方法比较两组物体数量的多少，而到了4岁左右，则需要鼓励幼儿运用计数的方法比较两组物体数量的多少。进行计数比较不仅需要幼儿的多种认知能力的支撑，还需要问题情境以及教师的启发诱导。教师在幼儿开始操作活动之前给予幼儿用计数来比较数量的示范，或者提供不容易一一对应的操作材料，如排列方式不同的物群卡，启发幼儿用另一种方法来比较数量。此外，在数量“多少”比较的活动中，相邻数量(两组数量相差1个)的比较是数量比较中比较特殊的一种，是幼儿理解相邻数的意义的基础，对数序的学习以及心理数线的发展具有重要意义。

活动案例

小熊请客

相邻两数比较和转换活动的指导

用转换方法比较相邻两数是指启发幼儿用“添上”和“拿走”的方法使两个数由相等变为不相等，或由不相等变成相等。在案例“小熊请客”中，一盘胡萝卜有6个，一盘胡萝卜有7个，有两种办法使得两盘胡萝卜变得一样多。一种是在7个胡萝卜中拿走1个变成6个，一种在6个胡萝卜中添上1个变成7个。在幼儿尝试使用一种办法后，应鼓励幼儿再想出另一种办法。完成任务后，也要让幼儿说明自己用什么办法使得胡萝卜变得一样多，并让他们用点数后说出总数的方法比较和验证自己工作的准确性。最后，教师要在总结中强调：“6个比7个少1，6个添上1个是7个；7个比6个多1，7个拿走1个是6个，这两种办法都能使胡萝卜变得一样多。”相邻两数之间的转换揭示和突出了自然数列的本质关系，促使幼儿深刻地理解两个自然数列之间多1和少1的关系，促进了幼儿思维的可逆性和相对性的发展，为后面学习三个相邻数之间的关系以及自然数列的等差关系奠定基础。

2. 学习数量排序

数量排序活动以及前面的数量比较活动的目的都是为了帮助幼儿积累10以内自然数之间的关系的经验。帮助幼儿感知10以内数的顺序，实质上就是引导幼儿感知、理解10以内数量依次多“1”的关系，认识自然数排列的规律及其实际意义，发展心理数线。

活动设计的思路是从具体数量排序活动开始，让幼儿初步体验数量依次增加“1”的关系，然后进行抽象的数序感知活动，按照数量递增的顺序匹配数字，进一步理解数量依次增多的关系以及数字顺序表示的抽象意义。

(1) 体验数量依次递增的关系

3～4岁幼儿开始并不能协调数量多少与序列的关系，不能完成5以内数量的排序活动，教师可能需要提供数量从1～5依次递增的全范例序列供幼儿参考，让它们依据全范例将实物从少到多(或从多到少)依次排列。幼儿在操作中体验从1～5的数量顺序和依次多1的递增关系。到了4～5岁阶段，随着序列观念的发展与数量排序经验的积累，幼儿能够在数量比较的基础上明白“从少到多”依次递增的关系，依据对数量关系的理解将集合排序。此时教师就可以提供材料让幼儿自主排列顺序即可。教师先提供一些能够给幼儿视觉体验的操作材料，丰富幼儿对数量递增的体验（见图 5－4），之后可以准备一些排列形式上不具有视觉线索的物群卡，让幼儿先计数，再从小到大按顺序排列（见图 5－5）

图 5－4　感知数量依次递增关系

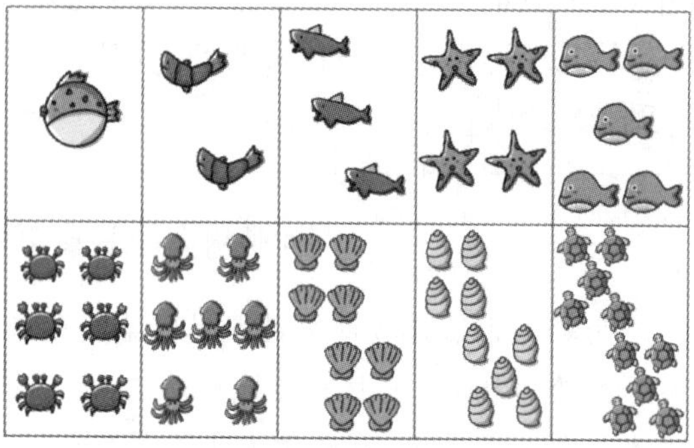

图 5－5　按动物数量排序

（2）感知数序与数差

教师在引导幼儿感知数序时，需要把幼儿的注意引向它的规律，即抽象的数序中依次多 1 的排列规律。幼儿在学习数量排序的基础上已经积累了感性的经验，为更好地理解数序的实际意义奠定了基础。在感知数序和数差的活动中，幼儿在数量从少到多排列的基础上匹配相应的数字，感知数的顺序及数差关系；在完整地感知 1～10 自然数序及其等差关系的基础上，体验数量关系的可逆性与传递性。

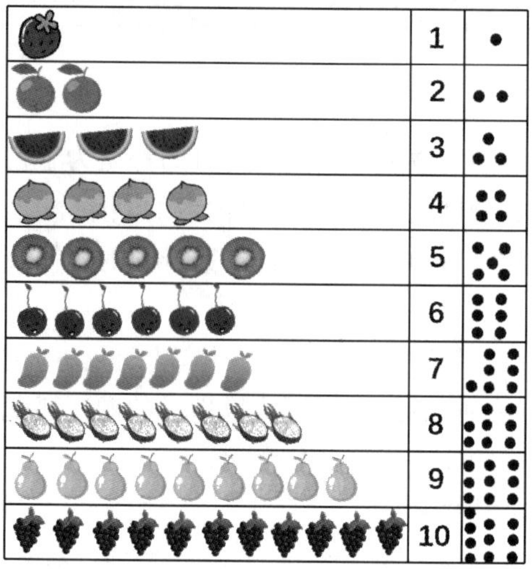

图 5－6　按数量排序

感知数序和数差活动的指导

在感知数序和数差活动中，教师要提出“有顺序”地排列1～10的数量这一要求，并且允许幼儿自主排序。在操作过程中有些幼儿会从少到多排，有些则会从多到少排。当幼儿呈现排列结果时，一方面要引导幼儿关注到序列中每一个数量都既比前一个数量少1(或多1)，又比后一个数量多1(或少1)，这是10以内各数之间普遍存在的规律——等差关系。另一方面，引导幼儿思考数量关系的可逆性，即从一边看是从少到多，从另一边看是从多到少。此外，还可以引导幼儿观察，某一个数量比前面一个数量多(或少)，且比前面每一个数量都多(或少)；比后面一个数量少(或多)，且比后面的每一个数量都少(或多)，这是1～10或10～1的序列中数量关系的传递性。

(四) 尝试数据统计与分析，解决真实问题

在整合式、主题式线索的课程实施中，让幼儿去解决一些真正的问题变得越来越常见，幼儿经常被鼓励使用和职业调查专家同样的标准进行提问、调查和收集数据。数据统计与分析与数学其他领域的内容有着紧密的联系，这部分内容的学习将会为学前儿童提供将各个领域的内容联系起来的机会。幼儿在该学习内容中首先应该学习“为什么要对数据进行分析和统计”，当他们发现“收集数据的目的是回答那些答案不明显、不直接的问题”时，他们就能理解数据统计与分析为什么是有用的。接着，在成人周密的指导和支持下，幼儿一步一步跟着做简单的数据统计与分析，积累了几次经验之后，他们开始意识到“数据表征的目的在于说明问题，而如何收集和整理数据则取决于问题本身”。最后再次回到数据分析的目的，帮助幼儿理解“对收集到的局部数据进行比较，有利于预测整体的情况”。当通过数据获得新的信息，整个数据分析的过程对幼儿来说才是有实际意义的。图5-7中，教师带幼儿一起统计失物招领箱中物体的数量，了解大家最容易丢的是什么物体，然后开展怎样防止手套丢失的讨论。

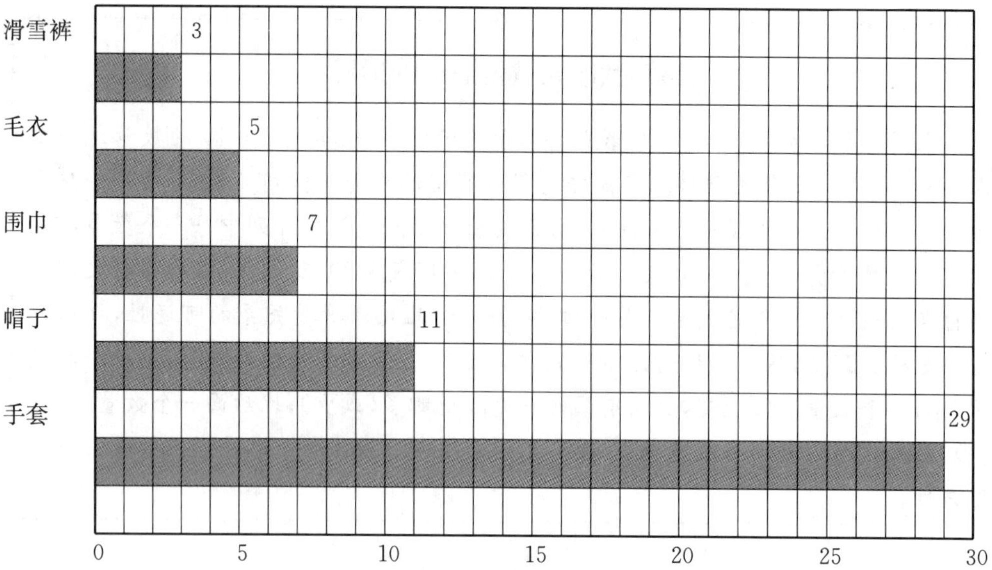

图 5－7　条形图(失物招领箱里的物品)

数据统计与分析活动的指导

许多老师发现,调查和制表是一种轻松而有趣的数学活动。很多情况下,进行调查和用表格表征变成了考察兴趣偏好的一种方式,最喜欢的食物、糕点的味道等。但幼儿总是倾向于把“更多”当作“更好”。还有些幼儿会从中选择看上去人气很旺的主流选项。如果出现这样的情况,数据本身可引导的丰富的数学思考就可能因此短路。因此,教师需要:① 为深层次理解设计数据调查。收集数据本身不是数据调查的最终目的,第一不要界定问题的焦点。为了寻找答案和解决问题而收集有关真实生活问题的数据,能更好地发展幼儿的能力。一旦确定了问题和需要收集的数据,收集方法就会自然浮现。调查的形式有事实调查与喜好调查。② 为幼儿提供多种机会进行数据统计与分析,让生活变得更加数学化。如制作教室材料清单,请幼儿调查班级里有多少玩偶,其中娃娃玩偶多少只,动物玩偶多少只;或者让他们参与班级图书馆的图书目录分类等。③ 给幼儿进行数据表征的机会。尽量不要给幼儿提供事先印好的表格和图纸,会限制幼儿学习数据管理关键步骤的机会。鼓励幼儿动脑筋,用自己想出的办法对数据进行分类和组织,让他们更积极地参与围绕数据分析核心概念所展开的活动。④ 鼓励幼儿用实物、图画、表格进行表征,学习如何给数据对应的各部分做标签,并进行描述。

二、渗透的数感教育活动

（一）日常生活中数感教育的渗透

（1）在日常生活中引导幼儿寻找辨认数字，加深对字形的认识以及对数的意义的理解。与幼儿一起做百数表，在做的过程中引导幼儿发现数字的规律，观察数字的顺序变化，加强对固定顺序原则的理解。

（2）结合幼儿座位排列，巩固对序数的认识，如给每一名幼儿一个座位号(第2排第3座等)，请幼儿对号入座。请家长指导幼儿观察自己及邻居家的门牌号码，帮助幼儿积累与相邻数有关的认知经验，巩固对相邻数的认识。

（3）幼儿园里过生日，根据小寿星的岁数插上相应数量的蜡烛。分蛋糕前讨论应该准备多少餐具，如何使人数与餐具一样多，如果餐具多怎么办，如果幼儿多怎么办。

（4）幼儿每天都要接触各种大大小小的玩具，每隔一段时间之后教师就可以带领他们进行一次玩具大盘点，不仅可以使班级环境更有秩序，而且能使幼儿从中学会统计的方法。此外，也可以将图画书按照大小、外形、内容等标准进行分类后清理盘点，提高幼儿的数据统计与分析能力。

（二）游戏中数感教育的渗透

（1）和幼儿一起玩扑克牌游戏，教师随意出一张扑克牌(数字2～9)，让幼儿找出它的相邻数。

（2）每一次角色游戏结束，请幼儿统计卖出商品的情况，如小超市卖出多少商品，什么商品最受欢迎，分析原因，以及提高其他商品的销量。

（三）其他领域活动中数感教育的渗透

（1）在科学活动中，教师可以带领幼儿通过记录自然界的变化，认识自然现象。如可以通过记录温度、人们以及动植物的变化，了解春、夏、秋、冬四个季节的特征等，然后进行数学统计与分析。

（2）在体育活动中，根据幼儿的年龄特点，提供相应的实物卡、点卡或数卡，将体育锻炼与增强幼儿的数数能力相结合。如在小班“喂你吃”投掷活动中，将投掷的目标设计成动物的嘴巴，幼儿则用相应的材料进行投掷；在中班可提供一部分实物卡或者点卡，请幼儿在投掷前摸一摸卡，点出相应的数量，再掷相应的次数。教师也可以提出投掷的次数是“比卡片上的数量多1个”或“比卡片上的数量少1”，请幼儿投掷。

三、开展数感教育的注意要点

（一）帮助幼儿从小数字开始，促进幼儿理解数概念

数感能力不仅仅是知道一些数词，而是真正理解数字背后的数量关系。幼儿早期数感能力快速发展，基本能够理解感知10以内数的物群与符号的关系以及数量之间的各种关系，但对于大数量物体或集合的感知还不成熟。他们可能会数到30、40，甚至

100，但是对于这些数词所表示的数量是没有概念的，并不明白到底代表多少。说出数词和理解数量之间存在着极大的不同，如果幼儿能很好地理解小数量的意义，那么日后将会更容易理解大的数量。因此，教师在学前期可利用大量的时间让幼儿体验小数量，即 10 以内的数量，为以后理解大的数量打下坚实的基础。

（二）将数字与物体、图片、符号、动作、声音等相联系

教师有必要让幼儿积累大量的有关数量多元表征的经验，需要使用大量的实物教具，以及使用声音、动作来表征数量，从而帮助幼儿通过眼、耳、手、脚来感知数概念。点卡、骰子、多米诺骨牌是建立数感的重要工具。这些工具能够帮助幼儿获得视觉数感，帮助幼儿建立数量的心理图像。教师还可以利用语言和手势，对幼儿提出等量匹配的要求，引导幼儿用不同的方法去计数和判断，激发他们进行数学讨论，展开和数有关的复杂思考。尽管实物材料、图片和数字符号在数学学习中非常重要，但它们本身并不会自动地产生数学理解，只有语言能够凸显出操作材料的数学意义，将实物、图片与数学符号联系起来，并让幼儿注意到这些基本的数学概念和技能。

（三）建构数量意识，理解数序及数差关系，综合解决问题

掌握 10 以内数词的顺序，有助于幼儿理解一个数与另一数之间是如何关联的。在幼儿早期的数学学习中，充分了解数字间的各种关系，是其日后进行数字运算的基础。数字关系包括每一个数字与 5、10 之间的关系，数字间的顺序、多少、大小的关系等。感知体验 1～10 的连续数列有助于帮助幼儿构建心理数线，判断多少有助于幼儿思考相关的数量或者相对量。但是这些活动一般都是把数字当作名词而不是形容词来用，因此需要幼儿对基数的理解相对稳定后才能进行此类活动。最后，通过数据统计与分析将数学中的其他内容以及其他领域的内容联系起来，发展幼儿综合解决问题的能力。

单项实训

1. 学生分为四组，分别从关键经验“感受数字的多种用途”“体验数量表征”“学习数量比较”“尝试数据统计与分析”中选择一条，设计教育活动方案，活动名称、年龄段、组织形式自定。

2. 4～5 人一个小组，选择小、中、大班各一个，观察班级投放的游戏材料中有哪些材料可以促进幼儿数感方面的学习与发展，观察幼儿操作使用这些材料的行为，分析这些材料的适宜性。

任务三　学习数感能力发展的评价

情境导入

张老师带领大家开展“找好朋友”的游戏。他给每个孩子发了卡片，卡片上有些是1～5的点，有些是1～5的数字符号。张老师请旁边的贝贝说一下自己的卡片上有什么，贝贝说有数字“5”，张老师问道：“还有谁的盘子上是5，请加入贝贝的队伍。”丽丽站起来，用手指着卡片给大家看，卡片上有2排点子，第一排1个点，第二排4个点。丽丽说：“我的卡片上有5个点，我是贝贝的好朋友。”丽丽对华华说：“你的卡片上也是5个点，你也是贝贝的好朋友。”华华迟疑地站起来，举着卡片，卡片上有2排点子，第一排2个，第二排3个。张老师请他数一数，他指着卡片上的点开始数：“1、2、3、4、5。但是，并不是只是5啊，是所有的数！”请分析华华的数感发展水平。

任务要求

1. 了解幼儿数感能力发展的评价内容。

2. 结合典型案例理解幼儿数感能力发展评价的常用方法和注意要点。

3. 能够根据幼儿的行为表现评价幼儿数感能力的发展水平，并给予个性化的支持。

华华能够完成5以内的数数，但似乎并不理解为什么他的卡片和贝贝是匹配的，都是数量5，可见他还不能整合运行数系统的各个部分，知道数字符号5的名称，但补理解它背后所代表的实际意义。

一、数感能力发展评价的内容

根据3～4岁幼儿计数能力的发展特点，教师在评价时重点关注以下内容：

- 幼儿用什么样的方式表征5以内的数量？能表征的最大数量是多少？
- 幼儿用什么样的方式比较5以内的数量？能比较的最大数量是多少？
- 幼儿用什么样的方式对5以内的数量进行排序？能排序的最大数量是多少？

根据4～5岁幼儿计数能力的发展特点，教师在评价时重点关注以下内容：

- 幼儿是如何理解生活中数字的意义的？是如何区分基数与序数的？
- 幼儿用什么样的方式表征10以内的数量？能表征的最大数量是多少？
- 幼儿用什么样的方式比较10以内的数量？能比较的最大数量是多少？能比较

的最大数字是多少？

• 幼儿用什么样的方式对 10 以内的数量进行排序？能排序的最大数量是多少？如何理解相邻数之间的关系？

• 幼儿如何利用数据统计解决生活中、游戏中的问题？

根据 5～6 岁幼儿计数能力的发展特点，教师在评价时重点关注以下内容。

• 幼儿如何比较不相邻的 2 个数或者 3 个数的大小关系？

• 幼儿如何理解 10 以内数与数之间的数差关系？

• 幼儿如何利用数据统计解决生活中、游戏中的问题？

二、数感能力发展评价的方法

（一）非任务情境（自然情境）中的观察

【案例 5－3】

我是第一名

【观察记录】10 月 9 日户外游戏时，教师组织幼儿跑步比赛，要求幼儿从教师所站位置出发，绕着花坛跑一圈后，回到教师站的地方。第一组 3 个小朋友一起比赛。华华（中班）高兴地喊：“我是第一名，叶叶第二名，苏苏最后一名。”

【行为分析】华华能够根据任务情境确定顺序，知道最先到达终点的是第一个，以及谁是第二名，谁是最后一名，做出正确的序数判断。

【未来规划指导】观察华华在其他情境中对序数的理解。同时，进一步观察他是否理解序数与基数的差异，并给予积极的指导。

（二）任务情境中的观察

表 5－3　数感评价任务清单列举

模块	评价任务清单列举	观察重点
数感	评价幼儿对序数意义的理解。如进餐时询问幼儿：“你是第几个吃完饭的？”排队时，询问幼儿：“从前面数，你是排在第几个？”“从后面数，你是排在第几个？”	观察幼儿能否根据情境准确判断自己的顺序，能否根据不同方向准确判断自己在队伍中的位置。
	评价幼儿 1～10 数量的表征。比如，在区域游戏中，请幼儿用点子、数字符号或者其他方式表示某一集合中物体的数量。	观察幼儿如何表征集合的数量，是用实物图画表征、符号表征还是数字符号表征。

（续表）

模块	评价任务清单列举	观察重点
	评价幼儿数的转换。如教师可以在玩具区呈现5片红色雪花片和6片蓝色雪花片，问幼儿："这里一共有多少片红色雪花片？有多少片蓝色雪花片？"当幼儿回答正确之后，再次询问："怎么才能让红色雪花片和蓝色雪花片一样多？"当幼儿提出一种解决办法后，询问："还有别的办法吗？"	观察幼儿能否准确计数，以及用什么样的方法把两种雪花片变得一样多，能否想到另一种方法。
	评价幼儿数量比较。如在两个娃娃面前放10以内不同数量的饼干，饼干的摆放方式不同，询问幼儿："两个娃娃的饼干一样多吗？为什么？"	观察幼儿在判断数量时是否有计数行为，是如何进行数量比较的。
	评价幼儿的数序感知。请幼儿将数量为1～10的物群卡或者点卡排排队。说一说谁在前面，谁在后面，为什么。	观察幼儿是如何给物群卡或者点卡排队的，幼儿是如何解释自己为什么这样排的，能否感知道序列中数量关系的传递性。

【案例5-4】

整理我的运动手环①

【背景】为了鼓励幼儿积极参与户外区域性体育活动，幼儿园在每个活动区投放了不同颜色的运动手环，幼儿每参加一项活动就能获得一个手环。在活动后，班级老师会带着他们一起整理获得的手环，也让幼儿在整理的过程中了解自己和同伴的运动情况。为了避免幼儿拥挤着一起去放手环，中班杨老师决定以幼儿获得的手环数量为分批的标准，有同样手环数量的幼儿同一批去整理。这样既能使得整理手环活动有序进行，也可以观察了解幼儿的数感水平。

【观察记录】12月10日，区域性体育活动结束后，杨老师请手里有5个手环的幼儿第一批去整理。孩子们开始一个一个点数手腕上的手环。珺珺、晞晞、果果、诚诚都有5个手环，马上站起来就去整理了。这时，越越走到我面前说："杨老师，我有6个手环。"杨老师想刚好有个机会可以了解一下越越的数量比较水平，就问她："6比5多还是少呢？"越越马上回答："多。"杨老师又问："多多少呢？"越越小眼珠转了转，说："多1。"老师说："你数得真清楚。你也去整理手环吧。"越越笑眯眯地去了。

杨老师在请幼儿分批整理手环的时候，每一次都会提出不同的数量要求，发现幼儿对于10以内物体的计数已经没有问题。12月21日，杨老师有了一个新的想法，她说：

① 本案例由苏州幼儿师范高等专科学校附属教育幼儿园杨艳提供。

“这次我请‘比5多1’数量手环的小朋友去整理。”诚诚说:“是6,是6……”老师注意到语晗站着不动,她手上就有6个手环。老师问:“你有几个手环?”语晗说:“6个。”老师又问:“6个可以去整理手环吗?”语晗没回答。杨老师说:“你认识比5多1的数吗?”语晗摇摇头。杨老师拿来5个手环,请她数一数,又拿给她一个手环,问她现在有几个手环,语晗立刻说:“6。”杨老师说:“那你知道比5个多1个的数是几了吗?”语晗说:“6。”接着,杨老师当着语晗的面在6个手环里又拿走1个,请她数一数还有几个,语晗马上说出是5。

【行为分析】整理手环最初是为了让老师了解幼儿体育游戏的情况,鼓励那些运动能力弱的小朋友多多运动。老师利用小朋友点数手环数量的过程,把“相邻两数的数量关系”渗透其中。通过观察发现幼儿基本上能正确数清10以内的数并说出总数,但是,对“相邻两数之间多1少1的关系”理解不够深入。如:上述观察记录中,越越能快速说出“6比5多1”,说明越越能理解相邻两数之间多1少1的关系。但是,语晗就不理解,不知道比5多1的是什么数。杨老师采用“添1”“去1”的方式,帮助语晗形象地感知5与6之间多1少1的关系。

【未来规划指导】其实,还有好几小朋友存在类似语晗的情况,对全班幼儿进行初步的观察,全面了解幼儿的数序发展水平之后,杨老师决定通过一次集体活动,借助相邻两数的数量比较和数量转化活动,启发幼儿理解两数的多1少1的关系。将两个同等数量(5～10之间)的物体分别摆成两排,在幼儿通过比较确认他们数量相等以后,在其中一排物体上增加一个同样的物体,使幼儿在直观的条件下看到一个新的数是由原来添加1(去掉1)而形成的,然后再让幼儿数一数一共多少个物体。这一方法突出了在已认识的数的基础上学习新的数,突出了相邻两数的关系。此外,杨老师还在数学区投放了按数印点和接数补漏的活动,帮助幼儿感知10以内的数差关系和数的顺序,实质是引导幼儿感知、认识在数字1～10中,任意相邻两个数的大小关系。

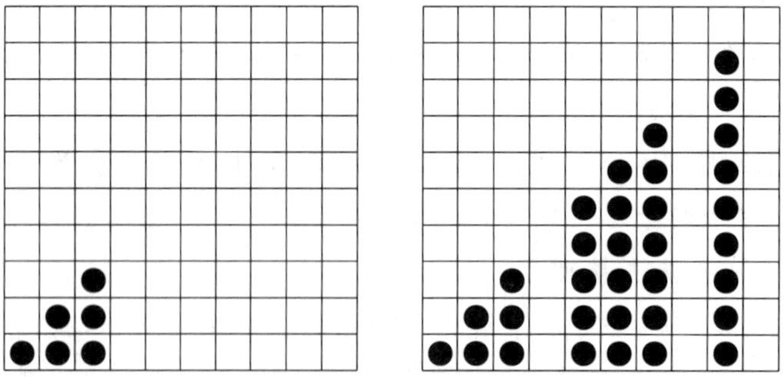

图5-8　按数印点与接数补漏

【案例 5－4】

基于课程的评价：10 以内的数量表征①

【评价背景】中班幼儿开始系统认识 1～10 的数字符号，徐老师在幼儿的日常生活中通过各种等量匹配活动帮助幼儿感知体验 10 以内数字符号的意义。这一次，徐老师设计了“夹小花”的区域游戏，一方面继续帮助幼儿深入理解数字符号背后的基数意义，同时也将它作为数量表征的评价活动，对近两周进入该区的幼儿进行了系统的观察，设计了观察表，并对收集的数据进行了全面的分析。夹小花游戏要求幼儿根据数字在旁边夹上相应数量的小花。

【关键经验】认识数字符号 1～10，理解数字的实际意义。

【活动准备】不织布做的底板；一盆大花、10 朵小花及数字 1～10。

【数学语言】请你选择一个数字贴在花妈妈的身上，然后将对应数量的花宝宝夹在花妈妈的旁边。

【观察重点】观察幼儿能否根据大花上的数字夹上相应数量的小花，或者根据小花的数量选择正确的数字标记。

【活动材料】

图 5－9 夹小花

【评价解读】本班 30 名幼儿都参与了该游戏。其中 4 名幼儿能完成数字 5 以内的数量表征，6 名幼儿能完成数字 6～7 的数量表征，20 名幼儿能完成数字 8～10 的数量表征。在策略方便，幼儿主要使用归零法与增减法进行操作。归零法是指每完成一次操作后将所有小花和数字取下，再进行下一次操作；增减法是指每完成一次操作，更换数字后，在已有小花数量上进行添加或减少。

使用归零法的幼儿有 12 人，使用增减法的幼儿有 18 人，大部分幼儿更倾向于增减法，可能觉得这样的方法更高效。但是从准确率上看，使用归零法的正确率更高，因为

① 本案例由苏州市高新区金通幼儿园徐晶晶老师提供。

增减法需要幼儿在原有小花的基础上"添加"或"拿走"一定的数量，保证与数字符号的匹配，这需要幼儿对数量之间关系具有一定的认知，并具有初步的数运算能力。处于该年龄的幼儿还无法游刃有余地进行10以内的加减，故错误率较高，尝试的次数更多。根据观察发现，使用增减法的幼儿主要表现有以下三种表现：

1. 逐个递增或递减

案例：小予拿起数字5，随后夹了5朵小花。接着将数字5换成数字7，先是增加了1朵小花，用手指点数小花的数量为"6"，又增加了1朵小花，再次用手指点数小花的数量为"7"，与数字7进行比对后，又进行了最终点数确认。

2. 目测与默数

案例：蔡蔡先选择了数字7，贴上了7朵小花。紧接着将数字7取下，选择了数字9，直接加上了2朵小花。最后再进行一次点数确认，确定数字与小花的数量是匹配的。

3. 随机试误

案例：查查选择了数字9，夹了9朵小花。换成数字6时，她先是直接拿走了2朵小花，看了看，再次拿走了2朵，点数后结果为5，紧接着又增加了1朵，点数结果为6后，看了看旁边的数字6，完成最后的匹配。

表5-4　全班幼儿数量表征情况统计与分析

水平与策略	1～5数量表征	6～7数量表征	8～10数量表征	小计
归零法	4	1	7	12
增减法	0	5	13	18
小计	4	6	20	30

【未来规划指导】针对只能进行小数目数量表征的幼儿，在其他情境中继续观察他们的数量表征水平，获取真实水平的评定。一方面可以逐步增加物体的数量，增加任务的难度。同时，通过同伴分享与教师示范，帮助幼儿拓展操作的思路，请他们尝试使用增减法，感知体验"合并"与"拿走"后集合的变化。

面对超过数量5的任务，幼儿更愿意使用增减法。针对使用增减法错误率高的情况，可鼓励幼儿多检查，多监测，采用更好的办法，确保数字符号与数量的一致。同时，创设其他情境，观察幼儿对数字意义的理解水平。如，在小医院游戏中，提供标有5～10的数字标记，扮演医生的幼儿可以根据"病人"的情况开药，药丸的数量要与药盒上面的数字标记相吻合。"病人"可以在拿药后进行确认再离开医院。此外，还可以开展小组比赛，促使幼儿思考如何更快更准确地完成数物的匹配。

三、开展数感能力评价的注意要点

（一）数感评价内容丰富，需要全面把握

数感内容非常丰富，包括对数字多种用途的理解，最常用的基数与序数意义的掌

握，数量的比较、排序以及综合运用分类、计数、数量比较、排序等进行的解决实际问题的数据统计与分析等。因此，对数感的评价也应该涉及以上的方方面面，才能真实了解幼儿的数感发展水平。此外，在评价过程中不能仅仅局限于数感本身，也要对幼儿的兴趣、学习品质，以及迁移能力、推理能力、问题解决能力等过程性能力进行评价。

（二）通过正式评价与非正式评价的结合全面了解幼儿的数感发展水平

正因为数感内容非常丰富，因此，对数感的评价也应该结合正式评价与非正式评价，全面了解幼儿的发展水平。如，对于数量比较水平的评价，除了在集体活动或者区域活动针对性地观察之外，还可以融进幼儿的一日生活的其他方面，如生活环节中比一比谁喝的水多，谁吃的饼干多；户外活动时比一比哪一框球多，小组中哪位小朋友跳的绳多、拍的球多等。还可以对小组中小朋友的跳绳数、拍球数进行数量排序，排出名次，并将序数概念（第几名）也融进去。对序数评价也可以结合生活的方方面面，如每天来园时间讨论谁第一个来，谁第二个来；评价小组内小朋友用餐的快慢情况、跳远的情况等。对于数据统计与分析水平的评价更应该融入幼儿真实的生活中，在解决真实问题的情境下了解幼儿的真实发展水平。如开展“旅行中的交通工具”的活动，请幼儿收集并分析自己旅行时乘坐交通工具的信息，除了可以评价幼儿分类计数的能力之外，还能了解它们通过分析数据，找出背后隐藏信息价值的分析、比较、判断、推理、预测等能力。

（三）对幼儿真实数感水平的确定需要多次多情境的观察评价

幼儿的数感水平具有不稳定性，在活动时可能会受当时情绪、材料、环境等多种因素的影响，因此，如果想准确评价幼儿某一方面的数感能力，需要多次多情境中的观察。比如，上面案例中有提到，昕昕在“夹小花”的游戏中，没有完成 9 朵小花与数字 9 的匹配，但是徐老师发现在其他情况他可以做到，如能在贴有数字 9 的纸袋中装进 9 颗糖果，在平时也能非常熟练地对 10 以内的物体进行准确计数，可能当时夹小花活动中没有成功进行数与量匹配是因为受材料影响。还有一些幼儿，在区域操作性活动中没有表现出较高水平的按数取物水平，但是却在角色游戏“小吃店”中表现非凡，能根据客人的要求，准确创造集合（5 个馄饨的小碗馄饨，8 个馄饨的大碗馄饨等）。在情境扮演游戏中他更加专注与投入，游戏的推进需要他利用数学思维来解决现实问题，因此教师所观察到的也正是他最真实的发展水平。所以，意义情境下的活动可能更能发现最真实的孩子。此外，幼儿在家庭生活中有许多机会表现数感水平，也可以开展有效的家园合作，请家长一起参与评价，获得更全面更真实的评价信息。

单项实训

4～5 人一小组，请结合“能比较不相邻的 3 个数的大小关系”的目标，设计一项基于课程的评价方案并实施，对评价结果进行解读，提出进一步的指导意见。

任务四　实践与拓展

一、综合实训

4～5 人一个小组，每一小组设计 2～3 个关于“认识序数”的渗透活动方案，并在幼儿园实施。选择几名幼儿，观察、记录他们在活动中的典型表现，分析其发展水平，并提供个性化的指导建议。

二、岗证对接

活动设计题：

幼儿数概念的形成是一个长期而复杂的过程，也是一个连续而有序的发展过程。进入大班，幼儿处于数运算的初级阶段，已经能对 10 以内的数保持守恒，序数概念、基数概念、运算能力等各方面均有不同程度的扩展和加深。根据幼儿数概念的发展，请你设计一个大班的数学教育活动。

（保教知识与能力真题，2013 年上半年）

参考答案

三、资源拓展

狮子大战

自制游戏卡，在上面贴上狮子贴纸。每一张纸上分别贴有 1～6 只狮子。游戏开始前，幼儿平均分配这些卡片。所有幼儿同时翻开一张卡片，谁的卡片上狮子数量最多，谁就收走其他人的卡片。如果这些卡片上狮子数量相同，由幼儿来决定怎么办。当幼儿用完手里的卡片后，最后数一数谁赢得卡片最多。

插花

教师提供各种皱纹纸片（数量为 5～10），小枝条若干，胶棒，插花用的塑料小瓶 4 个。请幼儿先将皱纹纸团圆做成小花贴在枝条上，每一根枝条上的小花颜色相同。然后将贴有相同数量的小花的枝条插在同一个花瓶里，并说出每个花瓶里的枝条上有几朵花。

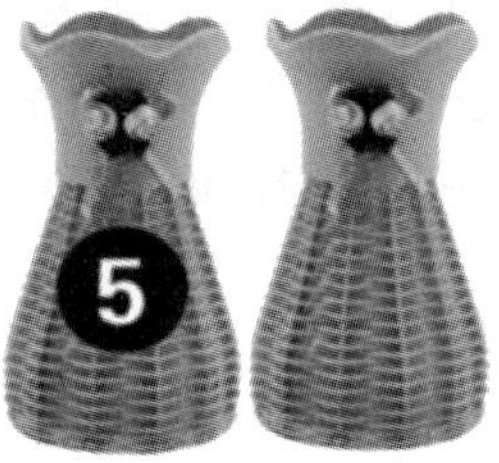

好朋友住一起

教师提供数字卡片1～10，昆虫卡片10张（数量为1～10），3组房子（两间靠在一起为一组），请幼儿将昆虫按照从少到多的顺序排列，将靠在一起的两种昆虫住进一组房子里。幼儿在此活动中能够感知昆虫数量从1～10的排列顺序以及昆虫之间多1的数差关系，感知相邻两数多1少1的关系。根据幼儿年龄特点，也可以请靠在一起的三种昆虫住进去。住进去之后分别在房子上贴上数字卡片，表示每间房子里住的小动物的数量。

投沙包

幼儿分组玩投沙包，教师在地上画几排连续的格子，标上数字。各组幼儿按顺序在数字卡中抽一张，说出自己抽到的是什么数，应该投到第几个格子里，然后站在格子外的起始线上，把沙包投到相应的格子里，直到组里所有的幼儿都投过一遍，投中多的组为胜。年龄大的幼儿游戏时可以增加格子数。

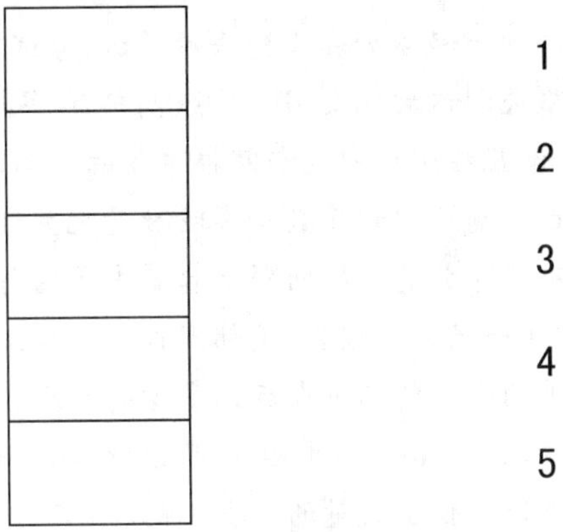

蜘蛛和苍蝇

这是一个长路径游戏，没有起点和终点。在路径上任意5个圆形纸片上各贴一张苍蝇图像，作为奖励格。22个盖子装在小篮子里。2个蜘蛛棋子固定在木线轴上。一个点数是1～6的骰子。幼儿根据骰子上的点数决定前进的格子数，每次站在苍蝇格子时把一个盖子放在一只动物上。幼儿会讨论怎么决定走多少格子，可能还会讨论每人遮住了几只动物，还剩下几只。

扑克牌游戏

扑克牌是很好的发展幼儿数感的材料，上面有图形，有数字，简便轻巧，玩起来千变万化、引人入胜。幼儿可以用扑克牌进行1～10的数量或数字的排序，也可以用扑克牌玩辨认数字、比大小、寻找相邻数等各种活动。

图画书中的数学——数感

《第五个》是奥地利现代古典作家恩斯特·杨德尔所写的关于数序的图画书。本书完全通过画面，向读者展示了五个小动物排队看病的过程。五个生了病的小动物在门口排队，前一个进了房间出来后，下一个再进房间。每个动物进去之前是受伤的状态，从房间出来后就痊愈了。整本图画书中完全没有借助文字，而是通过丰富的细节刻画帮助幼儿理解书中的内容，初步感知顺序的概念。同时，本书没有一开始就交代小动物们排队的缘由，孩子们可以根据书中的细节进行推理，锻炼他们细致观察和逻辑推理的能力。

《真正的魔法师》是由韩国作家刘永昭创作的有关序数的图画书。故事中 10 名小魔法师一起参加真正魔法师考试，考试中需要进行排列，根据序列号寻找事物，突破重重难关到达玩偶之国。按照高矮排序，从上、下、左、右不同的方向拿出不同数量的事物，幼儿在阅读中逐渐掌握事物的空间与位置。同时在第几与几个概念的辨析中，孩子们也逐渐认识到序数与事物数量无关。像这样，把握事物空间、时间、位置的相对性，在解决与序数有关的问题上起着重要的作用。

《一只脚蹦蹦跳》是韩国作家李慧玉所写的关于数的比较的图画书。书中讲述了森林里的小动物们都在玩比多少的游戏。每一组数据的比较都提供了实物、符号、数字的图片，并使其一一对应，将两组数据并排展示，突出展示每组数据的总数，帮助幼儿直观清晰地比较出数量的多少。同时，有助于孩子们学习数字的书写和表达。从具体实物到符号表征，再到抽象的数字，为孩子们的数学学习打下基础。

《李家猪，张家猪》是韩国作家赵恩正所写的关于认识数字 11～19 的图画书。它讲述了懒惰的老张和勤劳的老李养小猪的故事。懒惰的老张将自己家的 9 只小猪一只一只地交给老李照顾，老李家从原本的 10 只猪，变成了 11 只、12 只……直到老张将自家的小猪全部送至老李家，老李家便有了 19 只小猪。在原有对 10 以内数字的认识和理解的基础上，借助具体的事物，在已有的小猪数量 10 上，依次增加个数，让孩子感知和认识到 11～19 的数是在 10 的基础上逐个增加数量所形成的，从而初步形成对两位数的理解。

项目六

数运算

项目分析

数运算的能力是幼儿数学认知能力发展的重要组成部分，也是其深入理解数学知识体系以解决日常问题情境的基础能力之一，主要反映了幼儿对于数量关系的理解。本项目学习的主要内容包括数运算的基本理论、数运算教育活动的设计与实施、幼儿数运算能力发展的评价。

项目导学

- 数运算
  - 掌握数运算的基本理论
    - 数运算的基础知识
    - 幼儿数运算能力的发展特点
    - 数运算的核心概念与关键经验
  - 学习数运算活动的设计与实施
    - 专门的数运算教育活动
    - 渗透的数运算教育活动
    - 开展数运算教育的注意要点
  - 学习数运算能力发展的评价
    - 数运算能力发展的评价内容
    - 数运算能力发展的评价方法
    - 开展数运算评价的注意要点
  - 实践与拓展
    - 综合实训
    - 岗证对接
    - 资源拓展

学习目标→

1. 了解数运算的基础知识以及幼儿数运算能力的发展特点。
2. 掌握数运算的核心概念和关键经验。
3. 尝试设计、组织专门的数运算教育活动。
4. 能够将数运算教育渗透进幼儿的一日生活中。
5. 能够根据幼儿的表现评价幼儿数运算能力的发展，并给予个性化的支持。

任务一　掌握数运算的基本理论

情境导入

我们在生活中经常会这样问幼儿："1+1 等于几？"幼儿说："1 加 1 等于 2！"接着幼儿还会很自豪地开始展示，"2+2=4，3+3=6……"可是如果我们再追问一句："那 1+1=2 表示什么呢？"有的幼儿只能说："就表示 1+1=2"，甚至无论你怎样引导，他也不能举出一件用这个算式来表示的具体的事情。

任务要求

1. 了解数运算的含义以及数运算对幼儿发展的意义。
2. 了解幼儿数运算能力的发展特点。
3. 掌握数运算的核心概念和关键经验。

数运算是幼儿数学能力发展的重要内容。幼儿的日常生活和学习中总会出现类似"计算"的问题，但是对于幼儿来说，这些问题不是脱离真实情境的实物的加、减，而是在一个具体情境下的加减，例如"原来有多少，现在有多少""比原来多了多少"，或者"比原来少了多少"这样的"数运算"问题。数运算是解决这一类问题的主要工具。

数运算活动不仅是让幼儿进行算式的加减，更是要帮助幼儿理解加法和减法的意义以及符号所代表的含义。根据幼儿的年龄特征和个体差异设计并组织数运算的活动，促进幼儿数运算能力的发展，我们需要先了解和掌握数运算的内涵、幼儿数运算能力的发展特点、数运算的核心概念和关键经验等相关内容。

一、数运算的基础知识

（一）什么是数运算

1. 数量的分合

数量的分合包括具体的量的分合与抽象的数的分合两部分。数量的分合包含着分解与组合两个方向，是指一个总数（量）可以分解成几个部分数（量），几个部分数（量）可以合成一个总数（量）。幼儿园阶段的数量的分合主要指 10 以内的数量的分合，幼儿对抽象的数的分合的理解是建立在量的分合的基础之上的。在积累了一定的物体（量）的分合经验后，幼儿逐步理解抽象的数的分解与组合，并逐步理解分合过程中的等量、互换、互补关系。如，幼儿在操作中发现，5 只小猴爬上两颗树，可以一棵树爬 1 只，另一棵树爬 4 只；还可以一棵树爬 2 只，另一棵树爬上 3 只等，并且两棵树上的小猴子加起来一共都是 5 只。不仅是 5 只小猴子爬树，5 只小松鼠爬两棵树、5 只树袋熊爬两棵树等，都可以得到这样的结果。从而，幼儿在操作中得知，原来所有数量为 5 的物体都可以分成两部分。在大量的操作中，幼儿体验整体和部分的关系。

2. 加减运算

加即把两个集合合并起来，减即把一个集合分成两个较小的集合。幼儿在数的分解和组成的时候就关注到，一个集合可以分成两个小的集合，两个小的集合合在一起变多了，变成了一个大的集合。在这个过程中，幼儿感受到了集合中物体通过增加、减少的方式导致的数量变多、变少的变化。渐渐地，幼儿就会感受到，往一个集合里添加物体（组合）或者拿走物体（分解）会使集合发生变化。幼儿在日常生活中经常会遇到与食物或玩具的增加或减少有关的实际问题，这其实就是儿童在积累实物水平加减运算的经验。学前儿童的加减运算主要是指 10 以内数的加减，具体包括实物的加减、口述应用题的加减和列式运算三部分内容。

（二）数运算的学习对幼儿发展的意义

生活中总会反复出现“现在是多少？多多少？少多少？是否相等？”这样的问题。数运算是解决这些问题的主要工具。当幼儿关注到两个集合组合在一起，或者把一个大的集合分成几个部分时，他们就开始理解数量变化了。

幼儿对数的组成的学习实质上是数群和子群之间关系的理解，即对总数和部分数关系的感知。数的组成学习可使幼儿对等量关系、互补关系、互换关系有一定的感知和认识，这些关系本身就包含了简单的加减运算。在抽象概念水平上掌握数的组成中数群之间的关系，也就直接为掌握加减运算中数群关系奠定了基础。数运算能够帮助幼儿解决生活与游戏中的常见问题，同时对幼儿思维能力的发展有着重要的作用。

二、幼儿数运算能力的发展特点

(一) 10以内数的分合能力的发展特点

幼儿数的分合学习是一个渐进的过程。幼儿对数的分合的理解是建立在量的分合基础之上,在积累了一定的量的分合经验后,他们逐步理解抽象的数的分解与组合。幼儿从一开始了解一个量可以分成两个量,感知量的可分性,到理解总数与部分数的等量关系、互换关系、互补关系等,它既体现了幼儿理解数的分合的发展线索,也体现了幼儿思维从具体形象到抽象逻辑的发展特点。

4岁半以前的幼儿完全不能理解数的分合。幼儿从5岁开始有可能理解数量的分合,此阶段的幼儿借助实物对分、合有所理解,可以在操作中感知数量的可分性。但是,处于这一发展阶段的幼儿,大多数只能完成部分数的分与合,会有遗漏。幼儿5岁半后能完全会分解与组成的人数相对增加。6岁半组和7岁半组的幼儿大部分已能掌握8的分合,完全掌握的人数达到65%～85%。此时,幼儿能够完全地说出或用实物摆出8的各种分与合的形式,不需要任何提示,有的幼儿表现出相当的熟练和有顺序。①

(二) 10以内加减运算能力的发展特点

1. 数运算能力从动作水平到概念水平上的渐进发展

幼儿10以内的加减运算分为以下三个水平:

(1) 动作水平的加减

动作水平的加减是指幼儿借助实物或图片等直观的材料,并且辅以合并、分开等动作进行的加减运算。如幼儿用移动实物、逐一点数的方法寻求得数,或者伸出自己的手指进行逐一点数。

(2) 表象水平的加减

表象是指幼儿将物体在头脑中形象化再现的思维过程。表象水平的加减就是幼儿不再借助面前的实物、手中的动作,而是依靠物体在头脑中呈现的表象进行加减运算。表象水平的加减运算通常的表现形式是口述实际问题(应用题),幼儿在一个情境中形成对物体的表象,以表象为依托,幼儿理解题意、数量关系,从而选择正确的方式进行"加"或者"减"的运算。如,"小明有3个苹果,妈妈又买来2个苹果,请问现在一共有几个苹果呢?"或者,"小明有3个苹果,吃了1个苹果,请问还剩下几个苹果呢?"这时,幼儿在这样的情境中,依据"苹果"在头脑中的"表象",并在理解情境所阐述的意义基础上进行加减运算。运用表象进行加减,即通过口述应用题(或口述实际问题)是幼儿学习加减运算的主要手段。

① 林嘉绥.儿童对部分与整体关系认识发展的实验研究——4—7岁儿童数的组成和分解[J].心理学报,1982(2):159-167.

（3）概念水平的加减

概念水平的加减即数群概念水平的加减。经过幼儿对数的意义的理解，幼儿了解到：“数字”就是对一个数群数量的符号化表述，是建立在幼儿从具体形象思维发展到抽象逻辑思维基础上的。数字、“+”、“-”符号等都是抽象的符号。概念水平的加减是指幼儿无需依赖实物的直观作用或者表象，可以依靠抽象的符号进行加减运算。幼儿只有到达了概念水平，才可以依靠抽象的符号进行加减运算。这是较高水平的加减运算，通常的表现形式就是算式的运算。

2. 数运算的方法从逐一加减到按群加减

幼儿加减运算概念的发展不仅表现为以上三种发展水平，同时还表现为另一发展过程，即幼儿掌握加减运算要经过从逐一加减到按群运算的发展过程。这一过程反映了幼儿在加减运算中思维抽象性的不同发展水平。

在这一发展过程中，幼儿在最初的阶段需要用逐一计数的方法进行加减运算。如学习加法时，将两组物体合并在一起，再逐一计数算出得数。学减法时先将要减去的物体拿走，再逐一计算剩下的物体以算出得数。在这以后，幼儿在学加法时可以记住一组物体的数目，再继续逐个数出另一组物体的数目，求出得数。接着学减法时，他们可能采用逐一倒数的方法，倒数到要减去的数量为止。幼儿逐一计数、顺接数或倒数与按数群加减是不同水平的体现。按数群加减实质上是依靠抽象的数概念进行加减运算。幼儿此时能将所说的数作为一个整体把握，这样才可能按数群进行加减运算。这一发展过程，实质上是幼儿思维发展的一个质变，同时也是以后加减运算水平进一步发展的一个必要的基础。

三、数运算的核心概念与关键经验

表 6-1　数运算的核心概念与关键经验

	核心概念	关键经验
数运算	1. 往一个集合里添加物体（组合）能使集合变大，拿走一些物体则使集合变小（分解）。 2. 集合之间可以根据数量的属性进行比较，还可以根据多少或相等进行排序。 3. 一定数量的物体（整体）可以分为几个相等或不等的部分，这几个部分又可以合成一个整体。	1. 积累数量分与合的经验，体验多种分合方式。 2. 领会分解规律，理解分合中的关系。 3. 在真实情境及实物操作中感知、体验加减法含义。 4. 学习用数字、符号记录加减过程，理解算式的含义。

表 6-2 各年龄段数运算的关键经验

3～4 岁	4～5 岁	5～6 岁
—	1. 进行 5 以内数量的分合，体验一个量可以分成两个部分量，两个部分量合起来就是原来的量。 2. 借助实物或情境理解 10 以内集合的数量变化。	1. 进行 10 以内数的分合，理解分合中的等量、互换、互补关系。 2. 借助动作、表象进行 10 以内的加减运算，理解加减的实际意义。 3. 认识＋、－、＝和加减算式，初步理解算式表示的抽象意义。

单项实训

1. 自主收集一个关于幼儿数运算能力发展的案例，并分析案例中的幼儿处于哪种发展阶段。

2. 4～5 人一小组，去幼儿园观察某大班幼儿一日生活中渗透了哪些有关数运算的关键经验，以案例的形式进行记录并分享。

任务二 学习数运算教育活动的设计与实施

情境导入

小王老师在数学区投放了棋类游戏，并给孩子们提供点子数为 1～6 的骰子。小明和小强两位小朋友玩，轮流投掷骰子，根据骰子的点数确定投掷者要前行的步数。你能以棋盘和骰子为基础材料设计提高幼儿数运算能力的活动吗？

任务要求

1. 尝试结合关键经验，设计、实施专门的数运算教育活动。
2. 学习将数运算的教育灵活地渗透于幼儿的日常生活中。

幼儿数运算能力的发展绝不是机械背诵算式得数，而是循序渐进地、基于丰富的操作经验积累后发展的。当幼儿关注到一个大的集合分成几个部分时发生了什么，或者将两个集合组合在一起时，幼儿就开始关注到数量的变化，是变多了还是变少了，原来有多少，分开后一部分是多少，另一部分是多少，或者，两个部分各有多少，合在一起是多少，其实这就是运算活动了。学前儿童早期就是在这样真实的情境中积累大量的运算经验，我们应根据幼儿的需要开展专门的或渗透的数运算教育活动，为幼儿的数运算发展创造条件。

一、专门的数运算教育活动

根据幼儿思维从具体形象到抽象逻辑的发展特点，幼儿数运算的教育活动不是通过一次活动或者几次活动就可以完成的，也不是直接通过抽象的算式练习学习的，而是需要通过一系列的活动，在真实的情境中，循序渐进地进行。

专门的数运算教育活动的设计思路为：

首先，帮助幼儿通过实物操作感知数(量)的可分性，了解一个数可以分成两个部分数，感知一个数(量)有多种分法。当幼儿关注到两个集合组合在一起，或者把一个集合分成两部分时发生了什么，他们就开始理解数量变化了。在积累了一些分合经验之后，教师可以帮助幼儿进一步领会数的分解规律，掌握数的分合关系——等量关系、互换关系、互补关系。分合的经验能够帮助幼儿更深入地理解整体与部分、集合与子集的关系。

其次，借助分合的经验，以及平时实际情景中积累的真实的“拿取”与“合并”的经验，教师可以引导幼儿从具体实例出发，通过生活实例、实物操作以及口述应用题初步理解加减的含义。在感知数量变化的过程中，教师可以引导幼儿学习用数字、符号将运算过程记录下来，让幼儿感知、体验真实情境中数量变化如何用算式表示，帮助幼儿学习列加减算式，理解算式的意义。在幼儿已经理解，且会解答简单的加减法应用题，并初步了解了应用题的结构之后，引导幼儿学习自编简单的加减应用题，巩固对加法减法的理解。

（一）积累数量分与合的经验，体验多种分合方式

幼儿通过大量的实物分合的操作活动，可以积累有关分合的经验。在这个过程中，幼儿能在实物的分开、合并过程中直观感受部分与整体的关系，两个部分的量合起来就是原来的总量，且一个总量有不同的分合方式。幼儿在探索这些不同的分合方式的过程中会发现，虽然分合的结果各不相同，但是都有一个共同的规律，即每种分法的两个部分量合起来都跟总量一样，从而能进一步体验部分与总体的分合关系，也为以后理解数的多重分法做铺垫。

开展这一类活动时，我们先给幼儿提供多样的材料让幼儿摆弄，体验数量的可分性。通常数量“5”是幼儿学习数的分合的一个适中的数，不能一下子让幼儿一起探索6、7、8、9等较大数量的分合。因为，较大数量的分合操作有些复杂，不容易让幼儿很好地体会分合中物体量之间的关系。通过学习5的分合，幼儿需要体会到任意一个“总数”和两个“部分数”所组成的分合形式(结构)以及他们各自所代表的意义和相互关系，对数分合中类包含关系的符号表征也能取得初步的经验。可以说，在数量为5的分合过程中，包含了所有关于数的分合内容的学习要素。

通过大量的操作，幼儿慢慢掌握分合的基本规则后，就可以学习其他数，从而理解数分合的含义。在幼儿操作的过程中，我们要鼓励幼儿记录并分享自己的分类结果。教师要鼓励幼儿尝试探索不同的分合方式，可以提示幼儿是否还有不同的分类方式，以

及引导幼儿发现分类结果中出现的重复记录，引发幼儿探讨如何分可以不出现重复的结果，启发幼儿在分的过程中慢慢发现分合的有序性，做到不重复、不遗漏。教师可以提供纽扣、核桃、雪花片等多种材料，帮助幼儿积累分合的经验(见图 6－1)。

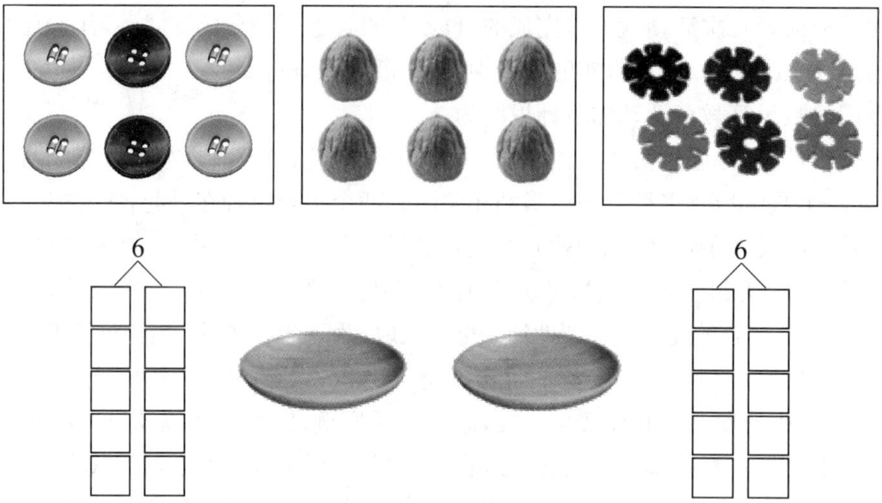

图 6－1　分合材料和记录单

幼儿分合经验积累阶段时教师的指导要点

幼儿在分合活动的操作环节，教师可以观察幼儿是否能坚持探索不同的分合方式，观察幼儿是否可以理解一个数(量)分成了两个部分量，两个部分量都是什么，引导幼儿尝试记录自己的分合结果。幼儿在分合操作的过程中，可能会出现这两种情况，一是幼儿分对了但没有对应自己的分法记录，二是幼儿不理解分合号的意义。教师要根据幼儿的行为给予适宜的指导。如果幼儿分的、记的都正确，教师可以请幼儿讲述自己是怎么分的，并鼓励他继续思考："还有别的分法吗？请把你新想到的方法也记下来。"

强调幼儿丰富经验的获得和积累，同时也要重视对各种数学关系的理解，重视思维方法和解决问题能力的培养，引导幼儿积极主动地从中探索发现规律，切忌把学习数的组成变成一种死记硬背的过程。

评价和最后的整理环节，有以下几点需要注意：

(1) 能独立想出不同的分法，并对操作结果进行记录。

(2) 能坚持探索新的分法。

(3) 请幼儿检查自己的桌面、地面有无掉落的学具，将桌面材料还原成操作开始时的摆放。

（二）领会分解规律，理解分合中的关系

5～6 岁幼儿可以正式进行系统的 10 以内（除 1 外）数量分合的学习。在幼儿学习 5 以内数的分合经验的基础上，从学习 6 的分合开始，教师就应该引导幼儿进入一个新的规律性学习中，这就是要帮助幼儿归纳先前分合学习的经验，解决下列几个问题。

（1）每个数的分合顺序是怎样的？

（2）每个数的分合方法各有几种，和它自身比有什么规律？

（3）2、3、4、5 四个数分合方法的递增规律是什么？

（4）数群和子群之间存在怎样的关系？

1. 体验分合的有序性

为了解决这几个问题，教师需要在逐步引导幼儿探索同一量的不同分法的基础上，鼓励幼儿穷尽所有分法，并引导他们有序记录分合的结果，这种有序记录的方式可以让幼儿对数的分合顺序、部分数之间互补与互换的关系有所体验。如在“分气球”活动中，请幼儿在空格中画上相应数量的气球，感知 6 个气球分合的有序性。然后在“分树叶”活动中，请幼儿把每行 6 片树叶分别涂上黄色和绿色，在分享环节呈现几份作业单（见图 6－2），一起观察并发现什么样的分法既不重复，也不遗漏，又快又准确。

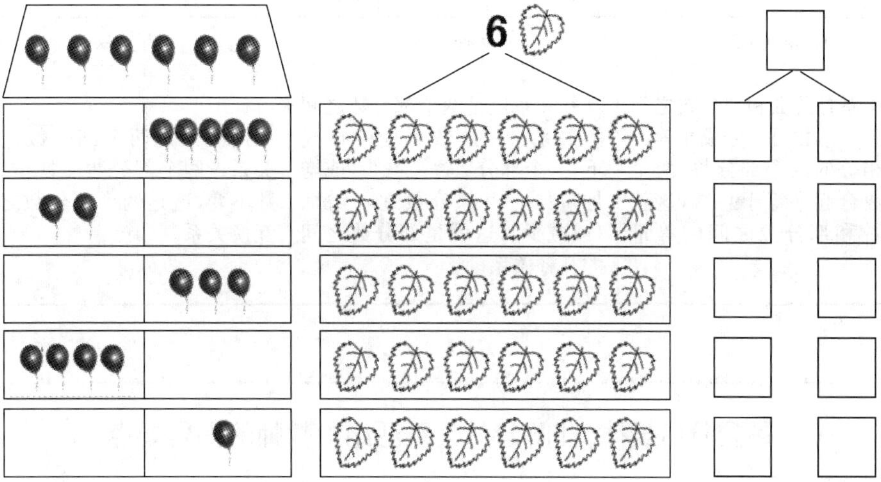

图 6－2　“分树叶”和“分气球”操作单

2. 领会分解规律

教师与幼儿共同将 2、3、4、5 四个数的分合结果一次有序呈现。数的分合规律是指数分合方法的递增规律，即 2 有 1 种分法，比 2 本身少 1，3 有 2 种分法，也比 3 本身少 1……以此类推；如果是按顺序来分的，每个数的第一组分法是由 1 和比它本身少 1 的数组成，第二种分法是由 2 和比它本身少 2 的数组成，以此类推。幼儿观察后会很快发现这个规律。此外，幼儿可能还不能完全理解这样的规律，在学习 6、7、8 各数的分合

时，教师在引导幼儿运用这些分解规律的同时，还应当适当巩固，将新学习的分合式加入其中，丰富幼儿对于规律的感知体验。

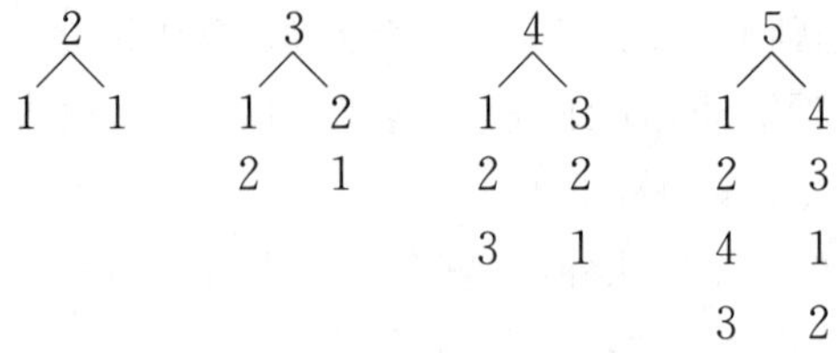

图 6－3　数的分合规律

3. 理解分合中的关系

数的分合实质上是数群和子群之间存在着等量关系、互补关系、互换关系的反映(见表 6－3)。首先，幼儿在积累大量的分合经验的过程中，已经在逐步感知等量关系，即一个数可以分为不相等的两个部分数，两个部分数合起来等于总数。接着，在掌握有序分合的过程中，感知递增递减的互补关系，即一个部分数逐一减少(或增加)，另一个部分数逐一增加(或减少)。最后，教师需要带领幼儿感知另一种关系——互换关系，即两个部分数交换位置，总数不变。

表 6－3　数的分合中的关系

等量关系	互补关系	互换关系
等量关系是总数和部分数之间的关系。总数可以分成相等或者不相等的两个部分数，两个部分数合起来等于总数，这就是总数和部分数之间的等量关系。	互补关系也是两个部分数之间的关系。在总数不变的情况下，一个部分数逐一减少(或增加)，另一个部分数逐一增加(或减少)，这就是部分数之间的互补关系。	互换关系是两个部分数之间的关系。两个部分数交换位置，总数不变，这是两个部分数之间的互换关系。

领会分合规律，理解分合关系活动中教师的指导要点

在数量的分合活动中，教师要为幼儿提供多种材料的操作经验，让幼儿在操作、记录和分享、讨论中观察自己的分类结果。

在体验分合的有序性活动中，如果幼儿没有有序地进行，教师可以先提问 6 有几种分法，幼儿明确回答有 5 种以后，教师再要求有顺序地演绎 5 种分法，例如：“你能把 6 片叶子涂成 1 片黄色和 5 片绿色吗？你能再把叶子变成 2 片黄色和 4 片绿色吗？接下来你还会有顺序地变出其他几种分法吗？”如果幼儿顺利地完成了 6 的有序分合并有序正确记录，教师可以提问：“你是怎么变出 6 的 5 种分法的？每次怎么涂色？黄色多 1 片，绿色少 1 片，总数还是 6 吗？”

在集体交流种，有序展示所有的分法，讨论“为什么一边少 1 个，另一边多 1 个，总数不变”，初步理解两个部分数的互补关系。此外，教师可引导幼儿尝试用标记表示两组相像的答案，如打钩、画圈等。教师给幼儿呈现一种分法，请幼儿想出另一种相像的分法，带领幼儿进一步感知两个部分数的互换关系。同时教师可帮助幼儿总结：“在数的分合中，不仅可以有序地分，还可以分一次就写出两组分法。”

掌握了分合的所有关系后，教师可以带领幼儿进入分合的符号运算阶段，即脱离分合的思路，引导幼儿根据分合的包含、互补、互换的关系，随机填出某一数的分合总数或其中一个部分数，体验更为抽象的数的分合关系。

（三）在真实情境及实物操作中感知、体验加减法含义

幼儿在借助分合操作的经验之后，以及平时实际情景中积累了真实的“拿取”与“合并”的经验，教师可以引导幼儿从具体实例出发，通过生活实例、实物操作帮助幼儿初步理解加减的含义，即“加就是变多了”“减就是变少了”。幼儿通过实物操作演绎，感受合并加数得到总数或者从总数中拿走一部分剩下另一部分得出差数的过程，从而初步感知、体验加法和减法的意义。

1. 通过生活或游戏中的实例来体验加减法的含义

一方面，教师可以结合日常生活情境，有意识地向幼儿提出解答加减运算的问题。如，在点心时间，教师可以询问幼儿：“你一开始吃了 2 块饼干，后买又吃了 1 块，一共吃了几块饼干？”在角色游戏中也可以渗透加减的情境，让幼儿在游戏过程中体验数量变化，积累关于加减的经验。如“娃娃家有 3 个人，又来了 2 个客人，现在有几个人？”“娃娃家有 3 个人，妈妈带宝宝去医院看病了，还剩几个人？”等各种情境，帮助幼儿感知体验加减法的含义。另一方面，教师可以帮助幼儿通过实物操作或口述应用题，为幼儿理解加减法的含义提供具象、表象的支撑。

2. 迁移已有的分合操作活动的经验来理解加减法含义

幼儿所学的加减是另一种形式的数的分合运算，由于思维水平有限，幼儿在学习加减时一般不会主动运用到分合的操作经验，教师应当加强这两部分学习内容的联系，创设幼儿迁移数的分合经验的经验，促进幼儿思维的发展。例如，下棋时，让幼儿改为按两个骰子掷出的总数走；玩接龙时，规定相接的两个数加起来必须是一预先商定的数。让幼儿在反复操作中领悟“合起来”与“相加”“填补数”与“推测另一加数”的同一性。图 6-4 是“算数三子棋”的游戏，两人玩游戏，一方选用红色棋子，一方选用绿色棋子。两人轮流掷骰子，根据骰子上面的点子数可以进行任意加减法，并用自己的棋子放在游戏底板上的相应得数上。如果属于自己一方的三个棋子能够纵向、横向或者斜向连起来，那么就算赢家。如何将自己的棋子能够在纵向、横向或者斜向尽快连成 3 个，幼儿有不同的策略。

2	3	10	7	2	0	9	1	3	5
0	6	5	●	8	4	○	3	7	4
1	3	●	2	10	5	○	8	1	9
4	10	4	3	7	9	○	2	0	8
7	●	9	5	8	3	4	10	6	3

图 6-4　算数三棋子

感知、体验加减法含义活动的指导要点

根据幼儿加减运算的发展阶段，幼儿在刚开始学习运算时，需要在有趣真实的情境中，借助实物，并且辅以合并、分开等动作进行加减运算，教师可以引导幼儿融入生活、游戏、劳动等活动中，创设产生加减运算的问题情境，激发幼儿学习的内在需要，使幼儿在有意义学习的氛围中解决问题。

此外，在各种蕴含加减的实例活动中，教师要鼓励幼儿用简单的语言描述蕴含加减的故事，澄清教师、同伴以及自己演示实物的过程和结构，初步体验应用题的基本结构。比如，教师可以这样启发："你能再说一下关于图数的故事吗？妈妈先给宝宝买了 X 本书，又买了 X 本。""可以提什么样的问题，现在宝宝一共有本书？""你是用什么方法算出来的？"

此外，在各种蕴含加减法的操作活动中（如根据加法或减法算出得数掷骰子、走棋子等活动），教师要仔细观察，对于那些还没有理解加减意义的幼儿来说，可以暂停游戏，由教师通过在生活中的实例来帮助他们理解加减法的含义。

（四）学习用数字、符号记录加减过程，理解算式的含义

幼儿初步掌握了实物加减运算后，教师就可以引导幼儿学习用数字、符号将运算过程记录下来，也就是引导幼儿用算式记录运算过程和结果。算式是对加减运算过程的抽象表征，幼儿开始学习加减算式时还不能脱离具体的实物操作和情境，教师应通过实物教具的演示，帮助幼儿认识加号、减号、等号及每个数在算式中的意思，引导幼儿结合操作过程或者具体情境感知算式的结构，发现算式的抽象意义。

【案例6－1】

蜗牛来了(5以内的加法,学习列算式)

活动类型:集体活动。

年龄段:5～6岁。

活动目标:

1. 理解合并加法的意义。

2. 用动作演示加法过程,并尝试进行记录。

3. 初步体验算式的意义。

活动准备:

1. 院子底图,小蜗牛图片若干;小池塘底图,小鱼图片若干。

2. 记录单、笔。

活动过程:

1. 情境导入,演示规则

教师:这是一个美丽的小院子,小蜗牛出来散步了,看看这边有几只小蜗牛?(移过来3只)我们可以用几表示?(用3表示,在黑板上写下3)

教师:再看看那边爬过来几只小蜗牛?(从另一边移来1只)我们可以用几来表示?(用1表示,在黑板上写下1)

教师:现在小院子里一共有几只小蜗牛呢?(把3只和1只合并在一起,在黑板上写下4)

2. 认识运算符号

教师:我们把刚才这个故事用一道算式来表示。

教师:我们先来认识它(指示加号),它叫"加号",是怎么写的呢?加号在这里表示什么意思?(表示先爬来3只蜗牛,又爬来1只蜗牛)

教师:除了表示蜗牛的故事,还有哪些东西合并在一起时,可以用上加号呢?(请幼儿举例)

教师再指向等号:这个符号叫作"等号",等号在这里有什么要求?(要求它前面相加的两部分和它后面的整体要相等)

3. 学列算式

教师:想一想,你怎么把"3只蜗牛和1只蜗牛合在一起就是4只蜗牛"的事情记录在算式中?

请一幼儿用填空的方法演示列式。呈现"3＋1＝4"。

教师:一起来说一说,院子里先爬来3只蜗牛,又爬来1只蜗牛,院子里现在一共有4只蜗牛。

教师:还有哪些事情可以用"3＋1＝4"的算式表示呢?(幼儿举例)

教师出示小池塘底图和小鱼图片，请幼儿想一想，有什么样的事情可以表示这个算式。

教师：小池塘里先游来……条鱼(移动3条鱼的图片到小池塘里)，又游来……条鱼(再移动1条鱼到小池塘里)，一共游来……条鱼(4条)。

4. 幼儿操作

教师：今天我们用蜗牛来演“小蜗牛散步”，还可以用小鱼来演“小鱼游泳”。请小朋友演一遍就记一次算式，看看谁最后演的故事多，记的算式也多。

幼儿自选活动，开始操作。

5. 结束活动

教师：请大家用“先……个，又……个”开始讲故事，用“一共有……个”结束故事。

活动材料(部分)：

图6-5 学习列算式

学习用算式表示加减运算过程活动的指导要点

如果幼儿随意摆弄材料，没有演绎物群合并(拿取)的事情，教师需要进一步启发。以案例6-2为例，教师可以这样指导：“你能编一个蜗牛散步的故事吗？比如，先爬来了几只小蜗牛(请幼儿回答并按数取物)，又爬来了几只蜗牛(再让他取几只)，现在一共有几只蜗牛？”提示他合并计数并列算式。

如果幼儿会演绎物群合并(拿取)的故事并计算出了总数(得数)，但所列的算式与演绎的数量不吻合，教师需要提出质疑，并逐一询问算式中数字及其符号代表的意义，帮助幼儿理解。

如果幼儿自己能完成演绎物群合并(拿取)，并进行列式表示，教师可以请幼儿根据自己列出的算式再说出一件符合算式的事情，并鼓励幼儿再想想还可以怎么来演不同数量的事情。任何一个算式都是对不同事物中所具有的相同数量关系的概括。任何两件或多件事情的情境、背景和表现的事物可能有很大不同，但如果这些事情反映的数量关系是相同的，那就可以用同一个算式去表示。教师引导幼儿理解一个加减算式可以表示两件或多件不同的事情，其目的就是让幼儿感受到加减算式所具有的抽象性，促进幼儿抽象思维能力的发展。

（五）自编应用题，巩固对加减法的认识

学前儿童加减运算能力的发展有三个阶段的水平，即动作水平、表象水平、概念水平，顺应从具体到抽象的认知发展规律。因此，在实施实物加减教学之后，可以引导幼儿进行情境性应用题的学习。通过实物情境表征，幼儿已会解答简单的加减应用题，并初步了解应用题的结构以后，在此基础上，教师可以教幼儿学习自编简单的加减应用题，进一步帮助幼儿理解生活中事物的简单数量关系，巩固对加法减法的理解，同时培养并锻炼幼儿灵活运用知识的能力。此外，教师在引导幼儿自编应用题时，可引导幼儿关注加减运算中的包含关系、互逆关系，即加法运算中的得数包含两个加数；减法运算中的被减数包含减数和差两个部分，减数和差合起来又得到被减数，所以加法和减法互为逆运算。

在加减应用题的教学中，让幼儿看三幅图讲述应用题，是幼儿开始学习加减运算的一种比较好的形式。教师将加减应用题设计为三幅图，第一幅图表示事物原有的数量；第二幅图表示该事物数量的变化过程（数量增加或减少）；第三幅图表示该事物数量关系变化后的数量，这幅图直接地表示了问题的答案。由于三幅图形象地表达了应用题的结构和问题的答案，可以帮助幼儿逐步理解应用题的结构和其中的数量关系。在此基础上，引导幼儿学习用数字、符号记录三幅图的图意，不仅可以使幼儿对抽象的算式的含义有所理解，同时也将促进幼儿思维能力的发展。

【案例 6－2】

看图编题（学编加减法应用题）

活动类型：集体活动。

年龄段：5～6 岁。

活动目标：

1. 能够根据题意提出相关问题，学编加法、减法应用题。
2. 进一步理解“一共”“还剩下”的含义，学习按图意列加、减算式。
3. 能独立思考分析图意并表达自己的想法。

活动准备：

1. 自制教具图及问号图，数卡 1～10 及加号、减号、等号。

2. 自制操作单，铅笔人手1支。

活动过程：

1. 学习看三幅图编讲加法应用题

教师出示关于图一（一共三幅小图）：这三幅图说的是一件事，谁会用话把每幅图上的事情讲清楚？（重点引导幼儿观察第三幅图，进一步理解“一共”的含义）

教师：谁会用三句话把这三幅图的意思连起来说清楚？（引导幼儿说出原来有3只蝴蝶，又飞来了2只蝴蝶，现在一共有5只蝴蝶）

教师将问号图覆盖在第三幅小图上：现在第三幅图上有什么？

教师：根据前两幅图的意思，想想第三幅图我们可以提出一个什么样的问题呢？（引导幼儿说出：现在一共有几只蝴蝶呢？）

教师：谁会看这三幅图，用三句话编一道题连起来说给大家听？（鼓励幼儿说出：原来有3只蝴蝶，又飞来了2只蝴蝶，现在一共有几只蝴蝶呢？）

2. 根据图意列出相应的加法算式

教师：这三幅图的意思可以用一道什么算式来表示呢？

教师根据幼儿的回答，用数字和符号进行记录，如3＋2=________。

鼓励幼儿说出算式中每个数字和符号表示的意思。

教师：3加2等于几？现在一共有几只蝴蝶呢？

幼儿回答时，教师摆放算式得数，并集体认读算式：3＋2=5。

3. 学习看三幅图编讲减法应用题

教师出示图二（一共三幅小图）：这三幅图说的也是一件事，谁会用一句话把每幅图上的事情讲清楚？（重点引导幼儿观察第三幅小图，进一步理解“还剩下”的含义）

教师：谁会用三句话把这三幅图的意思连起来说清楚？

教师将问号图覆盖在第三幅小图上：现在第三幅图上有什么？

教师：根据前两幅图的意思，想想第三幅图我们可以提出一个什么样的问题？（引导幼儿说出：现在还剩几只蝴蝶？）

教师：谁会看这三幅图用三句话编一道题连起来说给大家听？（引导幼儿说出：原来有5只蝴蝶，飞走了3只，现在还剩下几只蝴蝶？）

4. 根据图意列出相应的减法算式

教师：这三幅图的意思可以用一道什么算式来表示呢？

教师根据幼儿的回答，用数字和符号进行记录，如5－3=________。

鼓励幼儿说出算式中每个数字和符号的意思。

教师：5减3等于几？还剩下几只蝴蝶？

幼儿回答时，教师摆放算式得数，并集体认读算式：5－3=2。

5. 幼儿操作活动

请幼儿拿出操作单，用三句话说说每排三幅图，然后用相应的加减法算式记下来。

教师巡回观察指导。完成后请幼儿两两一组讲讲自己的作业单。

图一

图二

图 6-6　看三幅图列算式

观察三幅情景图，学习自编应用题活动的指导要点

观察三幅情景图学习自编应用题活动的重点在于引导幼儿理解图中的变化。

首先，教师要向幼儿指出三幅图讲的是一件事，第一幅图讲的是开始的事情，第二幅图讲的是后来又发生的事情，第三图讲的是最后的结果，让幼儿明白三幅图的内容是有联系的，应该连起来思考。教师要重点指导幼儿观察第二幅图，通过提问来了解幼儿是否看出事件的变化关系，引导幼儿观察图中物体的朝向、姿势等判断它的变化情况。如图片中角色（小朋友或者小动物）的头朝向第一幅图，说明它跑过来了，数量增加了；如果小动物的头朝向第三幅图，说明他（它）跑走了，数量减少了。

其次，教师要引导幼儿讲述三幅图的图意，讲述要简洁明了。教师可以通过提问“什么地方有几个什么”来让幼儿明白替换“几个”“什么”就行，用一句话把图上的意思表示清楚。在讲述第二幅图时，可以用“又来（走）了几个什么”。在引导幼儿观察第三幅图时，要重点强调用“一共”或者“还剩下”来表达。如“什么地方一共有（还剩）多少个什么”。让幼儿知道在什么情况下使用“一共”，什么情况下使用“还剩”。如，完整的表述可以是“草地上有 1 只小鸡，又走来了 2 只小鸡，草地上一共又 3 只小鸡”。教师在引导幼儿学习提问时，要有意识地让幼儿联系前两幅小图的意思进行思考，然后提出相应的问题。

最后，教师应引导幼儿用数字、符号列出数字算式，表达三幅图中的数量关系，请幼儿说出算式表达的含义。在这里，教师引导幼儿用抽象的数字算式概括三幅图的具体情节，引导幼儿的思维由具体向抽象转化，从而理解加减运算。

二、渗透的数运算教育活动

除了专门的教育活动之外，幼儿需要大量的机会去操作感知，强化对数运算符号和意义的理解。以上正式的学习情境详细呈现了如何随着幼儿数运算能力的发展为他们提供渐进性的数运算教育的指导，事实上，幼儿一日生活中充满了各种数运算的相关情境。教师需要把握教育契机，将数运算教育融入幼儿的一日生活，让幼儿在日常的生活中通过感知、体验和操作活动理解数的抽象关系，并在解决问题的过程中运用所学的数运算知识，逐渐发展思维逻辑能力。

（一）日常生活中数运算教育的渗透

教师可以在日常生活中关注幼儿数运算的渗透，让幼儿在解决实际问题中理解存在的数学关系，引导幼儿学会多角度思考问题，积极主动地与同伴交流，分享自己的活动过程和结果。

（1）利用分点心、分水果的机会，引导幼儿说说有几个水果，吃掉了几个，还剩几个，并说说是如何算出来的。

（2）进餐时，引导幼儿注意观察小组成员已经完成进餐的人数。如，6 个人一个小组，已经有 2 个人吃完了，还剩几个人？说说你是怎么算出来的。

（3）家园共育，建议家长在周末带幼儿到菜场或超市买菜，了解一些常见蔬菜的价格，帮助幼儿获得一些购物的经验，体验购物中的加减运算。

（4）带孩子到公园游玩时，可结合情境来编应用题，引导幼儿思考计算。如，引导孩子观察湖面上的船只，说说鸭子船有几只，熊猫船有几只，这两种船一共有几只。

（5）利用散步、上下楼梯、发放点心、体育活动的情景，引导幼儿用三句话表述应用题，并进行解答。

（二）游戏中数运算教育的渗透

可以将 10 以内加减的教学内容设计成为幼儿感兴趣的游戏活动，让幼儿在游戏中愉快地学习与运用有关加减的数学经验。

（1）带领幼儿两人一组玩“对口令”或“碰球”游戏，先确定对口令的总数为 5 或其他数，然后由一人报出小于 5 的一个数，另一人对数，两人报的数合起来必须是 5。如：一人报 3，另一人则要对 2。

（2）和幼儿起玩扑克牌游戏，教师随意出张扑克牌（数字 2～9），让幼儿找出与之相加等于 10 的数。

（3）玩接龙游戏。每张卡片上，算式前面的数字是另一道算式的得数。卡片上的得数要与前一张卡片上的算式相接，或者用算式与后一张得数相接，所接的得数必须与运算结果相同。

（4）提供棋类游戏，如飞行棋、军旗，帮助幼儿积累数的运算经验。

（5）在“菜场”“超市”等角色游戏中，给物品标价，让幼儿计算买东西需要付多少钱。

（三）其他领域活动中数运算教育的渗透

(1) 语言活动中数运算教育的渗透。每一个数运算都蕴含着一个故事，教师可以借助这些故事进行数运算活动的渗透。实物的表征或者故事表演等真实的情境都有助于幼儿直观地发现数量的变化。如，教师可以图画书《十只兔子去野餐》为素材设计活动，幼儿亲身参与活动可进行丰富的数学探索。作为观众的幼儿也能看到不同特征的兔子集合发生变化，增加就会变多，走掉数量就会减少。

(2) 美术活动中数运算教育的渗透。在真实情境中，关注数运算的渗透，如一本小书需要 8 张纸，需要 5 张粉色的纸，还应该拿几张蓝色的纸，可以让幼儿自己去解决真实的问题。

(3) 体育活动中数运算教育的渗透。创设数运算应用的情境，如根据地垫上的算式，确定前进和后退的步数；在投球比赛中，引导幼儿算出胜出的小组比没有胜出的小组多投入几个球等。

三、开展数运算教育活动的指导要点

幼儿的生活中有大量的情境，可以把这些情境或者故事"数学化"，让幼儿有更多的机会去体验"每个运算都是一个问题情境"。

（一）不急于求成，重视实物操作与真实情境中数运算经验的积累

随着幼儿数感以及计数能力的发展，其数运算能力会随之增强，他们能够理解有数量变化的问题情境。开展数的加减运算活动时，要帮助幼儿建立丰富的直观感知的经验，不能直接让幼儿做简单的加减算式题。幼儿早期不需要关注加、减以及对应的"＋""－"这些抽象的符号，因为幼儿需要很多在真实的生活中积累的关于数字的表征经验，才能在没有真实情境的情况下使用数字。因此，首先要帮助幼儿获得大量的现实生活中数量运算关系的经验，才能让幼儿进行算式题的解答，否则，幼儿会花更长的时间思考，并且对其含义的理解也不够深入。如果成人要求幼儿快速算出几加几，幼儿机械地记住类似"1＋1＝2""2＋2＝4""3＋3＝6"等这样的算式，反而剥夺了其理解"为什么 2＋2＝4"的权利。因此，应该让幼儿在早期积累丰富的动作、表象层面的数运算经验，充分了解数字之间的关系，并逐渐使用"加"或"减"的方法解决问题，才能慢慢进入抽象的符号练习。

（二）基于多元表征，以多种形式促进幼儿数运算能力的发展

学前儿童加减运算能力的发展有三个阶段的水平：动作水平、表象水平、概念水平，顺应从具体到抽象的认知发展规律。相应地在前儿童数运算的集体教学活动中，教师通常会根据幼儿年龄的增加和数运算水平的提高，先后实施实物加减教学、口述或看图应用题教学和抽象的列式运算教学。幼儿数运算能力的发展是一个复杂的螺旋式上升的过程，有时幼儿完全依靠机械记忆数学符号的结果，表面看来是"概念"层面的数运算，其实幼儿可能未理解算式所表示的数运算概念。能够感知与发现隐含在情境中的

数运算概念是学前儿童数运算发展水平的关键。因此，教师在设计活动时，可以以多种形式促进幼儿对数运算概念的理解。提供多种材料，在实物加减教学和应用题教学的基础上进行列式运用教学，或在真实的情境中鼓励幼儿用数运算的方式解决问题，运用恰当的语言进行师幼互动，以澄清故事中的数运算问题，加深幼儿对数运算概念的理解。

（三）借助数的分合与自编应用题的方法，促进幼儿抽象数运算能力的发展

随着幼儿年龄的增长，幼儿的抽象思维能力不断提高。可将数的分合作为抽象加减运算的基础，提高幼儿运算的抽象思维水平，为日后更深层次的学习数运算打下坚实的基础。运用数的分合学习加减，首先是强化幼儿熟练掌握 10 以内数的分合，将数的分合作为加减运算的工具和基础。其次，要引导幼儿从数的分合向加减过渡。在掌握 10 以内数的分合后，教师可引导幼儿用某数分合尝试表征加和减，可与幼儿讨论或做出示范。基于数的分合的经验进行加和减的表征，或列出算式，然后引导幼儿表达。教师还需要适时地引导幼儿将实物操作、应用题和数的分合以及加减算式之间建立联系，鼓励幼儿基于操作或者应用题的问题情境列出算式，在幼儿熟练后可转换形式，出示算式，引导幼儿尝试自编不同情境的口述应用题，这是一种更为抽象的数概念水平。这样将口述应用题(问题情境)、数的分合、算式之间进行反复转换，会有效地增强幼儿在概念水平上对数运算的理解，并进一步促进幼儿灵活运用加减法。

单项实训

1. 全班分为三组，各小组分别选择一个素材(10 以内数的分合；10 以内数的加法运算；10 以内数的减法运算)，设计完整的集体教学活动方案，并进行模拟教学。

2. 4～5 人一组，自选年龄段，以“积累数量分合的经验”为关键经验，设计一项数学区域游戏，包括游戏材料、游戏玩法、数学语言与指导要点，游戏名称自拟。

3. 4～5 人一小组，寻找能够帮助幼儿掌握 10 以内数的分合、10 以内数的加减等数运算关键经验的文学作品、游戏活动及日常生活情境。

任务三　学习数运算能力发展的评价

情境导入

在大班的小超市的游戏中，孩子们在购买物品。亮亮购买了一个 5 元的小汽车和一个 3 元的牛奶，然后他拿出 10 元钱给售货员。售货员说：“你给的钱不对，你要给我一个 5 元和一个 3 元”。亮亮说：“你找给我 2 元就可以了。”请你分析，这个情境中两名幼儿的数运算能力水平？

任务要求

1. 了解不同年龄阶段幼儿数运算能力发展的评价内容。
2. 结合典型案例理解幼儿数运算能力发展评价的常用方法和注意要点。
3. 能够根据幼儿的行为表现评价幼儿能力的发展水平,并给予个性化的支持。

一、数运算能力发展的评价内容

幼儿数运算能力的评价主要针对5～6岁幼儿进行。根据5～6岁幼儿数运算能力的发展特点,教师在评价时重点关注以下内容:

- 幼儿能完成多大数目的分合?是如何分的?能否有序分?
- 幼儿能否感知到分合中的等量关系、互补关系、互换关系?
- 幼儿在日常生活与游戏中如何感知数量变化,如何描述加减运算行为?
- 幼儿能在哪种层面(动作、表象还是抽象)上进行多大数目的加减运算?
- 幼儿能否理解加减算式的意义,是否知道一个加减算式可以代表两件或者多件事情?
- 幼儿是否会模仿和自编简单的口述应用题?
- 幼儿是否会解答生活或游戏中的加减实际问题?是如何解决这些问题的?

二、数运算能力发展的评价方法

幼儿一日生活的情境中蕴含着很多数运算的契机。因此,教师可以通过日常的观察记录评价幼儿数运算的发展,还可以做一些有目的、有计划的评价,以了解班级各幼儿的发展情况。

(一) 非任务情境(自然情境)中的观察

幼儿在日常生活和日常游戏中会有很多体现数运算经验的机会。教师可以利用这些契机观察幼儿数运算的发展,并给予支撑。

【案例6-3】

擦皮球

【观察记录】老师请贝贝和佳佳两人合作劳动——擦皮球。贝贝说我们来比赛,看谁擦的多。皮球擦完了,贝贝数了数自己筐中的皮球,一共3个,在纸上写下了数字3。他走到佳佳前面的筐中,数了数皮球的数量,一共4个,就在数字3旁边写上了4。他对贝贝说:"你4个,我3个,你比我多1个。"然后又念念有词:"4个皮球和3个皮球是

7个皮球，我们一共擦了7个皮球。”他在纸上写上数字7。佳佳把两个人的皮球拿出来，排成一排，认真点数后一遍确认：“没错，是7个。”

【行为分析】贝贝和佳佳对面临的问题情境以及其中的数量关系都能正确领会，贝贝直接运用加法得出了小组擦的皮球数，而佳佳则是换了一种思维方式，组合后再计数，验证了贝贝的运算结果。

【未来规划指导】继续观察贝贝和佳佳数运算的水平，为他们创设更多的进行10以内加减运算的情境与机会。鼓励佳佳脱离动作，尝试运用表象进行运算。

（二）任务情境中的观察

教师还可以在生活活动、游戏活动或专门设计的数学教育活动中提出数运算任务，观察幼儿的数运算能力。教师任务情境中观察时，可以将目光聚焦个别幼儿，通过较长时间的观察，追踪其发展情况；同时，也可以设计一份观察记录表，系统地观察、记录每一名幼儿的数运算发展情况。

表6-4　任务情境中的评价任务清单列举

模块	评价任务清单列举	观察重点
数的分合	游戏场景中，请幼儿将数量为3～10中某一数量的饼干分给家中的两个娃娃，提问幼儿有几种分法。	观察幼儿是否能感知一定数量的物体可以有多种不同的分法。
	阅读区投放数学绘本《鼓鼓和蛋蛋的梦想》，提供石子，让幼儿边表演故事边摆放石子，体验故事中的分合关系。	观察幼儿在阅读与操作材料中能否感受到分合的多样性以及分合中的关系。
加减运算	小超市游戏中要求售货员根据商品的价格进行收银或找零。小顾客根据所买商品的价格进行付款。	观察幼儿如何将物品的价格进行相加，能否正确付钱或收钱。
	和幼儿一起玩扑克牌游戏，教师随机出一张扑克牌（数字1～9），让几名幼儿分别找出与之相加等于10的扑克牌，看谁找得快。	观察幼儿能否快速找出两个互为补数（两数相加等于10）的数。如果不能，观察幼儿是否可以通过点数扑克牌上的花色解决问题。
	在棋类游戏时，为幼儿提供不同层次的骰子。如，骰子的每一面是算式；或者三个骰子中有两个是数字，有一个是加减符号；或者三个骰子中有两个是点子，一个是加减符号。根据掷骰子的结果，确定行进的格子数目。	观察幼儿是否能根据自己的需要选择不同层次的骰子。观察幼儿如何根据掷的骰子的情况确定行进的格子数目。
	户外活动时，玩“抱抱好人数”的游戏，教师发出指令，如“5个人抱在一起”，观察幼儿是否能正确地根据某一小组再需要的人数正确加入。如一组已经有4人，自己加入进来。或者一组已经有3人，自己和同伴两个人一起加入凑满5个人。	观察幼儿是否能快速计算出每一组还需要几人加入，是如何算出以及解决问题的，使得每一组人数等于游戏中要求的人数。

【案例 6－4】

下　棋

【观察记录】5 月 8 日，露露和昕昕在一起玩一个长路径游戏(棋类游戏)，即根据骰子的数量走相应数目的格子。他们用了两个标准的骰子。昕昕掷到一个 5 和一个 3。他数了 5 个点并移动了 5 格，然后又数了 3 个点并移动了 3 格。露露掷到一个 2 和一个 6；她一起数了两个骰子上的点数后移动了 8 格。然后昕昕接着玩。这次她掷到一个 3 和一个 4。她数了 3 个点并移动了 3 格，然后数了 4 个点并移动了 4 格。露露告诉昕昕，"你不用那样数骰子。你可以一起数所有的点子。"露露掷到一个 5 和一个 4，她一起数了 9 个点子并移动了 9 格。昕昕接着玩。她掷到一个 3 和一个 2，他数了 3 个点并移动了 3 格，然后又数 2 个点并移动了 2 格。昕昕继续分开数两个骰子上的点子。露露继续在移动之前一起数骰子上的点子。她们俩都没有在数数中出错。

【行为分析】这则观察记录中的两名幼儿能够立即数出骰子上的点数并向前移动相应的格数。他们两人对数数都很有把握，理解可以通过点数知道骰子上点子的总数以及在路径上移动的格数。在游戏底板上数数对幼儿来说有点抽象，因为他们必须在每次轮到自己时沿着一条设计好的路径数格子，而不是点数底板上所有可见的格子。很明显，露露的做法正在向加法发展。她理解了可以把两个骰子上的点子一起点数从而得到一个总数，并在游戏中一直使用这个策略。另一方面，昕昕仍然把两个骰子看作一个独立的点子集合，而不是把两个骰子看作一个整体。因此，他会把两个骰子分开点数并根据每个骰子的点数分开前进。露露给昕昕示范点数两个骰子上所有点子的方法，并告诉她不需要分开点数，以此来挑战她的思维。但是昕昕显然还不能理解露露的话。她继续运用自己觉得可靠的方法玩游戏。

幼儿通常不会因为一个同伴对自己的挑战而立即改变自己想法，然而，示范和对话可以促使他们将当前的做法和同伴的做法进行比较。皮亚杰称之为"失调"。幼儿可能会继续自己一贯的做法，但是尽管如此，她们还是会努力思考两种策略之间的差别。

【未来规划指导】本游戏可以在未来一段时间内继续提供给幼儿。由于幼儿会不断地把两个集合加起来，最终他们会记住两个集合的组合，而不需要再通过点数来得到总数。教师介入游戏时，可以给幼儿示范一种更高级的点数策略——接着数，即接着一个集合的总数往下数。例如，如果教师掷两个骰子，一个掷到 3，一个得到 4，他可以指着 3 个点的骰子说"3"，然后指着第二个骰子说"4、5、6、7"，以此来支持幼儿向更高水平发展。

【案例 6－5】

基于课程的评价：停车场(6 的分合评价)[①]

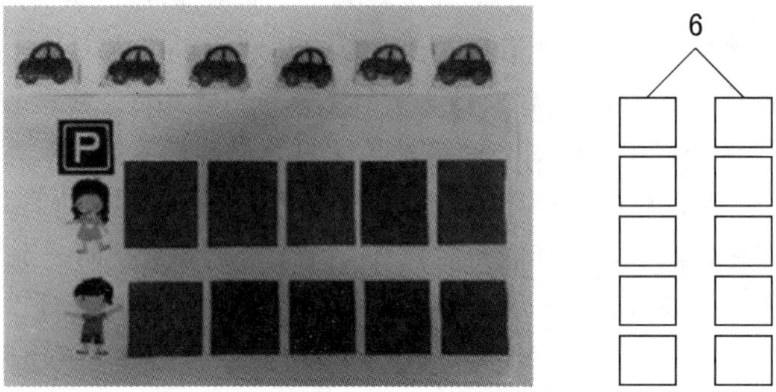

图 6－7 “停车场”操作材料和记录单

【背景】大班是幼儿正式进行系统的 10 以内数量分合学习的关键时期，幼儿对数的分合的理解是建立在量的分合基础之上，在积累了一定量的分合经验后，他们逐步理解抽象数的分解与组合。杭老师设计了“停车场”(6 的分合)集体教学活动，旨在引导幼儿学习 6 的分合，并引导幼儿记录分合的结果，体验分合的有序性。杭老师利用此次机会对幼儿的分合情况进行了评价。活动要求幼儿将 6 辆小汽车停放在两个不同的停车场，有几种不同的停法。

【关键经验】感知 6 有多种分法并探索分合中蕴含的关系。

【材料准备】停车场操作板、6 辆小汽车、6 的分合记录表、笔。

【教师指导语】现在停车场来了 6 辆小汽车，应该怎么停放呢？小女孩这边停几辆，小男孩那边停几辆？一共有几种停车方案？怎么能够又快又准确地分出所有的分法？请你停一停，并将你的停车结果记录下来吧！你有发现分合过程中存在的规律吗？有哪些规律？

【评价解读】本次活动观察了本班 22 名幼儿，7 名幼儿能够借助实物进行 6 的分合，写出部分 6 的分合方式，但有遗漏，有重复；4 名幼儿能够写出 5 种分合方式，但分法是无序的；1 名幼儿对分合的意义完全不理解，不知道如何去操作活动材料，只是随意摆放几下，不会记录。有 10 名幼儿能够借助实物进行 6 的有序分合操作，基本上也能发现并说出一种分合中的关系。发现并说出等量关系的有 3 人，互补关系的有 6 人，互换关系的有 2 人，其中 1 名幼儿既发现了等量关系也发现了互补关系(见表 6－5)。

① 本案例由苏州高新区金通幼儿园杭玲玲老师提供。

【未来规划指导】

表 6－5　6 的分合观察记录表

日期	幼儿	水平 0	水平 1	水平 2	水平 3			幼儿表现
		幼儿不理解分合的要求，随意摆弄材料。	幼儿能借助实物进行 6 的分合，能探索出部分 6 的分法（有遗漏、重复）。	幼儿能借助实物进行 6 的分合，探索出 5 种分法，但是是无序的。	幼儿能借助实物进行 6 的有序分合，并且能用语言描述分合中的数量之间的一些关系。			
					3－1 幼儿能发现数量分合中的等量关系。	3－2 幼儿能发现数量分合中的互补关系。	3－3 幼儿能发现数量分合中互换的关系。	
12.28	慕慕					√		"记录表上左边是 1、2、3、4、5，汽车数量从少到多，右边是 5、4、3、2、1，汽车数量从多到少。"
12.28	熙熙				√			"1 和 5 合起来是 6，2 和 4 合起来是 6，3 和 3 合起来是 6，4 和 2 合起来是 6，5 和 1 合起来是 6。"
12.28	俊俊		√					幼儿只探索到 3 和 3、4 和 2、2 和 4 三种分法。
12.28	琳琳			√				记录结果为 2 和 4、3 和 3、1 和 5、4 和 2、5 和 1，结果呈无序性。
12.28	宸宸						√	"记录表上第一排是 1 和 5，最后一排是 5 和 1，数字位置调换了；第二排是 2 和 4，第四排是 4 和 2，数字的位置也是调换了。"
12.28	浩宇	√						不理解分合的意义，不知如何操作材料，也不会记录。
12.28	阿奇						√	"1 和 5，5 和 1，数字宝宝们相互交换了位置；2 和 4，4 和 2，也相互换了位置。"
……								
总人数		1	7	4	3	6	2	

【未来规划指导】

表 6-6　不同水平幼儿的指导

层次	未来规划指导
水平 0	提供各种实物材料，请幼儿分一分，丰富幼儿对量的可分性的直观感知。
水平 1	继续提供实物材料，以及辅助标记等，帮助幼儿检核记录结果。
水平 2	继续提供实物材料，以及辅助标记等，帮助幼儿检核记录结果。引发幼儿讨论与思考，如何分才能又快又好，不重复不遗漏。
水平 3	引导幼儿继续观察，发现分合游戏中所蕴含的其他关系。如提醒幼儿观察一边数字的变化，再观察另一边数字的变化；鼓励幼儿寻找很像的两种分法；请幼儿将分好的两个数字合起来看看是几，是不是一样。

三、开展数运算能力评价的注意要点

（一）将数运算评价贯穿于幼儿的一日生活之中

幼儿的一日生活中蕴含着很多数运算的评价契机。例如，在小超市游戏中，幼儿会有付钱、收钱、找零等行为，教师可以观察幼儿的数运算水平和策略，在游戏的情境中了解幼儿数运算的发展水平。除此之外，教师还可以设置一些数运算的评价情境对幼儿实施有针对性的评价。如设计一些评价表格，在区域游戏或者集体教学活动中开展评价。教师在进行评价时，可以根据需要灵活选择合适的评价方式。

（二）基于幼儿数运算发展水平实施评价

幼儿加减运算概念发展的总趋势是从具体到抽象，即动作水平的加减、表象水平的加减和概念水平的加减。4 岁以前的幼儿基本上不会加减运算，他们不懂加减的含义，更不会使用“＋”“－”“＝”等运算符号。4 岁以后，幼儿能够借助于动作（如将实物合并或取走）进行加减，即动作水平的加减。5 岁以后，幼儿能够利用表象进行加减运算。在幼儿末期，部分幼儿能够达到抽象概念的发展水平，即不再借助于具体的表象，完全在抽象符号的水平上进行加减运算，但需要强调的是，不是所有的幼儿都能达到抽象概念的水平。因此我们对幼儿进行数运算评价不仅仅是对其进行抽象概念的加减运算评价，而是要基于幼儿的年龄特点以及数运算的发展水平进行过程性的、真实的、客观的评定，了解幼儿数运算的水平。

（三）在数运算的评价过程中，要注意观察幼儿的问题解决策略

数运算的水平不仅仅体现在具象或抽象层面上，也体现在运算的策略上。如，在棋类游戏中，规则是根据两个骰子上的点数的总和决定行进的格子数。游戏中，有些幼儿能够直接进行加法运算，不通过点数直接确定总数；有些幼儿通过顺接数的方法进行运算，如果第一个骰子上是 4 个点子，第二个骰子上是 3 个点子，那么他会指着第二个骰子上的点数进行接数“5、6、7”；还有些幼儿会把两个骰子合在一起，从“1”开始点数数出总数；还有一些幼儿会分别根据骰子上的点数行进，如先根据一个骰子上的 4 个点行进

4 个格子，再根据另一个骰子上的 3 个点行进 3 个格子。这些幼儿运用了不同的策略，但是都能遵守游戏规则。但是，这些不同的策略所体现的数运算水平是不一样的，如最后一类幼儿还没有将两个骰子进行合并的意识，即无数运算的意识。可见，对幼儿解决问题的方式、策略的观察这有助于我们对幼儿的数运算发展水平做出更为客观、准确的评定。

单项实训

4～5 人一小组，结合任务二中设计的数运算区域游戏方案，自行编制观察记录表，结合记录表中的内容，全面分析班级幼儿的数运算能力的发展水平。

任务四　实践与拓展

一、综合实训

4～5 人一小组，结合任务二中设计的数运算集体活动方案，根据同伴和教师的指导建议修改完善该活动方案，并尝试在幼儿园实施。自行编制观察记录表，结合记录表中的内容，选择几名幼儿，记录他们在活动中的典型表现，分析其发展水平，并提供个性化的指导建议。

二、岗证对接

选择题：

桌面上一边摆了三块积木，另一边摆了四块积木，教师问：“一共有几块积木？”从幼儿的下列表现来看，数学能力水平发展最高的是（　　）。

A. 把前三块积木和后四块积木放在一起，然后一个一个点数

B. 看了一眼三块积木，说出“3”，暂停一下，接着数“4、5、6、7”

C. 左手伸出三根手指，右手伸出四根手指，暂停一下，说出 7 块

D. 幼儿先看了三块积木，后看了四块积木，暂停一下，说出 7 块

（保教知识与能力真题，2017 年上半年）

参考答案

三、资源拓展

溜溜小弹珠

自制一个可以分割的罐子(将一块纸板或海绵粘贴在罐子底部,纸板或海绵的两端不要完全粘贴在罐子的侧面上,要留出空隙),准备一定数量的小弹珠或小球。根据掷骰子的结果,将相应数量的弹珠放进罐子里,摆动罐子使弹珠分到罐子内的两块区域内,形成数的不同分合方式。幼儿在操作中可以感知到弹珠有很多种不同的分合方式,并尝试记录结果。这个活动可以很好地帮助正在学习数的分合的幼儿。

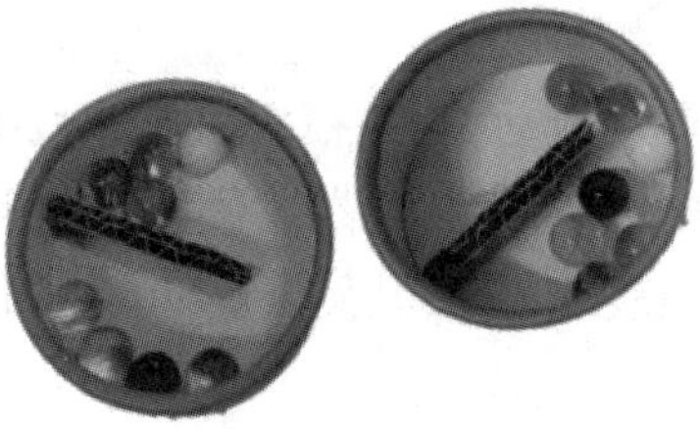

藏起小鸭子

在积木活动区投放5个玩具小鸭子。两位幼儿参与游戏。一幼儿把若干小鸭子藏在一个鸭舍里(或用布盖起来),另一名幼儿看着剩余的小鸭子尝试说出藏起了几只鸭子(减法)。然后幼儿把小鸭子从鸭舍里拿出来,放回去,幼儿要重新计算数量,重复游戏。引导幼儿用语言表述这个过程,并尝试列算式。幼儿多次游戏后,小鸭子的数量可以调整。

堆叠推倒

提供一些(5～10个)罐子或塑料瓶子(或用保龄球代替),用一个球当靶子,然后提供一个白板和若干磁贴记录得分。两名幼儿玩游戏,游戏时幼儿用球把立着的瓶子击倒,幼儿记录多少罐子倒下了,还剩多少没有倒下,计算自己的得分比别人高还是低。这些都是激发幼儿数学思考和解决问题的好机会。

10只小熊在床上

教师提供一张玩具小床或自制小床,根据床的大小准备10个小熊玩偶或玩具小人,提供数字卡片1～10,纸张和记号笔。幼儿摆放小熊,并说出一共有几只小熊,几只在床上,几只在床下,并用算式表示。然后多次游戏。

电线上的小鸟

每轮游戏开始后，幼儿要用转盘或骰子决定把多少只小鸟夹在电线上或者飞走多少只小鸟。鸟的数量、骰子或转盘的类型根据组内幼儿发展水平而定。如，幼儿掷一个骰子为 6，一个骰子为 2，则将 8 只小鸟夹在电线杆上。如果幼儿再掷一个骰子是 4，一个骰子是 1，则从电线上取下 3 只小鸟，使之变为 5 只。

钓小鱼

提供一个鱼缸和一些小鱼玩偶(或钓鱼玩具)。小鱼的身上有一个算式。教师还可以给幼儿提出一些问题提示幼儿要钓出相应数量的小鱼。或者幼儿钓小鱼后，幼儿要点数鱼的数量，并进行分类，比较各种小鱼数量的多少。在这个游戏中，幼儿可以创建和比较集合(不同种类的小鱼)，还可以写数字或者用其他的表征方式记录抓到的小鱼数量，甚至比较数量的多少。

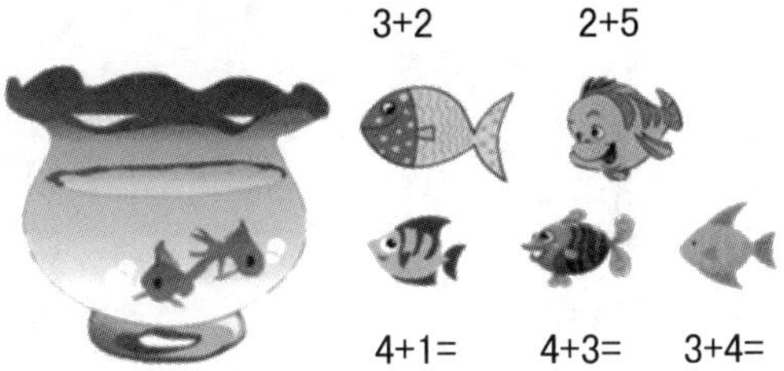

图画书中的数学——数运算

《十只熊，一个家》是韩国作家车宝金所写的有关数的拆分和集合的图画书。书中讲述了由熊爸爸、熊妈妈和 8 只熊宝宝，一共 10 只熊组成的一个家庭的故事。在作者的描述下 10 只熊在不同的情境下被拆分开来，接着又将其重新整合起来确认总数。例如，5 只熊走松树大路，4 只熊走蒲公英小路，最后在小河边 9 只熊汇合了起来。在这样的过程中配以鲜明的图画，帮助幼儿理解了 10 以内数的拆分和集合、总数守恒等概念。这些也正是加法与减法的基本过程。

《世上我最讨厌计算》是韩国作家张智玧所写的关于速算的必要性的图画书。它讲述了一只小鳄鱼因为妈妈布置的计算作业而十分讨厌计算，到后来在设想自己今后想从事的工作时慢慢认识到了算术的必要性。在小鳄鱼的设想中，将计算与生活实际紧密结合在了一起，证实了很多事情都无法离开算术。这一图画书并没有将着重点放在计算方法和概念的传授，而是让孩子们认识到算术的必要性和实用性，避免孩子们像小鳄鱼最初那样讨厌数学，同时也告诫家长，加减算术的练习可以更多地放在日常生活之中，让孩子们实际体会到算术的成就感。

《鼓鼓和蛋蛋的梦想》是韩国作家辛知润所写的数的合成与分解的图画书。本书写的是想要成为作家的狼——鼓鼓和想要成为旅行家的放羊女——蛋蛋的故事。故事中鼓鼓想要把蛋蛋的10只羊吃掉，而蛋蛋用计谋每天将羊分为不同的组合：5只和5只、6只和4只……迷惑鼓鼓，这正是数的合成和分解。在阅读中幼儿可以和鼓鼓一起，用小石子来模拟分解，用具体的事物代替抽象的数学运算，这样更加直观也方便理解。数的合成与分解是数学运算的基础，为以后进行加法和减法演算活动做准备，并有助于幼儿理解算式的来源及含义。

《九只小猫呼呼呼》是麦克·格雷涅茨创作的低幼绘本，兼具游戏性与趣味性。9只小猫呼呼呼，1只小猫睁开眼，几只小猫在睡觉？8只小猫呼呼呼，2只小猫睁开眼，几只小猫在睡觉？九只不同颜色的小猫整齐排列在深蓝色背景里睡觉，伴随着翻页，1只、2只、3只，小猫接二连三地睁眼爬走。绘本取材于对幼儿来说具有特别意义的生活情境，加上重复出现的语言、节奏与画面，通过小猫数量的变化让幼儿感知、体验部分与整体、总数与部分数的关系。

项目七

量与测量

项目分析→

客观世界中的各种事物都具有量方面的特征。比如苹果有大小之分，桌子有高矮之别。对物体量的认识是幼儿认识客观世界的一个重要组成部分，也是幼儿数学教育的重要内容。进行量与测量的教育，能够帮助幼儿认识和区分周围事物，促进幼儿感知觉和智力的发展。本项目学习的主要内容包括量与测量的基本理论、量与测量的教育活动设计与实施、量与测量能力发展的评价。

项目导学→

- 量与测量
  - 掌握量与测量的基本理论
    - 量与测量的基础知识
    - 幼儿量与测量能力的发展特点
    - 量与测量的核心概念与关键经验
  - 学习量与测量教育活动的设计与实施
    - 专门的量与测量教育活动
    - 渗透的量与测量教育活动
    - 开展量与测量教育活动的注意要点
  - 学习量与测量能力发展的评价
    - 量与测量能力发展的评价内容
    - 量与测量能力发展的评价方法
    - 开展量与测量能力发展评价的注意要点
  - 实践与拓展
    - 综合实训
    - 岗证对接
    - 资源拓展

学习目标

1. 了解量与测量的基础知识与幼儿量与测量能力的发展特点。
2. 掌握量与测量的核心概念与关键经验。
3. 尝试设计、组织专门的量与测量教育活动。
4. 能够将量与测量教育渗透于幼儿的日常生活中。
5. 能够根据幼儿的行为表现评价幼儿量与测量能力的发展水平,并给予个性化的支持。

任务一 掌握量与测量的基本理论

情境导入

从保健室回来后,可儿、乐乐、轩轩对自己的身高还是很感兴趣。乐乐对轩轩说:"轩轩你有多高?"轩轩说:"我也不知道。"乐乐说:"那我们来帮你测一下吧。"可儿在建构区找到了长长的积木,她将三条积木有序叠高后发现比轩轩高,还是不知道轩轩有多高,于是她放下长条积木,又到建构区选择了相对短一些的积木。然后又一次将积木叠起来进行测量,最后测出轩轩大概有10块积木那么高。乐乐到美工区找到了吸管,他让轩轩躺在地上用吸管进行测量,最后测出轩轩有六根吸管那么长。① 什么是测量?学习测量对幼儿发展有何意义?

任务要求

1. 了解量与测量的概念以及对幼儿发展的意义。
2. 了解幼儿量与测量能力的发展特点。
3. 掌握量与测量的核心概念与关键经验。

在日常生活中,物体的量是普遍存在的,幼儿很早就与周围物体打交道,感知、比较、测量它们的大小、长短、高矮等。物体的这些可以用来感知与比较、测量的特性就是物体的量。幼儿初步进行有关量与测量的认知与学习,不仅有助于更好地认识客观事物,感知客观世界,而且能提高问题解决能力,促进智力的发展。

---

① 该案例是由苏州金通幼儿园殷雨佳老师提供。

一、量与测量的相关知识

1. 量的概念

量是指客观世界中事物或现象具有的可以通过测量等手段加以认识的属性。比如物体长短、距离远近、速度快慢、温度高低、时间长短等都是可以通过测量等手段获得的。这些都是物体量的属性特征的反映。

量一般分为连续量和不连续量。不连续量是表示物体的集体元素有多少的量，例如动物园中有多少只小熊猫。连续量是表示物体属性的量，例如长度、面积、体积、质量、重量、速度、温度等。因为不连续量通常放在“数概念”的范畴里讨论，所以本项目不作重点。受限于幼儿的思维水平与学习方式，幼儿初步认识的连续量主要包括大小、长短、高矮、粗细、厚薄、宽窄、远近与轻重等。

通常，量可以用数(称量数)和单位量来表示。比如幼儿园的小桌子有多长，四岁半的红红会将积木一块接着一块地排在小桌子的边上，然后开心地告诉老师：“小桌子好长，有 5 块积木这么长。”由此可以看出，量是可以用数来表示的。事实上，世界上不存在没有量的事物，也不存在脱离量的数。[①] 由于数与量的关系密切，在日常生活中往往会将两者结合起来说成是数量。

2. 测量

测量是一种运算，一种智慧。幼儿在日常生活中通过调动多种感官，看一看、摸一摸等过程中积累了大量有关于物体量差异的概念，如谁比谁大，谁比谁高。随着年龄增长，幼儿不再满足于大小的比较，而更多期望知道“大多少或高多少”。

这就涉及测量问题。所谓测量，是指把一个要测定的量同一个作为标准的同类量进行比较的过程。用来作为计量标准的量，叫作计量单位。用计量单位去测量一个量，结果得到的这个量含有计量单位的若干倍，这个数值就是这个量的量数。同一个量，用不同的计量单位来计量，所得量数不同。

由于幼儿学习将连续的整体分成相互替换的单位量要比数出已经分开的元素困难得多。因此，幼儿主要学习自然测量。所谓自然测量，是指利用自然物(如小棒子、瓶子、臂长)来测量物体的长短、高矮、粗细、轻重等。学前期幼儿主要进行长度、面积和体积的自然测量。其中，重点学习长度的自然测量。到 6 岁左右，由于知识经验的快速增长，幼儿也会初步涉及一些精确测量的活动，同时对于面积量和体积量的非正式测量活动也会增加许多。当然这些活动难度较大，都需要在教师的引导下有序进行。

3. 量与测量的学习对幼儿发展的意义

首先，对于量的感知与比较能够丰富幼儿对事物的认识。客观事物具有各种各样的量。这些不同的量的特征，构成了一事物区别另一事物的重要依据。幼儿对于事物

---

① 张慧和，张俊. 幼儿园数学教育[M]. 北京：人民教育出版社. 2004：256.

属性的认识越丰富，就越能更好地辨别事物，有利于幼儿更好地理解客观事物的概念，为其后续思维与语言能力的发展奠定了重要基础。

其次，进行量的排序活动有助于幼儿逻辑思维能力的提升。量的排序不仅涉及量的感知，还涉及物体量之间的两两比较，并按一定的关系排列成序。这就需要幼儿仔细观察、比较与判断，分析与综合物体的特征，把握观察对象所具有的规律性。因此，幼儿参与物体的排序活动，不仅有利于其形成序运算的心理结构，理解序列关系的传递性和可逆性，而且能够促进幼儿思维判断与推理能力的发展。

最后，学习测量有助于幼儿解决日常生活中简单的度量问题，为其后期的精准测量学习奠定重要基础。在日常生活中，幼儿经常碰到一个物体与另一个物体之间量的比较问题。随着经验的丰富，幼儿更期望知道两个物体在具体量上的差异大小，这就涉及测量的问题。自然测量方法的学习有助于幼儿理解数与量的关系，促进了幼儿对整体与部分关系的认识，为后期精确测量的学习奠定了重要的基础。

二、幼儿量认知与测量能力的发展特点

幼儿量与测量能力的发展随着年龄的增长会表现出不同的特点。从内容上来看，主要包括量的感知与比较、排序、测量三个方面。

（一）幼儿量的感知能力的发展特点

幼儿是通过视觉、触觉、动觉等多种方式感知周围事物量的特征的。与此同时，语言描述在量的感知过程中起着概括作用。不同年龄的幼儿由于生理和心理发展水平的不同，因而对量的感知特点也存在差异。

随着年龄的增长与经验的积累，3～4 岁的幼儿一般已经能够正确区分物体的大小、长短，并用简单的词汇进行表达。具体表现为幼儿能够从一组差异比较明显的物体中判断出最大的（最小的）物体，能够正确地辨别远处物体的大小和不同位置物体的大小，也能够感知和辨别有明显差异的两个物体的轻重。这说明此阶段的幼儿具备了初步的知觉恒常性。3～4 岁的幼儿还不能用语言准确地描述各种常见的量，通常用“大小”来代替。比如他们会将高的、宽的、长的都说成是大，把矮的、窄的、短的都说成是小。这种现象说明了幼儿对物体量认知上的局限性。此阶段的幼儿对物体大小、长短特征往往是一种绝对化的认识，常常会把其与自己的主观愿望相联系，如妈妈会给我买一辆很大的车，我家有一只很大很大的狗。

4～5 岁的幼儿感知大小、长度与重量的能力进一步的提高。具体表现在能够对不同大小的物体依次做出区别和排序，能在一组差异不大物体中找出相同量的物体。该阶段的幼儿还未形成物体量的守恒。例如将两个等长的画笔改变了位置摆放，一支画笔的一端与另一支并未对齐，稍稍凸出一些，幼儿往往会判断错误。

5～6 岁的幼儿能够正确地判断和辨别大小、长度、重量的特征，并用语言准确地描述。比如幼儿说：“我矮，但我爸爸很高。”6 岁的幼儿已经具备了认知物体重量和体积之间关系的能力，也就是获得了关于量的可逆性的认识。比如理解小的物体可以比大

的重。此阶段的幼儿在教育的影响下，已经能够理解物体量的相对性与传递性，知道物体大小、长度及重量并不是绝对的，关键要看其与谁进行比较。部分幼儿获得有关于长度、面积和容积等方面的守恒概念，能够不受形状或位置的变化对量做出正确的判断。

（二）幼儿量的排序能力的发展特点

幼儿对物体量的排序方式反映着不同的发展水平：

3～4岁的幼儿能够通过实物操作完成初步的比较和排序，并能够在游戏活动中初步表述。有研究表明，3～4岁的幼儿在无范例的情况下只能完成3以内物体量的排序；在全范例的基础上，能够运用重叠、并置的方法完成5以内物体量的排序，体验“序”的意义，为幼儿序列观念的发展奠定基础。如幼儿可以根据教师提供的全范例板——5只由小到大的猫来匹配5条由小到大的鱼。值得注意的是，3～4岁的幼儿还不能完成逆向排序任务。

4～5岁的幼儿开始学习真正的排序活动。该阶段的幼儿已掌握一定的排序策略（关注基线）。在无范例的情况下，能够较好地完成5以内物体量的排序，部分幼儿能够通过目测来完成任务；在半范例的基础上能够尝试对7以内物体量进行排序，丰富对“序”概念的认识，对“序”概念中隐含的量的相对性和双重关系（即序列中由小到大排列的小猫，每一只小猫比前一只大，但比后一只小）有初步的理解。4～5岁是幼儿逆向排序能力迅速发展的时期。

5～6岁幼儿的目测能力显著提高，部分幼儿找到了排序的方法和策略。该阶段幼儿基于以往的排序操作经验，以及对量的序列关系中的传递性（传递性即如果A比B短，B比C短，那么A比C短，也就是A＜B，B＜C，那么A＜C）和可逆性（即指从两个方向排序的能力，也就是将物体按一定量的差异排列成递增或递减的顺序，如对于一组大小不同的物体，既可以从小到大排序，也可以从大到小排序）的理解，能够独立完成10以内物体量的正逆排序。如幼儿在排小棍的时候，先把10根小棍拿在手中，一端对齐，每次取出最短的一根逐一排序，也能每次取出最长的一根逐一排序。

（三）幼儿测量能力的发展特点

量的一个本质特点就是可以用来被测量。幼儿测量概念的发展一般会经历四个阶段，即游戏和模仿、比较、使用任意单位、认识标准单位的必要性并使用标准单位。[①]

4岁之前的幼儿主要将测量当作一种游戏，模仿成人使用各种测量工具。如模仿成人使用尺子或者用秤称东西。3岁至6～7岁的幼儿通常会借助自己的各种感官来比较物体量的差异性。如通过比较获得大小、长短、高矮、轻重等概念。随着经验的不断积累，5～7岁的幼儿开始学习使用自然物进行测量，如用手来量量小桌子的长度，几块蛋糕能把小碗装满等。在使用自然物进行测量的时候，幼儿会逐渐积累有关于单位的概念，如在标准测量中厘米、米都是单位名称，而在自然测量中使用到的小碗、筷子、

① 黄瑾，田方．学前儿童数学学习与发展核心经验[M]．南京师范大学出版社．2015：246.

手、小脚某种意义上代表着“单位”，为后续理解标准测量工具奠定了重要基础。研究表明，在教育条件下，5～6 岁的幼儿对测量能够理解并表现出很大的兴趣。6 岁以后幼儿逐渐认识到标准单位的必要性并尝试使用。这个阶段的幼儿发现当与别人交流测量结果的时候，只有在使用共同的测量单位时才能进行有效沟通。同时，幼儿通过两类工具（自然物和量尺）的探索，发现量尺的测量更加精准，为后续逐渐理解标准测量的意义和学习使用标准测量奠定了重要基础。

三、量与测量的核心概念与关键经验

表 7－1　量与测量的核心概念与关键经验

	核心概念	关键经验
量与测量	1. 确定属性特征是量比较的重要前提。 2. 语言可以用来识别和描述特定的属性。 3. 量具有相对性和传递性。 4. 不论对单个或多个物体，都可根据多种属性对其进行测量。 5. 所有的测量都涉及“公平”的比较。 6. 定量测量有助于更加精确地描述和比较。	1. 感知比较量，了解事物量的属性特征。 2. 进行量的排序，感知事物量的规律性。 3. 进行长度的自然测量，体验长度测量的意义。 4. 进行面积与体积的自然测量，体验面积与体积测量的意义。

表 7－2　量与测量各年龄段关键经验

3～4 岁	4～5 岁	5～6 岁
1. 会用观察、比较的方法，区别大小和长短不同的物体，会正确运用“大小”“长短”词汇。 2. 按大小、长短等差异对 4～5 个物体进行正向排序。并能找出最大（最长）和最小（最短）。	1. 能区别并说出物体的高矮、粗细、厚薄。 2. 能从 5～6 个大小（长短、高矮、粗细、厚薄）不同的物体中找出等量的物体（其中两个是相同量）。 3. 按大小、长短、高矮、粗细、厚薄差异对 7 个以内的物体进行正向和逆向排序。 4. 用首尾相接摆放单位量的方式，进行长度的自然测量。 5. 通过用单位面积（方块）覆盖的方式，体验面积和面积测量的意义	1. 用目测和自然测量的方式比较物体的大小、长短、高矮、粗细、厚薄、宽窄和轻重，正确表达测量的结果。 2. 学习量的守恒，知道物体的外形、摆放位置等发生了变化，它的量不变。 3. 按大小、长短、高矮、粗细、厚薄、宽窄、轻重差异对 10 个以内物体进行正向和逆向排序。初步感知序列之间的传递性、可逆性关系。 4. 重复使用一个单位量进行长度的自然测量。 5. 理解测量同一长度时，单位长度的长短和所需单位数量之间的相反关系。 6. 通过用单位体积（立方体）填充的方式，体验体积和体积测量的意义。

单项实训

1. 自主收集一个关于幼儿量与测量能力发展的案例，并分析案例中的幼儿处于哪种发展阶段。

2. 4～5 人一小组，去幼儿园观察某大班幼儿一日生活中渗透了哪些有关量与测量的关键经验，以案例的形式进行记录并分享。

任务二　学习量与测量教育活动的设计与实施

情境导入

小班的王老师发现班上的幼儿在玩“大小排序”(4 个以内)的游戏时，总是不能用语言很好地说出“谁大谁小”，部分幼儿能够找到最大最小的玩具，但是相近大小的玩具总是弄混，无法正确排序。如果你是王老师，你会使用哪些策略帮助小班幼儿学习大小排序？请你设计一个关于“大小排序”的数学集体教学活动方案，并组织实施。尝试在幼儿园一日生活中渗透“大小排序”活动，请写出 1～2 种渗透的形式或途径。

任务要求

1. 尝试结合关键经验，设计、实施专门的量与测量教育活动。
2. 学习将量与测量的教育灵活地渗透于幼儿的日常生活中。

一、专门的量与测量教育活动

幼儿量的学习包括常见量的感知与比较、排序以及自然测量。起初，幼儿对物体量的属性特征的认识不是通过测量的方式得到的，而是借助各种感官感知与比较、排序的结果。随着年龄的增长，幼儿开始由直观的感知走向精确的测量。在幼儿阶段，幼儿主要学习使用任意单位进行自然测量。自然测量的发展为幼儿后续理解标准化测量奠定了重要基础。这一部分，主要探讨如何在幼儿园阶段渐进性地开展量与测量的教育活动，以此帮助幼儿获得量与测量的关键经验。

（一）感知比较量，了解事物量的属性特征

幼儿日常生活活动经常涉及对事物量的特征的感知与比较。比如幼儿通过穿大人的鞋子发现，爸爸的鞋子大，宝宝的鞋子小。学前期幼儿认识的量主要包括大小、长短、高矮、粗细、厚薄、宽窄、远近与轻重等，其中长短、高矮、粗细、厚薄、宽窄、远近属于长度概念，也是幼儿需要了解的最基础的概念。教师在对幼儿进行指导的时候，必须让幼儿清晰地认识到各个长度量之间的区别与联系，这为后续的二维甚至三维空间的学习奠定了重要的基础。

表 7-3 幼儿涉及的有关长度概念

类型	概念
长短	物体两端之间距离的长度
高矮	物体在一水平线上从下到上的距离
宽窄	物体横面边长的长度
粗细	物体横截面直径(或半径)的长度
厚薄	扁平物体上下面之间的长度
远近	两物体之间的长度

幼儿认识物体量的过程中往往涉及量的比较。量的比较，一般指对两样或三样同类物体进行比较，并在量的比较中了解量的相对性、传递性。所谓相对性是指由于比较的两个对象不同，量的属性特征也具有相对性而非绝对性。例如，有三位大班的幼儿比谁高。小明发现自己比小红高，但是比小白矮，由此发现高矮只是相对的，关键是与谁进行比较。所谓传递性是指通过与不同对象的量的差异性相比较可以预测和推断出另外两个(组)物体的差异性结果，即 A<B，B<C，则可以推断出 A<C。

一般而言，量的感知与比较教育活动中，教师要着重引导幼儿明确比较哪两个物体，比较物体的哪个量。然后师幼再共同探索适宜的比较方法。比较方法的掌握是幼儿正确认识物体量的关键。

【案例 7-1】

比粗细(量的感知与比较)①

活动类型：集体活动。

年龄段：4～5 岁。

活动目标：

1. 能够采用适宜的方式比较物体的粗细，并寻找生活中可以比较粗细的物品，积累确立属性特征的经验。

2. 尝试用语言描述“粗”与“细”。

3. 能够大胆尝试，积极参与活动。

活动准备：

幼儿人手一份吸管(两根粗细与颜色各不相同)，塑料大串珠若干，创设可让幼儿寻找粗细的环境(见图 7-1)。

---

① 改编自上海南阳幼儿园宋艳的活动设计。

活动过程：

1. 自主操作，调动经验

教师：你选择了哪一根吸管？（黑色的细吸管）为什么没有小朋友用红色的吸管把珠子串起来？

小结：因为黑色吸管和红色吸管比起来，黑色吸管细，可以穿珠子；而红色吸管粗，珠子穿不进去。

2. 比粗细

(1) 寻找身体上的不同比粗细

教师：找一找，我们身上有哪些地方是可以比粗细的？

让幼儿每说到身体的一个部位，如腰，教师就可以问："你的腰和我的腰比起来，谁粗谁细？"可让其他幼儿上前抱一下同伴和教师的腰，通过"能不能抱住"来感受粗和细；又如幼儿说到手指，教师可以摘下手上的戒指让幼儿戴一下，并提问："为什么老师的戒指戴在你手上就会掉下来？"引起幼儿感受粗细。

小结：我们身体上的手臂、腿、手指、脖子和腰都可以比粗细，除了用眼睛看来比粗细，我们还可以用很多方法来比粗细。

(2) 寻找教室中的物品比粗细

教师：找一找，教室中哪些东西是可以比粗细的？请你去找两件东西来比一比。说一说你找了哪两件东西，你找到的东西哪个粗哪个细，你用了什么方法。

小结：我们可以通过目测、用手摸、借助一个东西来进行对比等方式比粗细。

3. 理解粗细的相对性

看看幼儿在教室中找到的比较粗细的物体中，有没有同一物体与不同物体比较时，结果不一样的情况。（如水彩笔和吸管比，水彩笔粗；水彩笔和胶棒比，水彩笔细。）

提问：水彩笔怎么一会儿粗，一会又细了？它的粗细到底会不会变？

小结：水彩笔的粗细是不会变化的。只是要看水彩笔与什么东西比较，水彩笔和比它细的东西比较，就显得粗了；水彩笔和比它粗的东西比，就显得细了。

活动材料（部分）：

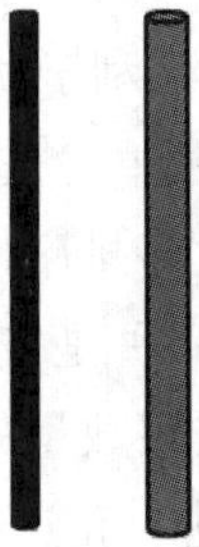

图 7-1 吸管穿珠

感知比较物体量的常用方法举例

感知比较量的活动中，教师需要重点引导幼儿掌握感知比较的方法。以下就列举了各类物体量比较的常用方法。

表 7－4　感知比较物体量的常用方法举例

序号	方法	适用范围
1	重叠法	适用于比较物体的大小。在测量时要注意先将大的物体放在下面，小的物体重叠放在上面，这样有利于幼儿直接观察，区分大小。
2	并置法	用于比较物体的长短、高矮与厚薄。比较时要注意将物体的一侧摆放在同一水平线上。
3	目测法	适用于比较物体的大小、长短、厚薄、粗细、高矮等，如通过语言提示引导幼儿进行目测："请拿你的小棍和小伙伴的小棍比一比，你发现了什么？"
4	触摸法	适用于比较物体的粗细、厚薄，如教师可以引导幼儿用手摸一摸，量一量认识书的厚薄特征。
5	运动觉感知法	适用于比较物体的轻重，如可以让幼儿用手掂量一下或提一提两个不同的物体来获得重量的直接经验。
6	探究发现法	适用于比较物体的大小、长短、厚薄、粗细、高矮等，如"送球回家"的活动，教师准备一个小口径的瓶子和若干大小不同的球，让幼儿自主操作发现只有小球才能装进瓶子，进而感知球的大小差异。
7	游戏法	适用于比较物体的大小、长短、厚薄、粗细、高矮等，如"反动作游戏"，教师做大的动作，幼儿就做小的动作，看谁的反应快。
8	追寻法	适用于比较物体的大小、长短、厚薄、粗细、高矮等。追寻法就是让幼儿从自身与环境中寻找物体的各种量，并用正确的词汇去描述。如让幼儿找找班级里哪些物体是长的，哪些物体是短的。一般可以在自然环境、周围生活环境、自身中寻找，有时也可以利用记忆和表现寻找。

（二）进行量的排序，感知事物量的规律性

幼儿学会辨别各种量的特征，并理解了量的相对性，有利于幼儿进一步学习量的排序。所谓排序，是将两个以上的物体按照某种特征方面的差异或者一定的规律排列成序。[①] 主要包括两种排序的形式：(1) 按次序排序。按次序排序也包括两种，一种是按照物体量的差异进行排序，包括正逆两种排序方式。另一种是按照数量的多少进行排序。(2) 按物体量的差异的特定规则(模式)排序。因按照数量的多少和一定规律(模式)排序在前面重点探讨过，因此，这里主要探讨按次序进行正逆排序。

所谓正向排序，也就是按照物体量的逐一递增来排序。如按照从小到大排列苹果。

① 徐青，刘昕. 学前儿童数学教育(第二版)[M]. 高等教育出版社出版. 2014：170.

一般而言，物体量的正向排序活动的重点是让幼儿感知递增规律。教师可以提供全范例板或半范例板让幼儿通过重叠对应法或并置对应法感知递增排序的规律和要求。重叠对应法就是利用排序范例板作为提示，要求幼儿将要排序的物体与范例板一一重叠对应实现。并置对应法要求幼儿将要排序的物体或者图片对应摆放在范例板的下方或旁边进行。有研究证实，4～5 岁是幼儿逆向排序能力迅速发展的时期。因此，在此阶段教师需要进一步引导幼儿探究物体量的逆向排序。所谓逆向排序，就是按照物体量的逐一递减进行排序，其与正向排序的规律正好相反。一般而言，物体量的正向排序是其逆向排序的基础和前提。幼儿在掌握了某一物体量的正向排序的基础上进一步探究其逆向排序规律比较符合幼儿的学习特点。

有研究证实，4～5 岁是幼儿逆向排序能力迅速发展的时期。因此，在此阶段教师需要在幼儿感知正向排序的基础上，进一步引导其探究物体量的逆向排序。所谓逆向排序，就是按照物体量的逐一递减进行排序，其与正向排序的规律正好相反。一般而言，物体量的正向排序是其逆向排序的基础和前提。幼儿在掌握了某一物体量的正向排序的基础上进一步探究其逆向排序规律比较符合幼儿的学习特点。

【案例 7－2】

娃娃排队（7 以内无范例自主排序、正逆排序）[①]

活动类型：集体活动。

年龄段：4～5 岁。

活动目标：

1. 观察、比较 7 个物体间的高矮，学习按照高矮顺序排列物体。

2. 能用语言表述高矮排列的顺序。

3. 体验和同伴共同游戏的快乐。

活动准备：

1. 7 位高矮有一定差异的大班幼儿，在地上画若干条横线，并在线的一端画一面小旗子。

2. 幼儿已经有 5 个以内物体量的正排序经验。

活动过程：

1. 感知 7 以内的数量排序

教师先请 5 位大班幼儿参与活动：今天，我们要请 7 位大班的哥哥姐姐和我们一起玩游戏，看看我已经请了几位哥哥姐姐。

教师：还要请几位哥哥姐姐来参加活动就够 7 个人了？你们是怎么知道的？

① 张慧和，朱琍瑶. 幼儿园领域课程资源数学[M]. 北京：教育科学出版社，2004：100－101.

教师请一位幼儿去请哥哥姐姐，大家检查人数是否正确。

2. 给哥哥姐姐排队（正排序）

教师：现在我们请哥哥姐姐按照什么顺序在线上排队呢？从什么地方开始排？哪位哥哥/姐姐排第一？

教师请小红来给哥哥姐姐排队，引导幼儿先确定起点，然后根据哥哥姐姐的由矮到高的顺序在线上排队。

教师：请你说说为什么这位哥哥/姐姐排在第一个，你是按照什么顺序给哥哥姐姐排队的。

教师：你们觉得小红排得对吗？谁有不同意见，该怎么调整？

师生共同检查小红是否按序排列。

教师：排在第一个的是最矮的，第二个比他高一点儿，第三个呢，第四个呢，最后一个呢？

引导幼儿用语言说出每位大班幼儿在队伍中的位置和高矮顺序。

小结：原来小红是按照由矮到高的顺序给哥哥姐姐排队的，第一个是最矮的，第二个比第一个高一点，第三个比第二个高一点，以此类推，第七个是最高的。

3. 更换排列形式，再次给哥哥姐姐排队（逆排序）

教师：刚才小红是按照从矮到高的顺序给哥哥姐姐排队的，请你们动脑筋想一想，还能让哥哥姐姐按照什么顺序来排队呢，谁来试一试？

教师请小明给哥哥姐姐按照另一种顺序排队：请你说说为什么这位哥哥/姐姐排在第一个，你是按照什么顺序给哥哥姐姐排队的。

教师：你们觉得他排得对吗？小明和小红的排序规律是一样的吗？为什么？

小结：刚刚小红将最矮的排在第一个，后面依次比前面的高一点，是按照从矮到高的顺序排列的。而现在小明将最高的排在第一个，后面的依次比前面矮一点，是按照从高到矮的顺序进行排序。这两种排序的方式都是正确的。原来，我们按照不同的方式进行排序，哥哥姐姐在队伍中的位置和高矮顺序都是不一样的。

4. 幼儿分组排队

教师：现在请大家来排队，7个幼儿一组，先商量按照什么顺序排，然后站在线上排好队，想想排在最前面的幼儿应该站在线的哪一端。（提醒幼儿注意观察线前面的旗子标志，正确找到起点）

幼儿7人一组在线上排队，教师观察幼儿排队情况，并给予及时指导。

教师：我们先请每组幼儿说说他们是按照什么顺序排的，然后再看看他们排得对不对，如果有不对的，想想该怎么调整才能让他们排得有顺序。

进行物体量的正逆排序活动的指导要点

在进行物体量的正逆排序活动中，教师在指导时需要注意以下方面：

首先，教师注意引导幼儿先观察物体量的差异性。一个物体存在多种量。在排序活动前，幼儿首先要清楚将要对物体的哪一个量进行排序。其次，教师要着重与幼儿一起探究发现排序的规律，用幼儿理解的话解释递增或递减排序的内涵。最后，在进行物体量的正逆排序活动中，教师要特别注意引导幼儿关注正向排序和逆向排序规律的区别，并通过幼儿能够理解的语言进行阐释。

除此之外，特别强调一下自主排序活动的指导要点。当幼儿的排序经验积累到一定程度，就会慢慢脱离全范例板或半范例板的提示进行自主排序。教师在指导幼儿进行排序时要注意以下规则的渗透，以提升幼儿的自主排序能力。

第一，要确定排列方向，即是横排还是竖排。有的量两种排列方式均可，比如大小、粗细；有的只能一个方向，比如高矮。

第二，要确定量的排列规则，即是按照次序规则（量的逐步递增规则还是量的逐步递减规则）还是特定模式进行排序。

第三，要明确排列的"基线"，比如高矮排序需要在同一水平线上排列，长短横向排列需要左边对齐。

（三）进行长度的自然测量，体验长度测量的意义

在初步感知与比较长度量的过程中，幼儿逐渐感受到了测量的必要性。学前期幼儿主要进行自然测量。所谓自然测量，是指利用自然物（如自己的脚或手、树叶、绳子、纸条等）作为量具进行直接测量的方法。长度的自然测量法主要包括首尾相接进行测量和使用单一量具进行重复测量两种。这两种方法最大的不同就是前者使用的量具数量充足，而后者仅保留一个量具。首尾相接进行测量的方法重在引导幼儿学习使用量具，掌握测量的要领，具体包括：第一，使用的测量工具一定是同一类型的，这样的比较才是有意义的；第二，要从起点开始摆放测量工具，一个接着一个摆放，不能交叉也不能有缝隙；第三，关注测量"基线"问题，要贴着需测量的边进行摆放，这样才能准确测量。第四，理解数出来的量具个数就是物体的长度。在此基础上，会逐步减少量具数量进一步引导幼儿学习使用单一量具进行重复测量。与第一种方法相比，除了关注"起点""基线"外，还要引导幼儿学习在每一次测量的终点处做记号，也就是在量具末端标记一下来体现下一次摆放量具的起始位置，量完数一数记号的数量，就是所测物体的长度。

此外，理解测量单位和测量结果之间的关系也是幼儿需要初步掌握的经验。教师可以在活动中有意识地引导幼儿使用不同量具测量同一物体，探究测量结果不同的原因，如为什么测量同一张小桌子的边长，用冰棒棍和回形针量的结果是不一样的，帮助幼儿厘清两者之间的关系，即测量的工具长，量的次数少，测量的工具短，量的次数多。

【案例 7－3】

比一比谁跳得远(长度:重复使用一个单位量)[①]

活动类型:集体活动。

年龄阶段:5～6 岁。

活动目标:

1. 尝试用不同的自然材料测量并比较长度。

2. 掌握重复使用一个单位量进行自然测量的基本方法。

3. 大胆参与活动,积极思考与动手操作。

活动准备:

用即时贴贴在地面标示两条并列的起跳线,用于标记的即时贴贴纸若干,丝带一卷,记号笔若干,铅画纸若干。

活动过程:

1. 第一次比较

请两名幼儿先后上前,站在起跳线处进行立定跳远。

提问:他们谁跳得远? 你怎么知道的?

小结:当两个幼儿向同一个方向跳时,我们可以通过用眼睛看的办法来知道谁跳得更远。

2. 第二次比较

先请一名幼儿站在起跳线上跳远,再请另一名幼儿站在起跳线上向相反的方向跳远。并分别在两名幼儿站定的地方用即时贴贴纸做上标记。

提问:

(1) 谁跳得远? 要比谁跳得远,其实是比什么?(比两段距离哪一段更长)

(2) 当两名幼儿向不同的方向跳时,还有没有办法知道谁跳得远? 你有什么办法?

(3) 在桌子上有记号笔、纸、丝带这些东西,你能用这些东西来帮帮忙,比比这两段距离谁更长吗?(请个别幼儿演示一下)

3. 选取材料进行探索,掌握测量方法

引导语:请幼儿自由选择想要用的工具,使用同一种工具的幼儿为一组,分别去量一量谁跳得远。

提问:测量工具只有一个? 该怎么样量呢?

教师小结:在进行一个单位量重复测量时,要找准起点和基线,然后要移动测量工具进行测量。记住要在移动之前做好标记,这样方便我们数一数有多少个。

---

① 活动设计者为上海安庆幼儿园卢世铁。

4. 对结果进行讨论

提问:(1) 量下来结果怎么样? 谁跳得更远? 你是怎么知道的?

(2) 在量两段距离的时候,可不可以一段距离用记号笔量,另一段距离用纸来量? 为什么?

(3) 丝带是长长的一段,怎么用来量距离? (在量第一段距离时做个记号,然后和第二段距离做比较)

(4) 长的测量工具和短的哪一个更方便? 为什么?

教师小结:当我们用小工具来比较两段距离时,要选择用同一种工具。长的测量工具比短的测量次数少,用起来要比短的工具更方便。

首尾相接和重复使用一个单位量进行测量的活动指导要点

首尾相接测量方法的学习到重复使用一个单位量进行测量的理解和掌握存在一个发展的过程,教师要注意设计一些过渡活动来帮助幼儿获得相关经验。例如当幼儿已经能够用长方形积木首尾相接地量出小桌子的长度,教师就会将测量所需的积木数减少 3～4 个,这样幼儿在操作的时候就会遇到测量工具不够的情况,教师此刻重在引导幼儿探索如何才能完成测量任务,引出可通过移动测量工具的方式。随着经验的增长,教师可以进一步只提供一个测量工具让幼儿探索,掌握重复使用一个单位量进行重复测量的技巧。

(四) 进行面积与体积的自然测量,体验面积与体积测量的意义

面积和体积量的测量对于幼儿的要求相对较高。这一部分的内容往往是在成人的指导下开展各类测量活动。

4～5 岁的幼儿初步采用单位面积(正方形)覆盖的方式来感知面积与面积测量的意义。此类活动中,教师需要重点引导幼儿理解面积测量就是用多个单位量的组合“表示”(等量替换)被测面积,根据测量的结果比较面积的大小。测量要点为用测量单位不重、不漏地覆盖被测面积。

5～6 岁的幼儿进一步学习采用单位体积(正方体)覆盖的方式来感知体积与体积测量的意义。体积测量的方式相对复杂,主要分为两种:“填充”与“装满”。“填充”法,具体指向体积量。在幼儿园主要以幼儿组合与拆分立方体的方式,通过“数一数有多少个组块”的游戏,发展对体积量的理解。“装满”更多指向容积量。一般可以让幼儿通过装单位容积液体的方式,来依次比较两个容器的大小。如小水壶能盛多少水? 教师可以引导幼儿用幼儿园喝水的水杯作为测量工具进行测量,通过数一数“几杯水”来感知容积量。

【案例 7－4】

果园有多大①(面积的自然测量)

活动类型：集体活动。

年龄段：5～6 岁。

活动目标：

1. 能用不重叠、不留空、平铺自然物的方法测量并比较果园面积的大小。

2. 能大胆猜测面积的大小，并通过测量验证自己的猜测，初步体验面积的守恒。

3. 能与同伴积极讨论测量的方法，有初步的观察分析和判断能力。

活动准备：

操作单是 3 块面积相同、形状不同的果园(见图 7－4)。

活动过程

1. 比比“哪个果园大”，引导幼儿用测量的方法比较大小

教师：这两天，小猴，小鹿和小熊特别高兴，因为它们果园里的水果丰收了。

教师：今天，三个好朋友们有点儿不高兴，它们都觉得自己家的果园最大。你们觉得谁的果园大？为什么？(教师鼓励幼儿大胆猜测，并说出自己的理由)

教师：怎样才能知道我们猜得对不对呢？(引导幼儿迁移前期经验，说出用测量、比较的方法，比比谁的果园大)

2. 选择测量工具，学习用平铺自然物的方法测量果园的面积

教师出示回形针、小棒、吸管、大小不同的方块，提问：这里有一些工具，你认为哪一种工具能测量出果园的面积呢？

师幼共同小结：回形针、小棒、吸管适合测量物体的长度，小方块适合将果园铺满，数数有几块小方块就知道果园有多大。

教师指着大小不同的方块，提问：只要是方块就能用来测量吗？(引发幼儿讨论后了解到，要用一样大小的方块测量)

教师：用方块怎样量才能量得比较准呢？

师幼共同讨论总结：要沿着果园平铺，不能重叠也不能留空。

3. 小组操作活动，测量并比较果园的面积

教师：现在就请小朋友们来测一测三个果园面积。测量时每一个方块之间不能留空隙。

教师应提醒幼儿测量时细心操作，正确点数并记录；鼓励幼儿完成操作后，比较猜测与测量的结果，在测量过程和结果中初步体验面积的守恒。

4. 交流、分享，初步体验面积的守恒

教师：你们刚刚比出哪个小动物的果园面积大吗？为什么？

① 南京市中华路幼儿园数学教研组设计，有改编。

师幼共同交流、讨论，知道通过测量发现三个小动物的果园面积一样大，因为它们都用了 x 块方块。

活动材料（部分）：

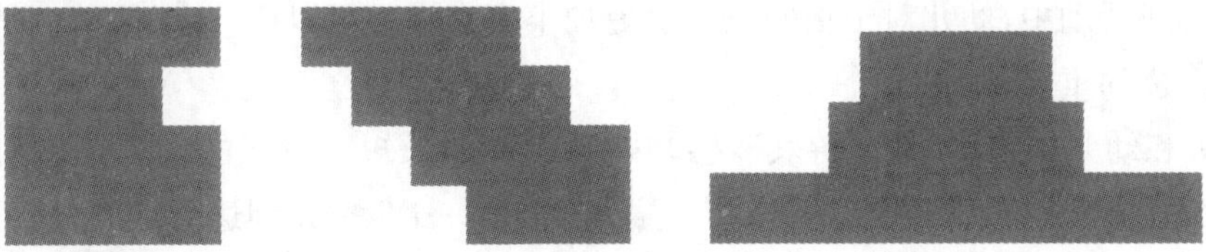

图 7－2　果园平面图

拓展延伸

面积和体积的自然测量活动的指导要点

面积的自然测量活动中，教师在材料提供上要注意把握好单位面积与总面积的关系，尽量做到多个单位面积能够正好完整覆盖总面积，这种方式有利于幼儿清晰地感知面积测量的方式。与此同时，不论面积还是体积的自然测量活动中，教师需要有意识地让幼儿感知和理解守恒概念，如在进行体积守恒学习时，教师提供物体体积的各种变式，即体积相同的橡皮泥，一个搓揉成饼状，另一个搓揉成球形，让幼儿猜猜是否一样，然后让幼儿把它们放进同一模具中做出一样的正方体，从而体验体积守恒。

二、渗透的量与测量教育活动

以上活动案例按照幼儿量的概念发展进程较为详细地呈现了教师提供的教育支持与指导，明确指出了在每一阶段发展中幼儿可能遇到的困难点或者关键要点。除了上述的较为正式的集体活动与区域活动之外，渗透在日常生活、游戏活动及其他领域教学中的量的教育同样重要，也需要教师时刻关注，把握时机，及时引导，促进幼儿相关经验的进一步发展。

（一）日常生活中量与测量教育的渗透

日常生活中充满着各式各样的量，教师在日常生活中要有意识地关注，并及时有效地进行量与测量教育的渗透，帮助幼儿在潜移默化中加深对量与测量的认识：

（1）在吃点心或水果时，引导幼儿关注物品的形状，尝试对食物进行等分。

（2）在喝水环节，可以让幼儿每次根据自己的喝水情况选择长短不一的吸管（如喝一杯就是一根长吸管，喝半杯就是半根吸管）来统计自己每天的喝水量。

(3) 在户外散步中,可以有意识地引导幼儿关注影子的变化,通过量一量感受一天中影子的长短变化。

(二) 游戏活动中量与测量教育的渗透

在游戏活动中,幼儿对于量的感知也更加丰富多样。可以说,游戏活动也是量与测量教育渗透的重要方面。

(1) 和幼儿一起玩"跳远游戏",感知跳远距离的长短。游戏的玩法是每两名幼儿一组玩游戏,通过剪刀石头布的方式,谁赢谁就先跳一次,率先到达终点的一方为赢。

(2) 组织幼儿玩沙玩水游戏。教师在游戏中添加诸多的杯子和各种形状的容器。让幼儿先猜一猜哪一个容器更大,然后引导幼儿用杯子来量一量验证结果与猜想的是否一样。

不仅仅在游戏活动中可以渗透相关量的知识经验,也可以在游戏开始之前,教师与幼儿一起创设游戏区的时候重点引导,提出一些关于量的感知、比较、测量的问题情境,让幼儿积极参与其中,主动地探索。比如,大班的幼儿想自主搭建一个理发店,教师可以提问:理发店应该需要多大的空间?我们要准备一个多高的洗发台?

(三) 其他领域活动中量与测量教育的渗透

1. 科学活动中量与测量教育的渗透

幼儿园科学活动的类型丰富,包括观察认识型活动、实验探究型活动、科学讨论型活动、技术操作型活动等。每一种活动中都可以挖掘出适合幼儿量的感知、比较、排序、测量等相关的经验。比如认识小金鱼的活动中,幼儿通过观察就可以获得关于金鱼大小、长短、胖瘦的感知;户外观察活动中,可以引导幼儿对树木高矮、粗细进行感知与比较;沉浮实验中,教师可以引导幼儿先用手感知事先准备好的实验材料,如石头、棉花、纸张、吸管等的重量,然后再让幼儿操作验证自己的猜想,有利于帮助幼儿获得关于重量的经验。

2. 语言活动中量与测量教育的渗透

幼儿园语言教育活动类型丰富,包括文学作品活动(诗歌、散文、故事)、谈话活动、讲述活动、早期阅读活动等。这些活动也可以让幼儿获得丰富的有关量的经验。比如《对比歌》:"一个大一个小,大象驮着金丝猴","一个慢一个快,龟兔赛跑最明显";在绘本故事《一寸虫》中,一寸虫通过测量的本领不仅逃过了灾难,还有许多小鸟来找它帮忙。跟随着绘本故事创设的美好情境,教师引导幼儿一步步探索测量的方式,不仅有助于幼儿积极地参与,还会让幼儿有更多探索的欲望。

3. 美术活动中量与测量教育的渗透

幼儿园美术教育中可以进行大量的关于量的经验渗透。比如绘画活动中,教师可以引导幼儿在绘画布局时,将重要的物体画得大一点,将不太重要的物体画得小一点,又或者是近处的物体画得小点,远处的物体画得大点等。手工活动中,教师可以引导幼儿做一些蕴含大小、长短、高矮元素的作品，比如一部分幼儿做长长的项链，另一部分幼儿做稍微短一点的手链；一部分幼儿做一些大花和大蝴蝶，另一部分幼儿做小花和小蝴蝶等。

4. 体育活动中量与测量教育的渗透

在体育活动中，教师在组织幼儿玩游戏的时候，可以借助一些指令信号进行渗透，比如"现在老鹰在睡觉，我们要慢慢地走，现在老鹰醒来啦，我们要快快地跑到离我们比较远的鸡窝里蹲下"；在进行队列排序的时候，教师可以发出指令："请按照高矮顺序来排列。"教师也可以提供在量方面有差异的操作材料进行渗透。如在"双脚连续向前蹦"活动中，教师有意识地改变障碍物的高度，让幼儿通过亲身体验，感知高矮的变化。

三、开展量与测量教育活动的注意要点

幼儿园是幼儿生活的主要场所之一，教师需要合理安排好幼儿园的一日生活，组织各式各样的活动有序地促进幼儿的量的概念的发展。教师在组织幼儿量的概念的学习过程中需要关注以下几点：

（一）要注重引导幼儿积极观察与发现日常生活中的各种量

我们生活的世界中充满了各种量，幼儿也时时刻刻与周围环境中的物体的量打交道。幼儿园和家庭是幼儿接触的主要的社会环境。教师不仅需要做好幼儿园内日常生活中量的教育的渗透，如在整理游戏器材的时候，引导幼儿感知哪些器材比较重，哪些比较轻，而且需要积极寻求家长的合作，通过任务清单的方式，让家长利用周末和每日放学后引导幼儿关注周围环境中存在的量，帮助幼儿巩固经验。如在家里完成一次"家人身高大比拼"的活动，让幼儿不仅关注到谁高谁矮，还可以量一量每个人到底有多高等。

（二）亲身体验、动手操作是幼儿进行量的学习的重要途径

《3—6岁儿童学习与发展指南》指出，要珍视游戏和生活的独特价值，创设丰富的教育环境，合理安排一日生活，最大限度地支持和满足幼儿通过直接感知、实际操作和亲身体验获取经验的需要。量的感知、比较、排序与测量都离不开幼儿的亲身体验和动手操作。比如苹果比轻重，幼儿就需要用手来掂量一下，感知哪一个更重。桌子比高矮，幼儿就需要借助纸条、积木等自然物进行测量。每一次亲身体验和动手操作都能够加深幼儿对量的概念的理解。

（三）要关注语言描述在幼儿量的学习中的特殊作用

常言道，语言是思维的体操。我们往往通过语言来判断一个人思维的清晰与敏捷性。幼儿在日常生活中会积累大量的关于量的经验，而语言描述可以帮助幼儿很好地进行经验的梳理与归纳。有研究证实，低年龄的幼儿往往会用"大小"来概括长短、高矮等一些量的差异。由此说明，幼儿虽然积累了有关量的差异性认识，但是并没有对这些量有正确的命名。注重引导幼儿用正确的词语进行描述和表达，不仅帮助幼儿更加正

确地认识客观事物的属性特征，也是幼儿数学思维抽象性发展的重要表现。

（四）要关注操作材料的丰富性

幼儿量的概念的获得离不开多样化情境的刺激。幼儿需要通过多次不同情境下的操作与探究才能真正掌握量的相关概念。这就需要教师提供多样化的探究材料和多样化探究的情境。如高矮的感知与比较，教师可以在角色游戏区提供高矮不同的桌子椅子；可以在积木区投放高矮不同的积木；可以在户外活动中引导幼儿关注小树的高矮。不仅仅是高矮概念，幼儿对于物体各种量的认识也都是在不同的情境中通过多样化的操作与体验得到不断丰富与提升的。

单项实训

1. 全班分为三个小组，各小组选择一个素材(量的排序；长度自然测量；面积自然测量)，设计完整的集体教学活动方案，并进行模拟教学。

2. 4～5 人一小组，自选年龄段，以“量的排序”为关键经验，设计一项数学区域游戏，包括游戏材料、游戏玩法、观察重点与指导要点，游戏名称自拟。

3. 4～5 人一小组，完成一份能够将量与测量关键经验渗透在幼儿的日常生活、游戏活动及其他领域活动中的建议。

任务三　学习量与测量能力发展的评价

情境导入

大班区域活动中，沈老师提供了火柴棒、积木和扣子等多种材料，让孩子们在自制的地图上测量自己家到幼儿园的距离。涵涵总是从众多材料中选择多根火柴棒首位相接进行测量，然后数一数，一共多少根火柴棒，并记录下来。这天，沈老师有意减少了材料，筐子里只有一根火柴棒、一块积木和一颗扣子。涵涵选择了一根火柴棒，沿着地图上的路线上下移动，一脸茫然。沈老师走过来问：“怎么了，遇到了什么问题?”涵涵说：“一根不行的，不好量，太短了，接不上。”

分析涵涵当前测量方面的发展水平。如果你是沈老师，接下来会怎么做?

任务要求

1. 了解不同年龄阶段幼儿量与测量能力发展的评价内容。

2. 结合典型案例理解幼儿量与测量能力发展评价的常用方法和注意要点。

3. 能够根据幼儿的行为表现评价幼儿量与测量能力的发展水平,并给予个性化的支持。

一、量与测量能力发展的评价内容

(一) 幼儿量的感知与比较能力发展的评价内容

根据3～4岁幼儿量的感知与比较能力发展的特点,教师在评价时重点关注以下内容:

- 幼儿会采用什么方法来正确地区分大小或长短不同的物体?
- 幼儿会用词汇来描述物体的量吗?使用的词汇正确吗?

根据4～5岁幼儿量的感知与比较能力发展的特点,教师在评价时重点关注以下内容:

- 幼儿会区分粗细、厚薄或高矮不同的物体吗?会采用哪些方式?
- 幼儿能否从5～6个大小(长短、高矮、粗细、厚薄)不同的物体中找出等量的物体?使用的方法是什么?

根据5～6岁幼儿量的感知与比较能力发展的特点,教师在评价时重点关注以下内容:

- 幼儿能采用目测的方式来正确比较和描述物体的长短、高矮、宽窄、厚薄和轻重吗?
- 幼儿对物体量的感知会受到外形、摆放位置的影响吗?

(二) 幼儿量的排序能力发展的评价内容

根据3～4岁幼儿量的排序能力发展的特点,教师在评价时重点关注以下内容:

- 幼儿能从4个大小或长短不相等的物体中找到并说出哪个最大(最长)或最小(最短)吗?使用的词汇是否正确?
- 幼儿能完成数量4以内的物体的大小或长短的差异排序吗?是怎样完成排序活动的?需要借助全范例板或者半范例板,还是独自进行排序?

根据4～5岁幼儿量的排序能力发展的特点,教师在评价时重点关注以下内容:

- 幼儿能进行7以内物体量的正逆排序吗?
- 幼儿排序时能同时关注到起点、排序规律、基线三个方面吗?

根据5～6岁幼儿量的排序能力发展的特点,教师在评价时重点关注以下内容:

- 幼儿能灵活使用排序的策略按物体量的差异进行10以内的正逆排序吗?使用哪些策略?
- 幼儿能用语言正确描述序列之间的传递性和可逆性关系吗?

(三) 幼儿长度的自然测量能力发展的评价内容

根据4～5岁幼儿长度自然测量能力发展的特点,教师在评价时重点关注以下内容:

- 幼儿能使用自然物首尾相接的方式进行物体的长度测量吗?是否关注起点、首尾相接、基线等方面？

根据5～6岁幼儿长度自然测量能力发展的特点，教师在评价时重点关注以下内容：

- 幼儿能使用重复一个单位量的方式进行长度的自然测量吗？
- 幼儿在测量的过程中能否发现并理解测量同一长度时，所测结果和所需单位数量之间的相反关系，并能够用语言正确地描述？

（四）幼儿面积和体积的自然测量能力发展的评价内容

根据4～5岁幼儿面积自然测量能力发展的特点，教师在评价时重点关注以下内容：

- 幼儿能否使用合适的工具（单位）进行面积测量，测量时能否注意到覆盖不能留有缝隙？

根据5～6岁幼儿体积自然测量能力发展的特点，教师在评价时重点关注以下内容：

- 幼儿能否用填充（装满）的方式进行体积（容积）的测量？

二、量与测量能力发展的评价方法

教师可以观察幼儿在生活和游戏等自然情境中发生的有关于量与测量的探索行为并进行评价，也可以有意设计特定的情境，借助具体的任务对幼儿量与测量能力水平进行评价。

（一）非任务情境（自然情境）中的观察

幼儿在一日生活中会经常碰到有关量的问题，如在幼儿园体检结束后幼儿会提出“我和你谁高”的问题，在户外游戏中会涉及“谁快谁慢”的问题。针对这一类幼儿自发产生而教师又非常感兴趣的行为，可以采用轶事记录的方式进行资料的收集，以此来评价幼儿量概念的发展水平。

【案例7－5】

房屋测量（高与矮）

【观察记录】早晨轩轩和可儿来到建筑工地，两人很快搭好了冰雪王国。这时轩轩说：“那我们量一量这个房子有多高吧。”可儿听完以后就和轩轩去找测量工具。轩轩马上发现了拼搭区的积木，积木比较小，他就先拼搭了6块积木，将其变成有一定长度的测量工具。当测量工具做好后，他从房屋底部开始测量，然后用手紧挨着积木做标记，紧接着将这把“尺子”放在手背上进行下一次测量，过了一会可儿说：“你的手都移动了，你不对了。”于是两人商量后换了一种方法，直接在“尺子”上继续垒，垒得和小房子一样高，然后数数一共有26块小积木那么高。

图 7－3　轩轩第一次测量

图 7－4　轩轩和可儿第二次测量

【行为分析】轩轩能够用积木作为测量工具，并重复使用一个单位量进行高度的测量，可儿提醒手移动了，测量不准确，这说明轩轩和可儿已经掌握了重复使用一个单位量进行高度测量的技能。通过商量，他们选择了首尾相接的方式完成测量，说明轩轩和可儿已经能够根据具体的问题选择合适的方式进行测量。

【未来规划指导】教师在之后的教育教学中，可以重点引导幼儿尝试重复使用一个单位量准确地完成房子高度的测量，解决因手移动而导致测量不准确的问题。

（二）任务情境中的观察

教师还可以在生活活动、游戏活动或专门设计的数学教育活动中提出量的比较、排序及测量任务，观察幼儿量的发展情况。为幼儿提供操作任务，要关注任务本身的目的性、操作材料的适切性。

表 7－5　任务情境中的评价任务清单列举

模块	评价任务清单列举	观察重点
感知与比较量	在益智区中投放大小、粗细、长短不同的玩具，让幼儿挑出里面的大的、粗的或者长的玩具，并用语言来描述所挑选出的玩具的特征。	观察幼儿采用什么方法来判断物体的大小、粗细和长短的，使用的方法是否合适。
进行量的排序	在体育活动中让幼儿从矮到高进行排序，观察幼儿是否能够正确排队。	观察幼儿采用什么方法进行排序的？方法的使用是否合适？
进行长度的自然测量	提供大手和小手模具各一个，让幼儿分别用这两种材料量量小椅子有多高，并进行记录。	采用哪种测量方法进行测量？是一个单位量重复测量还是首尾相接进行测量？
进行面积和体积的自然测量	准备一个小房子的平面图和若干个同样大小的正方形，让幼儿来量一量小房子的墙面有多大。	观察幼儿面积覆盖时是否前后无间隙地摆放。 观察幼儿用什么方式表征面积。

【案例7-6】

基于课程的评价：房子有多大
（用首尾相接摆放单位量的方式进行自然测量）①

【评价背景】“体检中心”活动中，教师与幼儿共同收集了几种自然物，鼓励幼儿使用首尾相接的方法，给同伴测量了身高。但是参与测量的幼儿并不多。因此，结合主题“我住的地方”，教师在区域活动中投放了操作材料“房子有多大”（见图7-5）。通过观察记录，了解幼儿运用首尾相接测量和记录表征的情况，并在分析思考后，针对性地调整改进方案，以帮助幼儿在原有水平上获得提高。

【关键经验】用首尾相接摆放单位量的方式进行自然测量。

【活动准备】几何图形拼搭的小房子、足量的回形针、记录单、笔、印章。

【数学语言】这里有一幢小房子，请你根据这张记录单，用回形针量一量小房子的边，数一数一共有几个回形针，用自己的方法记录。

【观察重点】幼儿在测量的过程中是否能关注起点、测量的基线和首尾相接？幼儿采用什么方式进行表征？是图画表征、符号表征、还是数字表征？

图7-5 “房子有多大”操作材料（修改版）

个别幼儿观察记录与分析：

【观察记录】孟孟进入区域，他想量一量屋顶的一条边有多长。她拿起第一个回形针放在屋顶的尖角处，接着又拿一个回形针接连着放，放到四个，基本上碰到了三角形的底边。然后在记录单上写了数字4。4个回形针都是首位相接，排得也很直，但是没有沿着边线。

图7-6 孟孟的测量

① 该案例是由苏州幼儿师范高等专科学校附属教育幼儿园沈涛、徐心两位老师提供。

【行为分析】首尾相接测量中，盂盂能够确定始点，采用一个接一个不重叠排列的方式，但是缺乏基准线的概念。

【未来规划指导】为了能够清楚知道本班幼儿是否能够正确进行测量，关注到基准线重要性，同时也重点观察幼儿的表征能力。需要用观察记录表辅助观察在全班再进行一次该活动。

观察记录表示例：

表 7-6 首尾相接重复测量与表征能力检核表

姓名	方法			表征			
	起点对齐	首尾相接	关注基准线	图画	符号	数字	备注
明明	√	√	√		√		
轩轩	√	√	×		√		
……							

全班幼儿测量情况统计与分析：

在持续近一周的时间里，共对 31 名幼儿进行了观察。获得的信息见表 7—7。

在测量方法上，30 名幼儿能够将回形针对准起点。27 名幼儿能将回形针首尾相接摆放，其中有 1 名幼儿将回形针部分重叠。29 名幼儿能够将回形针紧贴着所测边摆放测量；2 名幼儿在测量三角形的斜边时，没有紧靠基准线。其中 1 名幼儿使用首尾相接的方法从屋顶开始摆回形针，将其摆成了直线，垂直于三角形底边，另 1 名幼儿看到最后的 2 个回形针摆放不下，就将 2 个回形针摆成了一个弧度，这样 2 个回形针就都能放下。

在表征方面，有 11 名幼儿用符号记录，基本上是点和线。有 20 名幼儿用数字记录，其中有 9 名幼儿将数字 6 写反。另在点数的过程中，29 名幼儿能正确点数，并记录总数；有 2 名幼儿不能手口一致点数。

综上，一共有 24 名幼儿，能用首尾相接的方法正确测量，并用自己的方式正确表征。

表 7-7 全班幼儿情况

达成度	方法			表征			
	起点对齐	首尾相接	关注基准线	图画	符号	数字	备注
完成	30	27	29		11	20	符号表征有 11 名幼儿，以点和线表征为主。数字表征有 20 名幼儿，其中有 9 名幼儿数字 6 写反。在说出总数时，有 2 名幼儿不能手口一致点数。
未完成	1	4	2				

未来规划指导：

由于全班幼儿的发展水平存在差异，在实际的集体教学活动中难以顾及所有幼儿，需要在区域游戏活动和日常生活活动中把握契机，做好分层指导，实现幼儿在自身发展水平上的有效提高。

(1) 针对完全能正确测量和表征的幼儿，可以设计难度更高的区域游戏内容和要求，让幼儿根据自己的能力去挑战闯关。比如可以设计一个“小动物做客”的操作活动，贴好三条路线，其中有两条直线在视觉上不太一样，但实际上是一样长的。活动开始时，可以先让幼儿通过目测的方式初步判断三条小路的长短，然后引导幼儿用首尾相接的方法进行测量，并用自己的方式记录。最后，让幼儿将自己的测量结果与目测结果进行对比。

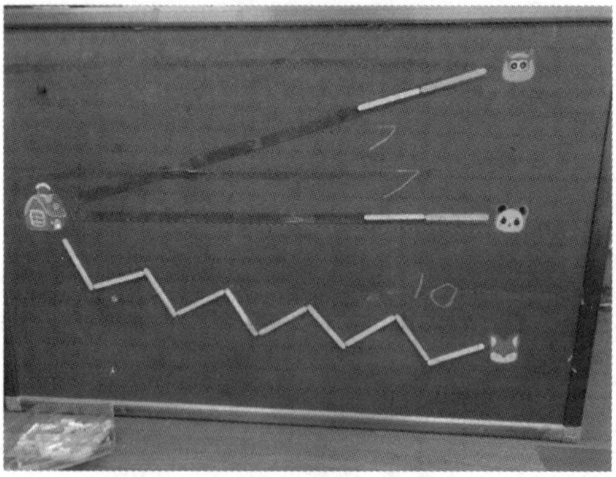

图 7-7 “小动物做客”操作材料

(2) 关注还没有完全掌握正确测量和记录方法的幼儿，引导他们在生活和游戏中量一量、数一数、记一记。例如，在科发室、建构游戏等活动中，有意识地引导幼儿用首尾相接的方法来进行拼搭测量，或者用手量一量桌子的长度等。对于计数有困难的幼儿，可以鼓励他们在吃小饼干等生活情境中数一数。

三、开展量的认知与测量能力发展评价的注意要点

(一) 日常生活中生发的数学问题情境是开展量的评价的重要场域

日常生活中蕴含着丰富多样的有关于量的比较和测量的数学问题，如谁的个子更高，谁跳的最远，谁能穿过小山洞等。幼儿正是在探索这些生活问题中初步获得物体量的特征。教师可以在日常生活中多关注幼儿发生的有关于量的问题或争论，来初步判断幼儿测量能力的发展。比如午睡起来后，两名幼儿会因为谁穿的厚而争吵起来，这时候教师就可以提问：“想想可以用什么方法来比一比衣服的厚薄？”教师可以重点观察幼儿有没有比较的意识，是用了什么方法进行比较的，操作上是否正确等来判断其感知比较能力的发展水平。

（二）量的内容丰富，需要多维度多层次地进行评价

幼儿量的学习包括感知与比较量，对量进行排序，对长度、面积和体积进行自然测量。因此，我们在进行评价的时候要关注量的发展的各个方面，切勿以偏概全。同时，每一个维度下量的发展水平是多层次的，这也提示我们在进行评价时要关注幼儿的不同发展水平，准备多层次的评价形式以获得幼儿较为准确的发展水平。比如想了解幼儿测量能力的发展水平，测量内容有很多，包括长度、面积、体积(容积)。测量的技能也很多，比如首尾相接测量物体长度，重复一个单位量测量物体的长度；用平铺的方式测量物体面积，用装满测量物体的容积等。因此，对幼儿测量能力进行评价时，我们既要观察幼儿长度测量技能的掌握情况，也要了解幼儿面积和体积测量技能情况。只有这样我们才能对一名幼儿的测量能力有一定的认知。

（三）多种评价方式的有机结合是量的评价的有效策略

目前，幼儿园的评价形式很多，有形成性评价与终结性评价，有正式评价和非正式评价，有定量评价和定性评价等。虽然评价的形式不同，但都能发挥重要作用。幼儿园一日活动皆课程，我们要灵活地根据不同的课程采用适宜的方式进行评价，以获得更加全面和综合的认识。如对幼儿的物体量的排序能力进行评价，在集体教学活动中，我们需要采用正式的评价方法，如任务情境观察，了解全部幼儿的整体发展水平，但此种方法对幼儿个别差异情况的了解较少。因而在区域活动中，教师会针对部分排序经验较少的幼儿展开小组的正式评价，以此更加清晰地了解幼儿出现个体差异的原因所在，并提供有针对性的指导。除此之外，教师也可以在日常生活活动中，采用非正式评价的方法，随机观察幼儿在物体量排序上的发展情况，并提供及时的指导。以上诸多评价整合在一起就能清楚地了解幼儿一段时间内在物体量的排序上的发展情况。

单项实训

4～5 人一小组，在数学活动“量一量”中，设计有关测量的观察记录表，记录并分析 2—3 名幼儿测量能力的发展水平。

任务四　实践与拓展

一、综合实训

4～5 人一小组，结合任务二中设计的量与测量集体活动方案，根据同伴和教师的指导建议修改完善该活动方案，并尝试在幼儿园实施。自行编制观察记录表，结合记录表中的内容，选择几名幼儿，记录他们在活动中的典型表现，分析其发展水平，并提供个性化的指导建议。

二、岗证对接

选择题：

在引导幼儿感知和理解事物“量”的特征时，恰当的做法是(　　)。

A. 引导幼儿感知常见事物的大小、高矮、粗细等

B. 引导幼儿识别常见事物的形状

C. 和幼儿一起手口一致点数物体，说出总数

D. 为幼儿提供“按数取物”的机会

(保教知识与能力真题，2018 年上半年)

参考答案

三、资源拓展

<table>
<tr>
<td>

谁是赛车小能手

游戏材料包括坡度不同的坡道 3 个(高、中、低)，3 辆大小一样的小汽车。教师重在引导幼儿探索不同坡度下谁跑的更远，感知远近关系。

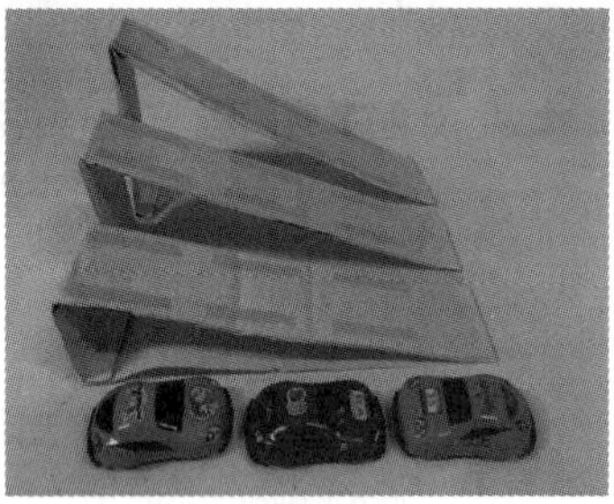

</td>
<td>

小脚丫，大本领

准备多个幼儿的脚丫模具，然后让幼儿用这些小脚丫来量一量桌子的长短、同伴高矮、距离的远近。

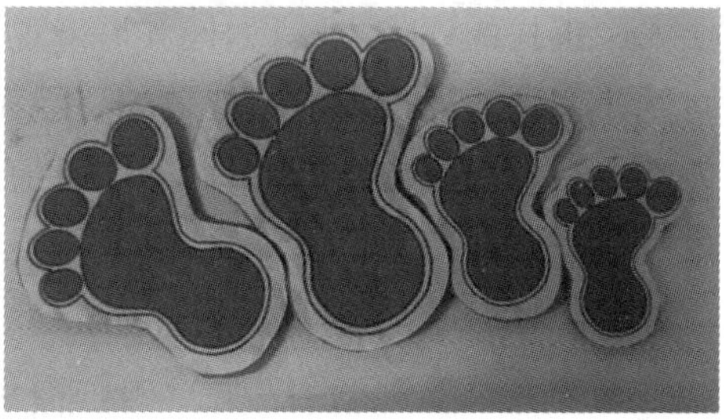

</td>
</tr>
<tr>
<td>

贴瓷砖

教师准备一个房子的平面模型和若干个大小相同的瓷砖(单位卡片，2 倍大的卡片和 3 倍大的卡片)。引导幼儿通过单位面积覆盖的方式感受面积测量的意义，同时在总面积一定的情况下体验单位面积大小与数量之间的关系。

</td>
<td>

瓶子装种子

教师准备 3 个一样大小的瓶子和花生、蚕豆、栗子、芸豆若干。记录单 1 张，笔 1 支。让幼儿在体积一定的情况下，探索种子的大小和数量之间的关系，并进行记录。

</td>
</tr>
</table>

大盘和小盘	幼儿有多高
游戏材料包括从小到大的盘子4个(数量可根据幼儿的年龄阶段自主增加),蔬菜水果种类若干,每一类均从小到大排列,数量为4(可根据年龄阶段增加数量)。幼儿通过对比食材的大小,将其放到对应大小的碗里。要想所有的蔬菜水果都能放在对应的盘子里,同类蔬菜之间的大小比较,以及蔬菜与盘子大小的比较尤其重要。	游戏材料包括高矮不同的幼儿卡片7张,其中有5张卡片中幼儿身高是由高到矮排列的,另外2张卡片中幼儿的身高和5张卡片中的2张幼儿身高是一样的。幼儿可以通过操作这些卡片,进行身高排序(由高到低或者由低到高)。同时,在排序的过程中,幼儿会发现其中身高相同的物体,由此感知体验等量关系。

图画书中的数学——量与测量

《忧虑虫,麦尔龙》是韩国作家姜志允所写的关于量的比较的图画书。作者塑造了一个爱担心的男孩麦尔龙的形象。麦尔龙因为爱担心,在生活中不断地进行事物的比较,从而进行更为安全保守的选择,例如,系围巾要比较一下围巾的长度,挑短的一根围巾,防止它缠在一起解不开。在这些比较中,包括长和短、远和近、高和低等不同的量。书中用生活中最为常见、最贴近幼儿生活的事物,直接放在一起比较,并配以插图,帮助孩子们理解和掌握比较量的方法,并将量的比较应用于生活。

《长短,高矮和宽窄》是美国作家詹姆斯·费所写的关于自然测量的图画书。书中以生活中的实际问题入手,描述物体与物体之间的量的比较过于模糊,无法明确地表示物体的量,从而引出自然测量这一方法,用生活中的物体为单位进行测量。书中具体讲述了自然测量的方法和注意事项,并介绍了有关自然测量的历史。最后,延伸到用实际的量尺和国际通用的单位进行测量。本书让学前阶段的孩子阅读有一定的难度,书中文字较多,配图较少,且内容难度较大。但幼儿可以从中得到一定的测量概念的启蒙。

《都陵村168号》韩国作家曹恩金所写的这本图画书也是与量的比较相关的。书中讲述了一个小姑娘在她的父母离开后,被好心的叔叔阿姨带到了都陵路168号——那个门最大的房子。在这里看到了大中小、长中短的不同事物,比如最大的鞋子是叔叔的，最小的鞋子是珍珍的；最大的屋子是客厅，最小的房间是珍珍的睡房，还有勺子、牙刷、袜子等事物。通过不同事物大小比较、用身体测量、辨认货币、看时间、认识时间概念的独特性等主题加深孩子们对测量概念和测量工具的理解。

《驼背奶奶与老虎》是韩国作家车宝金所写的关于用任意单位测量面积的图画书。书中讲述了一只想吃掉驼背奶奶的老虎和驼背奶奶打赌，比谁种下豆子的面积更大。老虎种的土地又窄又长，驼背奶奶种的又宽又短。孩子们往往和老虎一样，乍一眼看上去，觉得更长的土地面积更大，到底谁种的面积更大呢？兔子用奶奶的正方形头巾来测量面积，比较两块土地分别有多少块头巾的大小，就可以知道谁种的豆子面积更大。图画书通过呈现测量的方式，让孩子感知自然测量的过程和原理。

项目八

图　形

项目分析

幼儿在与周围环境的互动中积累着关于图形的感性经验。我们时常看到幼儿对于图形的认知仍然受知觉和视觉形态的影响，无法按照图形的本质特征来正确理解图形。进行图形认知教育，能够有效引导幼儿关注图形边角特征，突破幼儿图形认知的局限，帮助幼儿更好地认识外界事物，提高幼儿的空间想象能力。本项目学习的主要内容包括图形的基本理论、图形认知教育活动的设计与实施、图形认知能力发展的评价。

项目导学

- 图形
  - 掌握图形的基本理论
    - 图形的基础知识
    - 幼儿图形认知能力的发展特点
    - 图形的核心概念与关键经验
  - 学习图形认知教育活动的设计与实施
    - 专门的图形认知教育活动
    - 渗透的图形认知教育活动
    - 开展图形认知教育活动的注意要点
  - 学习图形认知能力发展的评价
    - 图形认知能力发展的评价内容
    - 图形认知能力发展的评价方法
    - 开展图形认知能力发展评价的注意要点
  - 实施与拓展
    - 综合实训
    - 岗位对接
    - 资源拓展

学习目标→

1. 了解图形的基础知识与幼儿图形认知能力的发展特点。

2. 掌握图形的核心概念与关键经验。

3. 尝试依据关键经验设计与组织专门的图形认知教育活动。

4. 能够将图形认知教育渗透于幼儿的一日生活中。

5. 能够根据幼儿的行为表现评价幼儿图形认知能力发展水平，并给予个性化的支持。

任务一　掌握图形的基本理论

情境导入

吃过午饭后，褚老师带着排好队的幼儿去户外散步。褚老师指着路边的标志牌说："这个是什么图形呀?"明明说："老师，我知道，它像我们幼儿园早上吃的三明治。"浩浩说："它是三明治。"轩轩说："它是三角形。"

以上情境中三位幼儿的图形认知有什么特点?

任务要求

1. 了解图形的概念、对幼儿发展的意义以及幼儿图形认知能力的发展特点。

2. 掌握图形的核心概念与关键经验。

一、图形的相关知识

（一）图形的概念

如果仅抽取物体的形状、大小而略去物体的其他特征，这样的物体就叫几何形体，也称图形。图形是对客观物体形状的抽象和概括，具有普遍性和典型性，因而人们常用几何形体作为确定物体形状的标准形式。在数学概念中，图形一般分为平面图形和立体图形两大类。其中，平面图形(二维平面)是指由同一平面内的点、线、面所构成的图形。立体图形(三维空间)则是由空间点、线、面所构成的图形，它是由面所围成的封闭图形，有长、宽、高。

学前期儿童主要学习的平面图形包括圆形、正方形、三角形、长方形、椭圆与梯形等，立体图形包括球体、圆柱体、正方体和长方体。Clements(2004)等对 3～6 岁儿童形状辨认的研究结果表明，幼儿认识平面图形的顺序是：圆形—正方形—三角形—长方形—半圆形—椭圆形—梯形；认识立体图形的顺序是：球体—正方体—长方体—圆柱体。[①]

有研究证实，幼儿能够进行图形形状的辨认并不能说明其已经获得了图形概念。事实上，引导幼儿感知图形的基本特征是帮助其获得图形概念的关键。因此，教师自身有必要知道常见图形的概念以及怎样用幼儿能理解的语言进行解释与引导（见表 8－1）。

表 8－1　学前期涉及的图形概念[②]

图形名称	数学概念	对幼儿表述的语言
圆形	在平面内，到一定点距离等于定长的点的集合。	圆溜溜的，没有尖角的平面。
正方形	有一个角是直角且有一组邻边相等的平行四边形。	有四个角、四条边；四个角一样大，四个边一样长的平面。
三角形	由不在一条直线上的三条线段所围成的封闭图形。	有三个角、三个边的平面。
长方形	有一个角是直角的平行四边形（两组对边分别平行的四边形）。	有四个角、四条边；四个角一样大，四条边中相对的两条边一样长，相邻的两条边不一样长的平面。
梯形	只有一组对边平行的四边形。	有四个角、四条边；有两条对着的边是平行的，样子像梯子的平面。
椭圆形	在平面内，到两定点距离的和等于常量的点的集合。	长长的圆形。
球体	一个半圆以它的直径为轴旋转所得的曲面围成的几何体。	从哪个方向看上去都是圆，从哪个方向看都能滚动的物体。
正方体	棱都相等的长方体。	有六个面，六个面都是一样大的正方形的物体。
长方体	底面为长方形的直四棱柱（或上、下底面为矩形的直平行六面体）。	有六个面，六个面都是长方形，相对的两个面一样大；或有两个面是一样大的正方形，其他四个面是一样大的长方形的物体。
圆柱体	以长方形一边所在直线为轴旋转一周形成的曲面所围成的几何体。	两端是一样大的两个圆形，中间是一样粗细的圆柱子。

（二）图形认知对幼儿发展的意义

首先，初步获得的图形概念可以帮助幼儿更好地认识外界事物。形状是物质世界的一个基本特征，了解形状可以帮助幼儿学习许多事情的名称以及他们的属性和功能。

① 黄瑾，田方. 学前儿童数学学习与发展核心经验[M]. 南京师范大学出版社. 2015：288.

② 徐青，刘昕. 学前儿童数学教育（第二版）[M]. 高等教育出版社. 2014：178.

例如，他们会发现形状有的是规则的，有的是不规则的，它们有二维、三维的形式，他们有名字，如圆形、三角形和正方形等。

其次，对图形概念的认识过程可以促进幼儿空间意识及空间想象能力的发展。幼儿喜欢和图形打交道。在日常的摆弄中，幼儿会逐渐积累有关于图形平移、翻转等经验，这些经验不断地促进幼儿心理旋转能力的发展，增强他们的空间意识。同时，不断地动手操作也进一步提高了他们空间想象能力的发展。

最后，幼儿图形概念的日益发展是他们以物代物表征水平发展的基础。以物代物的表征水平是幼儿对事物形体进行抽象的具体表现。如教师让幼儿进行桌面表演“小猴的桃树”，明明就能快速地想到小猴用无色的长三角积木来代替，而桃子用红色的等边三角形来代替。幼儿在图形构造活动中表现出的智慧，能使我们体会到图形比起数来得具体、直观得多。“它提供幼儿连接数学与真实世界的一个最佳机会。”①

二、幼儿图形认知能力的发展特点

环境中的物体都有自己的形状。幼儿很早就通过视觉或触觉来感知物体的形状的差异。但是早期的幼儿对形或体的认识并没有脱离实物形态，还不是我们所说的具有对实物抽象和概括意义的图形（几何形体）。由此也可以看出，幼儿图形概念的获得要比实物图形的认识晚。在这里，我们重点介绍瑞士著名心理学家皮亚杰对图形概念发展的相关研究，来帮助大家更好地了解幼儿图形概念发展的一般特点。

皮亚杰从两个层次研究了儿童图形概念的发展：知觉层次和概念层次。两者的研究结果较为一致。总体上，幼儿图形知觉层次上发展经历了三个阶段②：

第一阶段（2～4岁）：能够分辨开放图形和封闭图形，但不能分辨欧氏图形。幼儿一开始对图形的认识是属于拓扑性质的。拓扑图形往往指向图形的开放和封闭，而欧氏图形讲究图形线条的曲直。此阶段的幼儿往往会关注图形是开放的还是封闭的。儿童最典型的行为是用手顺着实物的周围轮廓描摹，把手穿入洞中分离它。这种对物体外围界限的知觉，注意其是否开放、封闭或分离，都有利于幼儿感知拓扑图形的性质。

第二阶段（4～6岁）：是过渡期，能辨认欧氏图形，即区分直线图形（正方形、长方形、平行四边形、菱形）和曲面图形（圆和椭圆）。儿童能够用眼睛和手跟随图形的边围，并辨别角。

第三阶段（7岁左右）：具有逆向思维能力，能辨识直线形成的封闭图形。辨别图形时，由某一固定参考点开始，较有计划和系统性。

除此以外，幼儿对图形的命名也经历着一个长期的发展过程：

第一阶段：图形与实物等同。此阶段的幼儿还不能很好地命名图形，往往把图形和生活中的实物等同起来，比如将长方形称作门或电视等。

---

① 周淑慧.幼儿数学新论——教材教法[M].台北：心理出版社，1995：110.

② 张俊.学前儿童科学与数学教育[M].苏州：苏州大学出版社.2001：83.

第二阶段：图形与实物做比较。该阶段的幼儿在辨别图形时，会将其与具体实物联系起来，如圆形像太阳，长方形像门一样。

第三阶段：图形作为区分物体形状的标准。该阶段的幼儿能够抽象出具体事物的形状，如盘子是圆形的，圆镜子也是圆形的。

三、图形的核心概念与关键经验

表 8-2　图形的核心概念与关键经验

	核心概念	关键经验
图形	1. 根据属性特征可以对图形进行定义和分类。 2. 立体图形的表面是平面图形。 3. 不同的图形可以合成一个新的图形(组合)，或分割成其他的图形(分解)。	1. 感知和发现平面图形的基本特征，形成平面图形概念。 2. 辨别立体图形的基本特征并正确命名，形成立体图形概念。 3. 根据图形的基本特征进行分类与表征，巩固对图形概念的认识。 4. 进行图形的分解与组合，体验图形之间的组合替换关系。

表 8-3　图形各年龄段关键经验

3～4 岁	4～5 岁	5～6 岁
1. 探索物体较明显的形状特征，并用自己的语言描述(知道什么是圆形、正方形、三角形的物体)。 2. 借助分割线的提示进行简单的图形组合。	1. 感知和发现常见几何图形的基本特征，并进行分类。 2. 认识并命名立体图形上的平面图形，如三角形、长方形、正方形、梯形、圆形、椭圆形等。 3. 认识图形的不同变式。 4. 不用借助分割线的提示，进行简单的图形组合与分解。	1. 认识并命名正方体、长方体、球体、圆柱体，并能根据几何体的特征进行分类。 2. 认识长方体和正方体的结构(面的个数及形状、面之间的关系，平面展开图及其还原)。 3. 利用图形及图形组合进行较为复杂的组合与分解，理解其中的组合、替换关系。 4. 理解对称概念，将实物做二等分或四等分。

单项实训

1. 自主收集一个关于幼儿图形能力发展的案例，并分析案例中的幼儿处于哪种发展阶段。

2. 4～5 人一小组，去幼儿园观察某中班或大班幼儿一日生活中渗透了哪些有关图形的关键经验，以案例的形式进行记录并分享。

任务二　学习图形认知教育活动的设计与实施

情境导入

王老师正在组织一个认识三角形的教学活动。王老师拿出一个等边三角形卡片，问："小朋友们，大家仔细看一看老师手里的卡片，告诉我它是什么图形呀？"浩浩说："它是三角形呀！"老师又问："为什么它是三角形呢？"浩浩说："因为它有三个尖的角。"老师又问了七七，七七说："因为它有三个边。"教师总结道："小朋友们非常聪明，它是一个三角形，因为三角形有三个尖尖的角还有三条边。"老师又拿出了一个钝角三角形，问："这个是三角形吗？"露露说："不是的。"老师问："为什么呢？"露露说："因为这条边(底下)太长了，所以它不是三角形。"教师接连拿了几个非等边三角形，包括露露在内的好几个幼儿都说不是三角形。

如果你是王老师，你会采取哪些方式帮助幼儿再一次认识三角形的基本属性特征？还会组织哪些活动帮助幼儿进一步巩固相关经验？

任务要求

1. 尝试结合关键经验，设计、实施正式的图形认知教育活动。
2. 学习将图形认知教育灵活地渗透于幼儿的日常生活中。

一、专门的图形认知教育活动

依据幼儿图形认知发展的特点，有关幼儿图形学习的活动一般按照下面的思路渐进性地开展：首先，教师需要引导幼儿感知和发现平面图形的基本特征，从属性特征的角度加深幼儿对平面图形的理解，获得平面图形概念守恒。在理解平面图形属性特征的过程中，逐渐引导幼儿关注平面与立体图形之间的关系，也就是立体图形的表面是平面图形，进而着重引导幼儿感知立体图形的基本属性特征，加深对立体图形概念的理解。再者，在幼儿认识图形属性特征的基础上，教师可以组织形式多样的分类和表征活动，加深与巩固幼儿对图形概念的认识。在幼儿理解图形属性特征的过程中，教师也需要有意识地引导幼儿进行图形的组合与分解，体验图形之间的组合替换关系，并在此基础上引导幼儿进行创意拼搭与建构。

（一）感知和发现平面图形的基本特征，形成平面图形概念

3～5岁的幼儿重在对平面图形的基本特征进行感知与描述。平面图形的基本特

征具体指向边与角的数量。一般而言，在认识平面图形基本特征的活动中，最重要的是教师要引导幼儿观察、触摸有形物体的轮廓，形成感性经验。在此基础上，教师再与幼儿一起讨论与归纳平面图形的基本特征，并正确命名（可出示与实物相同的平面图形）。

当然，也可以通过相似平面图形的比较，引导幼儿发现异同点，师幼共同归纳出新学平面图形的特征，并正确命名，从而掌握新学图形的名称和特征。例如，幼儿学习长方形，就可以选择宽度相同的已认识过的正方形作为比较的对象，将两者进行重叠比较，以便发现异同点。

【案例 8－1】

香香的饼干（感知平面图形特征，命名平面图形）①

活动类型：集体活动。

年龄段：3～4 岁。

活动目标：

1. 初步感知并认识圆形、正三角形、正方形，能说出每种形状的名称。

2. 感受数学活动的有趣，喜欢参加数学活动。

活动准备：

1. 口袋 1 个，内装圆形、正三角形、正方形的饼干若干，数量超过幼儿人数，各形状数量均等；托盘 3 个，每个托盘里分别放一种形状（圆形、正三角形、正方形）的饼干，用于品尝。

2. 小托盘每人 1 个。

活动过程：

1. 摸饼干

教师出示口袋，用神秘的口吻说：这是一个奇妙的口袋，里面有好吃的东西，谁愿意来摸摸，猜猜是什么？

教师鼓励部分幼儿大胆地来摸，引导幼儿边摸边说自己摸的感觉，如硬硬的、尖尖的等。

教师请幼儿取出一个自己摸的东西，然后提问：你摸出的是什么东西？你知道它是什么样子的吗？

每位幼儿都摸一次，并把摸到的东西放在面前的小盘子中。

2. 认饼干

教师请摸正方形饼干的幼儿介绍饼干的形状，提问：你摸的饼干是什么样子的？（引导幼儿感受正方形有尖角）

① 张慧和，朱瑶. 幼儿园领域课程资源数学[M]. 北京：教育科学出版社 204：75－76.

教师小结：这个饼是方方的，它是一块正方形的饼干。

教师：还有谁摸的也是正方形的饼干？举起来给大家看看吧！（鼓励摸到正方形饼干的幼儿把饼干举起来给大家看一看）

教师分别请摸到三角形和圆形饼干的幼儿介绍饼干形状，三角形饼干也有尖角，圆形饼干没有尖角。

师幼共同认识形状并说：这是三角形（圆形）的饼干。

3. 吃饼干

教师出示分别装有圆形、三角形、正方形饼干的盘子，提问：饼干好吃吗？我们尝一尝吧！要先说一说你想吃什么形状的饼干，然后再取出这种饼干吃。

教师鼓励每个幼儿说说想吃的饼干形状，并取相应的饼干；观察幼儿说的和取的饼干形状是否一样，并给予及时指导。

教师：你还想吃其他形状的饼干吗？（请幼儿再次取饼干品尝）

4. 寻找身边的图形

教师：大家可真能干，还有许多圆形、三角形、正方形躲在我们身边的其他地方，我们也去把它们找出来吧！

教师带领幼儿在活动室内寻找，鼓励幼儿找到后说一说，如圆圆的钟、三角形的房顶等。

拓展延伸

感知和发现平面图形基本特征活动的指导要点

在教学过程中，首先要注意引导幼儿充分感知平面图形的形状特征。如上述案例中，教师就采用了摸饼干的方式让幼儿感受平面图形较为突出的形状特点。

其次是注重与幼儿讨论与归纳平面图形的基本特征。上述案例中，教师就通过认饼干环节，通过提问“摸到的饼干是什么样的”，和幼儿一起归纳出饼干的基本特征。

最后是注重提供多种平面图形变式，让幼儿练习。上述案例中，教师不仅通过吃饼干的环节巩固对三种图形基本特征的认识，而且还与周围的生活相联系，让幼儿寻找身边的平面图形并说一说理由。这里需要注意，让幼儿说一说理由，尽可能引导幼儿说出典型的形状特征，而不仅仅是图形名称。

（二）辨别立体图形的基本特征并正确命名，形成立体图形概念

在熟悉平面图形的基本属性和名称过程中，教师会有意识引导4～5岁的幼儿将已经认识的平面图形和日常生活中的实物联系起来帮助其初步认识平面与立体图形之间

的关系，也就是立体图形包括哪些平面图形。例如，请幼儿数一数一块长方体积木上有哪些面，分别是什么图形。在此基础上，进一步过渡到对立体图形基本特征和名称的认识。在辨别立体图形表面是平面图形的活动中，教师要重点引导幼儿有意识地感知、辨认和描述日常实物上存在的平面图形的形状特征和数量。如教师可以和幼儿一起收集盒子、罐头瓶或者那些形似三角形、正方形、长方形或圆形的物体，一起讨论："为什么这些物品要做成特定的形状，如碗口为什么是圆的不是方的，床为什么要做成方形的？"

5～6 岁的幼儿重点学习立体图形的基本特征，即立体图形中间的形状和数量，并在此基础上进行正确命名，从而形成立体图形概念。认识立体图形活动设计与组织的思路与认识平面图形相似，在这里不作赘述。同时，平面图形与立体图形之间的比较也是帮助幼儿认识立体图形的有效方法，也有助于克服幼儿将平面和立体图形相混淆的现象。例如当幼儿学习球体的时候，教师可以提供圆形作为对比，让幼儿在观察比较中发现两者之间的异同点。

【案例 8－2】

皮球和柱子（感知立体图形的基本特征）[1]

活动类型：集体活动。

年龄段：5～6 岁。

活动目标：

1. 通过感知和体验，了解球体和圆柱体的不同特点。

2. 知道它们的名称和区别，能找出生活中相应形状的实物。

活动准备：

1. 教具：大小皮球、饮料罐、茶叶筒或竹筒等各一件，示范用的球体和圆柱体积木或石膏模型。

2. 学具：幼儿自带小皮球或乒乓球、饮料罐或其他圆柱体的物品各一个。

活动过程：

1. 认识球体

教师请幼儿猜谜语：一个宝贝真有趣，圆头圆脑圆肚皮，放到地上它会滚，用手拍它会跳起。（球）

教师请幼儿拿出手中的球在桌上滚一滚，拍一拍，注意不要让球离开桌面。请幼儿想一想，球是什么形状的。

教师请几名幼儿说一说球的特征，生活中还见过哪些像球一样的物品。

小结：不论从哪个角度看，都是圆的，这种形状叫球体。

---

① 张慧和，陈国强，朱琍瑶等. 幼儿园数学教育资源（上册）[M]. 北京：人民教育出版社. 2016：228.

2. 认识圆柱体

教师出示圆柱体积木，请幼儿观察并说一说这种形状看起来像什么，有什么特点，生活中还见过哪些像它一样的物品。

教师请幼儿拿出手中的圆柱体在桌上滚一滚、玩一玩，并请幼儿想一想它是什么形状的，请几名幼儿回答。

小结：像圆柱一样的形状，我们叫圆柱体。圆柱体是什么样的呢？两头是圆形的平面，中间是圆筒样的。

3. 区分球体和圆柱体

教师请幼儿用以下几种方式比较两种形状的异同：

(1) 把两个形状的物品分别拿在手里，闭上眼睛摸一摸它们在外形上有什么区别。

(2) 从各个角度看一看两种形状有什么不同。

(3) 把两个形状的物品放在地上滚一滚，看有什么不同。

4. 讨论两种形体的异同

教师：这两种形体有什么地方相同？有什么地方不同？为什么？

小结：球体不论从哪个角度看，都是圆的，圆柱体只有两头看起来是圆的；球体可以向各个方向滚动，圆柱体只能前后滚动。

拓展延伸

感知立体图形基本特征活动的指导要点

在材料的选择上，由具体的有形实物入手，慢慢过渡到抽象的立体图形，这比较符合幼儿的认知特点。如案例 8－2 中，为了让幼儿更好地了解球体，教师没有直接呈现立体图形，而是出示了幼儿非常熟悉的球，让幼儿先触摸感知球的特点，进而过渡到对球体的认识。

在教学过程中，首先，注意引导幼儿充分感知立体图形的形状特征，也就是观察和触摸了解形状轮廓。如案例 8－2 中，教师就要求幼儿滚一滚，拍一拍球，以便获得对球的感性经验。

其次，注重与幼儿一起讨论归纳出立体图形的基本特征。案例 8－2 中，教师想让幼儿了解什么是球体，没有直接告诉幼儿球体的概念，而是在幼儿摸一摸、滚一滚、看一看的过程中与幼儿总结出了球体的基本特征，进而获得球体概念。

（三）根据图形的基本特征进行分类与表征，巩固对图形概念的认识

1. 图形的分类

3～4 岁的幼儿可进行图形归类活动。图形归类是指教师先为幼儿提供能够体现

图形特征的标记物，多数情况下是指图形的轮廓，让幼儿根据标记物的提示对图形进行分类。如教师让幼儿根据三角形标记物将所有符合要求的图形放在一起。在此类活动中，最为重要的是教师和幼儿一起分析和讨论标记物的特点。在此基础上，教师提供不同层次的操作材料让幼儿依据标记物进行操作，以此巩固对平面图形的认识。

随着年龄的增长，幼儿能够自主根据不同的标准对图形进行分类。与图形归类活动不同的是，图形分类活动往往是让幼儿先进行分类操作，再说出分类的标准。不论是平面图形还是立体图形分类活动，重点引导幼儿按图形的属性特征进行分类。例如教师通过提问"你能把角一样多的图形放在一起吗？"来明确分类的要求。当然，当幼儿积累了一定的分类经验后，教师可以不提出要求，让幼儿先自主分类，再说出分类标准。例如，当幼儿完成图形的角数分类后，教师可以询问幼儿"你们是怎么分的"，让其描述自己的分类过程，也可以让幼儿用自己的方式表征分类标准，然后进行集体分享。

【案例 8－3】

分图形(按图形的边角特征分类)[①]

活动类型：集体活动。

年龄段：4～5 岁。

活动目标：

1. 感知平面图形的边、角特征。

2. 能根据图形的边数或角数给图形分类。

3. 愿意积极思考和参与图形边角数量讨论。

活动准备：

分类盒 3 个，正三角形、直角三角形、正方形、长方形各 1 个，五边形 2 个，点卡 3、4、5 各 1 张。

活动过程：

1. 集体观察图形的边数和角数，引出图形按边数和角数分类的要求

教师出示正三角形、直角三角形、正方形、长方形，提问：每个图形分别有几个角呢？哪些图形的角一样多？你会把角一样多的图形放在一起吗？

教师鼓励幼儿积极思考，大胆表达自己的想法。

2. 演示操作规则

教师：谁愿意来试试看呢？

教师请一名幼儿演示，集体观察。

教师：他是按照角的数量来分的吗？我们一起来检查一下。

① 张俊.幼儿园数学领域教育精要—关键经验与活动指导[M].北京：教育科学出版社，2015：206.

集体检查后，教师小结：两个三角形都有3个角，一个正方形和一个长方形都有4个角。

教师出示点卡3、4，提问：我们可以选几个点子来表示每盒里图形角的数量呢？3个角的用几个点来表示？4个角的用几个点子来表示？（教师根据幼儿的回答操作）

教师介绍平行活动：老师今天还准备了一个活动，也是分图形，材料和刚才这个活动一样，但不是按图形角的数量来分，而是根据图形边的数量来分。分好以后，用点卡表示每格中图形的边数。你们会玩了吗？说说这个游戏怎么玩。

3. 幼儿操作，教师指导

教师：今天请第一、三、五组的小朋友按角数分图形，请第二、四、六组的小朋友按边数分图形，做完自己组的活动后，两组的小朋友可以相互交换座位。好，现在开始操作吧！

教师观察幼儿是否都已开始操作，了解幼儿能否理解按角数分和按边数分的规则，必要时进行个别指导。

4. 集体观察比较，进行总结和评价

教师：今天先做按角数分图形的是谁？你们是怎么分的？谁愿意到老师这里来再做一次？

教师：今天先做按边数分图形的是谁？你们是怎么做的？谁愿意也来老师这里做一做？

教师：大家看看他们做出的结果。这边是按角数分图形的，3个点表示的是几个角的图形？4个点表示的是几个角的图形？5个点表示的是几个角的图形？再看看按边数分图形的结果，和按角数分图形的结果一样吗？他们各自用不同的分类标准分图形，结果却是一样的，这是怎么回事？

教师表扬能积极参与图形边角数量讨论的幼儿。

拓展延伸

图形归类和分类活动的指导要点

对标记物的理解决定了幼儿是否能够顺利完成归类任务，同时标记物的抽象水平影响幼儿的操作过程。标记物主要有三种表征形式：(1) 实物表征；(2) 实物图片表征；(3) 图形表征。其中，图形表征是最抽象的。

由于幼儿年龄特点和已有经验的不同，图形分类活动的难度应该适时调整，以满足不同层次幼儿的需要。一般情况下，教师可以通过两种方式来增加分类的难度：变化分类标准和增加干扰因素。

变化分类标准，也就是我们可以由简到难提出分类的要求，帮助幼儿逐一认识到图形的基本特征。如感知三角形的边角特征(三边三角),教师可以先让幼儿找出具有三条边的图形,再让幼儿找出具有三个角的图形,最后让幼儿找出符合两个标准(三边三角)的图形。

增加干扰因素,也就是不再突出典型的图形基本特征,还突出了其他特征,如颜色、大小、摆放的位置、方向等。如最初只提供相同颜色的多种图形让幼儿进行分类,然后可提供大小不同、颜色不同的图形及其变式,再者增加位置摆放角度不同的图形等。增加的干扰因素越多,越能反映幼儿图形概念的发展水平。

2. 图形的表征

在对图形属性特征有一定认识的基础上,除了通过分类活动,教师还可以组织各种制作活动引导幼儿表征图形,以此巩固对图形属性特征的认识。常见的制作活动包括小棒拼搭图形、沿轮廓剪图形、用泥塑图形、用模子压图形、用纸盒做图形、用笔涂画图形、图形折纸等(见图 8-1、图 8-2、图 8-3)。

图 8-1　火柴棒拼图形

图 8-2　用画笔图画图形

图 8-3　沿着轮廓剪图形宝宝

虽然这些活动在任务、材料使用和技能技巧上都不太一样,但都能够让幼儿的视觉、触觉与动觉协同参与,加深认识。有研究表明,幼儿对某个概念的理解,必须要获得能体现这一概念的多种经验,在体验这些概念的共同性质的过程中,逐步完善概念属性的概括与抽象,形成初步的概念。

【案例 8-4】

做盒子(制作立体图形)

活动类型:集体活动。

年龄段:5～6 岁。

活动目标:

1. 加深对正方体、长方体特征的认识,发现相对的面形状、大小相同。

2. 体验立体图形与平面展开图之间的空间对应关系。

3. 参与猜想与讨论，并积极动手制作。

活动准备：

长方体盒子的展开图、正方体盒子展开图各1张，长方体盒子1个(用展开图制作而成，有颜色的面朝里，见图8-4、图8-5)。

活动过程：

1. 猜想展开图可以做出的盒子的形状

教师：派派想做一个盒子，麦麦也想做一个盒子。(出示两张平面展开图)这是两种盒子的展开图，如果把它们做成盒子，会是什么形状呀？(一个是正方体的，另一个是长方体的)你是怎么知道的？

教师出示反面朝外折好的盒子，提问：这个盒子是用哪张图折成的？想想看，展开图上的褐色图形会出现在盒子的哪一面？

教师：我们已经知道正方体和长方体都有6个面，可是这张展开图上怎么会有这么多形状呢？(指着粘贴处)图上这几个梯形会在盒子的什么地方呢？

2. 讨论制作步骤

教师：怎么才能把展开图做成盒子呢？(按虚线折叠围拢成立体图形)那应该按虚线往里折还是往外折呢？为什么？

教师：做好以后要看一看盒子是什么形状，相对的两个面是什么颜色的。

教师：我们今天的活动就叫"做盒子"，请小朋友们每人做一个盒子。

3. 幼儿分组操作

幼儿自选活动，教师提示每人先选一张平面展开图来制作盒子。

教师观察幼儿是否理解操作要求，提示幼儿要细心制作，折叠时要把有颜色的一面对外，沿着虚线折。

活动材料(部分展示)：

图8-4　正方体盒子平面展开图

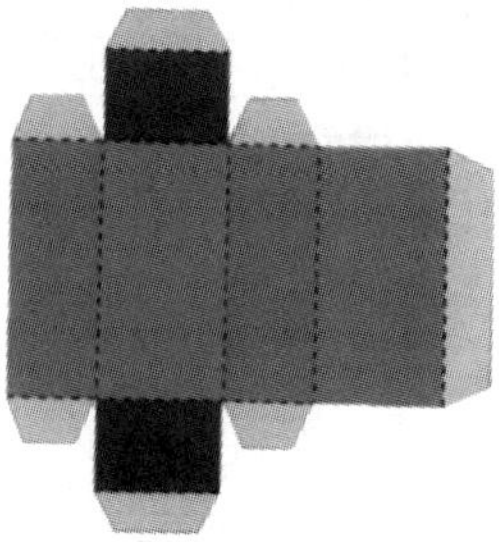

图8-5　长方体盒子平面展开图

拓展延伸

立体图形制作活动的指导要点

立体图形的制作有助于幼儿理解立体图形的表面是平面图形，也对立体图形的基本特征有一个更加准确的把握。在此类活动中，教师要着重引导幼儿观察与分析平面展开图的基本特点，思考平面图形与立体图形的关系。如案例 8-4 中，教师就通过提问“这是两种盒子的展开图，如果把它们做成盒子，会是什么形状呀？（一个是正方体的，另一个是长方体的）你是怎么知道的？”来引起幼儿对平面展开图的关注与思考。此外，教师也会通过动手操作、现场展示的方式来帮助幼儿感知和理解上述关系。

（四）进行图形分解与组合，体验图形之间的组合替换关系

1. 图形的组合与分解

图形的组合与分解就是把几个小的图形组合成一个大图形或者把一个大图形分解成几个小图形。图形的组合与分解活动主要包括图形的拼合和分割活动、图案拼图活动、创意拼搭活动三类。

第一类是图形的拼合活动。操作材料就是图形本身。这一类操作材料重在引导幼儿用几个小的图形拼成一个大的图形，旨在帮助幼儿理解整体与部分的关系，促进幼儿对各种图形之间存在的关系的认识。例如，教师出示一个大三角形轮廓，让幼儿通过操作更小的等腰三角形、正方形、直角三角形完成大三角形的拼搭（见图 8-6 和图 8-7）。教师给幼儿提供一个长方形，让幼儿先用笔画出分割线，然后用剪刀沿分割线剪开，通过这个操作过程，让其感受到一个长方形可以分割成几个小图形，每一个小图形（部分）都比长方形（整体）要小（见图 8-8）。事实上，图形的分割活动与拼合活动是相辅相成的。

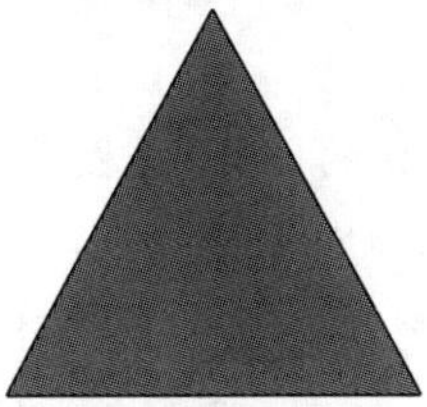

图 8-6　操作材料—大三角形

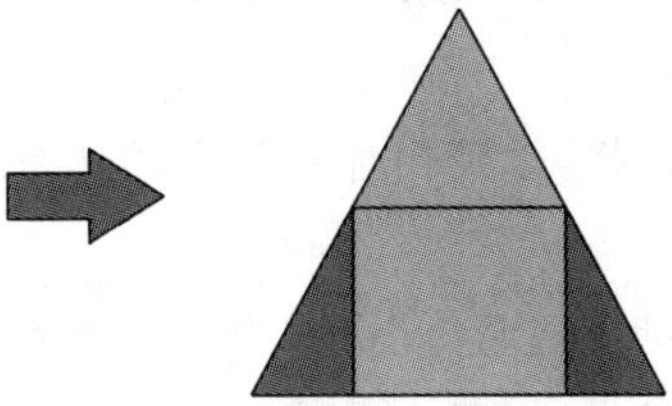

图 8-7　幼儿拼搭作品

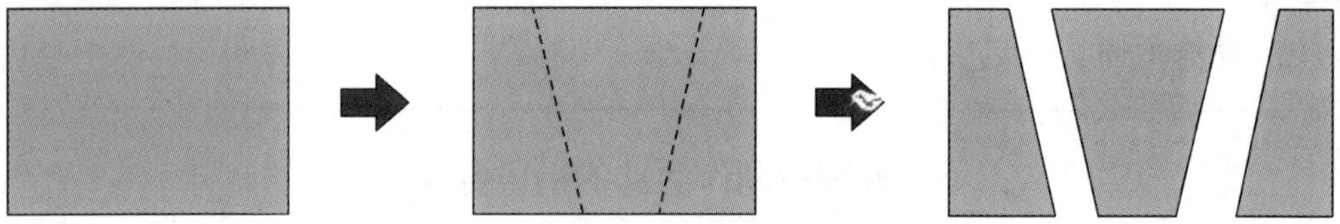

图 8－8　图形分割

第二类是图案拼图活动。操作材料是由多种图形组合而成的图案轮廓。图案拼图活动有助于幼儿积累图形组合的经验，进一步加深对图形特征的认识。

第三类是创意拼搭活动。当幼儿积累了一定的图形组合与分解的经验后，教师可以引导幼儿进行创意拼搭与建构，也就是用积木、七巧板或更复杂的图形组合创造性地组合图形，创作图画。由于幼儿进行创意拼搭依赖于对实物形状的感知，因此教师需要在日常生活中有意识地引导幼儿仔细观察周围实物，积累经验。一般情况下，可以设置不同的参考对象来展开活动：(1) 实物造型；(2) 实物图片；(3) 自主设计与创作。一开始，幼儿可能需要以实物造型为模仿的对象，通过看一看、辨一辨来分析使用哪些图形及如何搭建；当幼儿有一定经验以后，教师就可以将模仿的对象换成实物图片，这就需要幼儿通过回忆、想象在头脑中表征实物，完成拼搭，有利于促进幼儿想象力和思维能力的发展。当然，教师也可以鼓励幼儿大胆想象，自主拼搭自己想要的图形，并请幼儿对自己创造的图案或造型进行分享与讨论，提升经验。

【案例 8－5】

图案轮廓拼图(图形组合)

活动类型：区域活动。

年龄段：3～4 岁。

活动准备：

拼图图样若干(如活动材料所示)、图形片若干。

活动要求：

幼儿观察图样，根据图样中使用的图形，拼出一样的图案(见图 8－8)。

活动语言：

请你仔细观察这两个图案，小房子是由哪些图形拼合而成的？小房子的各部分都是什么图形？同样，机器人是由哪些图形拼合而成的？机器人各部分都是什么图形？观察仔细后，请你搭出这两个图形。你可以在图案的旁边或者上面进行拼搭。

个体差异：

当幼儿无法按照完成时：

1. 教师引导幼儿先观察图样，看看图样中的图案是用什么图形拼出来的，图样的什么部位用的是什么图形。

2. 如果幼儿复制图案有困难，教师可引导幼儿先将图形卡片覆盖在图样底纸上，先体验图形组合成图案的过程，然后再尝试复制图案。

活动材料(部分)：

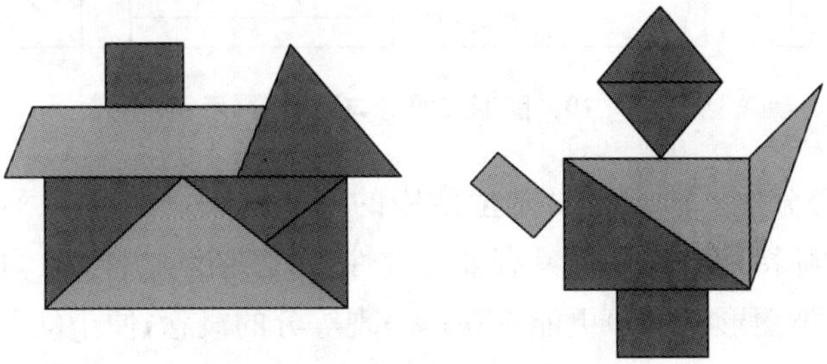

图 8－9　图案轮廓拼图底板

拓展延伸

图形分解与组合活动的指导要点

幼儿图形组合与分解能力的发展是一个循序渐进的过程，因此需要教师在各类活动中提供多样化教育支持。例如当幼儿初次接触图形的组合与分解活动，教师需要提供带有分割线的操作材料，有意识地引导幼儿观察与感知分割线形成的图形形状特征，再引导幼儿采用覆盖、对应等方法进行尝试，直到完成图形组合。已有研究表明，幼儿图形组合能力的发展是由尝试错误的方式走向利用图形的心理表征来预期图形的组合。而 4～5 岁的幼儿可能开始出现图形组合的心理表征能力。[①] 所谓图形组合的心理表征能力，即幼儿根据操作材料(图案或图形)边和角的特征来推测几个图形组合在一起会变成什么图形或者某个图形被分割后会变成哪些图形。因此，随着幼儿年龄的增长，教师应该有意识地提供没有分割线的图形组合和分解操作材料，注重引导幼儿关注操作材料中边和角的特征，猜一猜可能是什么图形，然后再通过操作进行验证。这有利于幼儿对图形组合和分解的过程和结果进行有目的和有意识的预期，提高幼儿的图形组合与分解能力。

2. 图形等分

随着年龄的增长和经验的不断丰富，5～6 岁的幼儿逐渐理解等分概念。等分是图形分解中涉及的一个重要的数学问题。所谓等分，就是把一个整体分成几个相等的部分。在学龄前期，幼儿只需要学习二等分和四等分。图形的等分包括平面图形的等分

① 赵振国. 学前儿童数学教育与活动设计[M]. 北京大学出版社，2016：223.

和立体图形的等分。幼儿期的平面图形等分主要包括等腰或等边三角形、正方形、长方形、等腰梯形与椭圆形等(见图 8-10)。

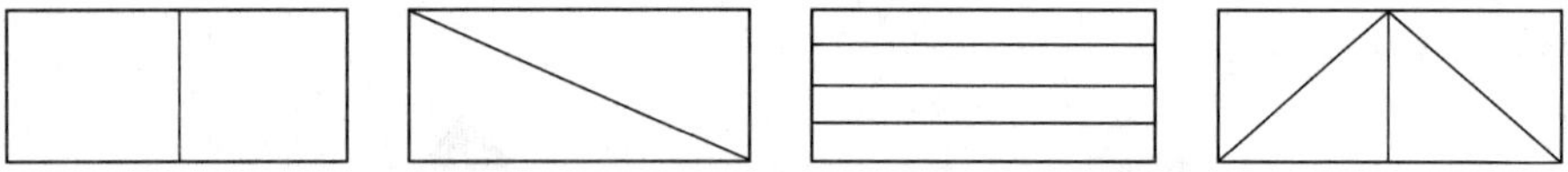

图 8-10 图形二等分与四等分(示例)

立体图形的等分主要体现在日常生活中的问题解决,[①]如等分苹果、等分蛋糕等。在此类活动中,教师特别注意提供具有轴对称性质的图形(物体)让幼儿进行具体的感知与操作,因为这类图形(物体)更能直观地呈现等分的概念,便于幼儿直观地感知与理解。在图形等分活动中,教师首先要引导幼儿理解等分的含义和等分方法。在此基础上,再让幼儿进行自主操作。操作的过程中,教师要观察幼儿对等分含义的理解是否正确,能否自主探究多种等分的方式。最后,通过展示幼儿的作品进行归纳和总结。

【案例 8-6】

分蛋糕(学习二等分)[②]

活动类型:集体活动。

年龄段:5～6 岁。

活动目标:

1. 学习将一个物体分成一样大的两份,知道部分小于整体,整体大于部分。
2. 尝试用多种方法等分物体。
3. 引导幼儿大胆讲述操作过程和结果。

活动准备:

1. 自备长方形蛋糕图片 1 张。
2. 自备长方形纸若干,剪刀。

活动过程

1. 学习等分的方法

教师:明明过生日了,妈妈准备了一个长方形蛋糕。谁有办法帮助明明把这个长方形的蛋糕分成一样大的两份?

教师请幼儿尝试把长方形的纸片变成等大的两份。

教师:你用什么方法证明你分出的两个部分一样大呢?(引导幼儿想出用重叠的方

① 黄瑾,田方.学前儿童数学学习与发展核心经验[M].南京:南京师范大学出版社,2015:283.

② 张俊.幼儿园数学领域教育精要——关键经验与活动指导[M].北京:教育科学出版社,2015:213.

法证明）

2. 探索运用多种方法进行等分

教师：你们还有什么其他的方法能将长方形的蛋糕分成一样大的两份吗？

幼儿进行操作，教师观察他们不同的等分方法。

3. 展示与交流

教师展示幼儿等分长方形的各种方法，提问：这些方法对吗？是不是分成了一样大的两份呢？

教师引导幼儿发现等分长方形可以有多种方法。

教师：原来的长方形蛋糕和现在分出来的一个长方形蛋糕比，谁大？你是怎么知道的？

教师鼓励幼儿大胆表达，并引导幼儿用重叠、推理的方法证明部分小于整体，部分之和等于整体。

拓展延伸

等分活动的指导要点

等分活动的第一步就是教师要帮助幼儿理解等分含义并掌握操作的方法。除了案例 8－6 中所采取的幼儿自主尝试与探索策略外，讲解演示也是一种非常有效的策略。教师可以按照如下步骤进行：

第一步，教师出示两张一样的正方形纸，让幼儿观察，并通过重叠的方式让幼儿确定它们是一样大的。

第二步，教师将其中一张纸进行等分。将等分后的两个小长方形进行重叠比较，让幼儿确定它们是一样大的。

第三步，教师介绍二等分的含义，即将物体分成一样大小的两份就被称为二等分。

第四步，教师将等分后的每一份小长方形都和另一个正方形进行重叠比较，让幼儿知道等分后的每一份都比原来的小，原来的一份比等分后的每一份都大。

特别注意，上述演示的等分方式是最为常见的一种分法。在等分活动中，教师要启发幼儿积极思考，鼓励幼儿探索更多新颖的分法。

二、渗透的图形认知教育活动

（一）日常生活中图形认知教育的渗透

在日常生活中，我们可以引导幼儿注意观察周围事物，挖掘日常生活中隐藏的图形。如：

(1) 在户外散步活动时，教师指物体，让幼儿说一说这个物体上有哪些图形。

(2) 请幼儿回家找一找家里有哪些藏着图形的物体，如牙膏盒、纸盒、胶卷筒、固体胶筒、纽扣、镜子等，并给它们分分类。

(3) 请幼儿说一说自己的餐具分别是什么形状的，并画一画盘子。

(4) 餐后活动时，教师可以与幼儿一起找一找教室内的物品，并说一说他们的形状。

（二）游戏活动中图形认知教育的渗透

游戏活动丰富多样，为儿童图形经验的积累提供了有效支持。如：

(1) 家长在家中可以和幼儿一起玩“绷绷绳”的游戏，由家长用一个绳圈在手中绷出正方形、三角形等不同的形状，请幼儿快速说出图形的名称。

(2) 在幼儿园美工区，教师提供各种图形印章，让幼儿利用图形印章进行装饰游戏。

(3) 在户外空地上，教师会提供蕴含多种图形及图形组合的空心积木，各种废旧材料如废旧纸箱、纸盒、瓶子等，让幼儿进行户外大型建构游戏。

（三）其他领域活动中图形认知教育的渗透

1. 美术活动中图形认知教育的渗透

美术活动中蕴含着大量的图形经验，包括绘画、手工、作品欣赏等。比如在绘画作品中，幼儿经常会用一些图形来表征人物角色的外形特征，比如圆圆的脑袋、长方形的身体、三角形的鼻子等。在手工活动中，当幼儿参与泥塑活动，幼儿可以通过动手操作来感知立体图形的基本属性特征；当幼儿参与剪纸活动，幼儿就会通过剪三角形、圆形、正方形等图案来直接感知图形的基本特征等。

2. 体育活动中图形认知教育的渗透

体育活动中，我们也可以看到图形的渗透。例如在晨间户外活动中，教师有意识地提供涉及图形的体育材料，例如呼啦圈、平衡木桩、圆形滚筒等，让幼儿边玩边操作边感知图形的基本特征。在体育活动开始前，教师经常会让幼儿进行队形队列的变化，如走方队形、圆队形。此时的幼儿，也可以通过亲身参与感知图形的特征。

3. 语言活动中图形认知教育的渗透

在语言活动中，教师可以有意识地在各类型的语言教学和活动中渗透图形经验。例如欣赏绘本、故事教学中，教师可以提供有关图形的绘本或故事，让幼儿通过有趣的故事情境和生动的情境画面帮助幼儿提升图形的感性经验。教师也可以在讲述活动或谈话活动中设计有关图形的内容，让幼儿来讲一讲、议一议，加深体验等。

三、开展图形认知教育活动的注意要点

其实，生活中的图形无所不在，但教育契机总是留给那些能敏锐发现数学教育价值

的教师。教师在组织幼儿图形认知教育活动过程中需要关注以下几点：

(一) 要注重引导幼儿积极观察与发现日常生活中具体事物的形体特征

幼儿图形概念的发展经历着概念形成而非概念同化，也就是说幼儿是在积累大量具体实物形体的基础之上，逐渐抽象出图形及其基本特征，获得图形概念。例如幼儿认识长方形，不是先知道长方形的定义，而是在日常生活中先感知了如长方形的门、床、桌面、沙发、牛奶盒、纸盒等，通过不断地摆弄、触摸、观察与比较，他们发现这些物体都有四条直直的边，还有四个尖尖的直角。随着经验的不断丰富，他们还发现不论这些物体的颜色、大小、位置怎么变化，他们都具备四条直直的边、四个相同的角，进而获得长方形概念的守恒。因此，我们需要在日常生活中，有意识地引导幼儿观察周围物体，用手摸一摸物体轮廓，并说一说发现，让幼儿从具体实物的感知中获得有关图形概念的感性经验。

(二) 视觉感知和触摸动作的联合有助于幼儿精确感知和辨认图形

幼儿认识图形的基本特征，属于图形知觉的问题。幼儿的视觉感知和触摸动作的协同作用有利于幼儿在头脑中形成有关于图形形状特征的正确表象。而幼儿一开始对图形的视觉感知往往是很笼统的，只关注图形的内部而不会注意图形的边界。因此，教师需要重点引导幼儿在观察、触摸、拼搭、比较等多种途径中感知图形及图形之间的边角关系，逐渐形成对图形特征的认识。如日常生活中，幼儿经常会将平面图形与立体图形相混淆，经常将皮球说成是圆形的。教师就可以让幼儿先看一看、摸一摸镜子和皮球，然后让幼儿说一说自己的感受和发现：镜子是圆形的，表面是扁平的，不能滚动，而皮球从任何一个角度看也是圆形的，但是可以滚动的。这种比较的方式，就有利于幼儿精确地区分两种图形之间的区别和联系。

(三) 要引导幼儿进行更加精确的图形表述

精确地描述图形有助于幼儿对图形细节部分的感知。作为教师，我们并不需要让幼儿死记硬背有关图形的定义，而是用幼儿能够理解的数学语言将图形的定义渗透在图形操作活动中。当教师多次与幼儿探讨图形的属性特征后，幼儿就会慢慢开始学习从具体图形属性特征的感知中抽象出对形体的理解与认识。如教师引导幼儿感知圆形的定义。幼儿通过看一看、摸一摸圆形镜子，发现其轮廓是圆圆的没有角的，表面是扁平光滑的。再与教师一起归纳总结，幼儿就初步获得了圆形的定义。当幼儿下次分不清圆形和椭圆形时，教师就可以询问什么是圆形，让幼儿表述。幼儿记得越清楚，越有利于其区分圆形和椭圆形的差异，从而正确区分图形。

(四) 要关注操作材料的丰富性和层次性

幼儿对图形属性特征的认识，获得图形守恒概念均离不开大量的操作活动。教师在日常的教育教学中要依据本班幼儿的实际水平积极投放多样化的操作材料来促进幼儿图形概念的发展。教师可以投放一些废旧材料，如鞋盒、牛奶盒等，让幼儿自由探索；一些纸质的图形卡片，如圆形、三角形、正方形、梯形等，让幼儿进行分类、比较；一些泥塑材料和模具,如橡皮泥、各类图形模具,让幼儿自制图形饼干等。同时,材料的投放要注意层次性。材料的层次性主要指向材料的抽象程度。根据抽象水平的不同,一般可以分成三种——有形实物、实物图片和抽象图形等。由于幼儿的图形认知水平存在个体差异性,教师也需要有意识投放多层次的操作材料以满足不同发展水平幼儿的需求。

单项实训

1. 全班分为三个小组,各小组选择一个素材(图形平移、旋转;图形二等分;图形四等分),设计完整的集体教学活动方案,并进行模拟教学。

2. 4～5 人一小组,自选年龄段,以“图形的组合与分解”为关键经验,设计一项数学区域游戏,包括游戏材料、游戏玩法、观察重点与指导要点,游戏名称自拟。

3. 4～5 人一小组,完成一份能够将图形关键经验渗透在幼儿的日常生活、游戏活动及其他领域活动中进行渗透的建议。

任务三　学习图形认知能力发展的评价

情境导入

亮亮和佳琪都在数学区选了图形材料的活动。佳琪做的是“把错的图形盖掉”,她在5个图形中一下子就能把混在几个三角形当中的一个菱形找了出来,正要把它盖上时,老师在一边问她:“为什么把它(指菱形)盖起来?”佳琪回答:“因为它比别的大。”亮亮这会儿正在进行“给积木找家”的活动,将各种积木按它们的形状放到积木橱中。当他要送一块扁方块积木时,他犹豫了,最后他决定把这样的积木送到了正方形的格子中。

请你对亮亮和佳琪小朋友的图形认知水平进行评价,并说一说接下去你会怎么做去支持他们的发展。

任务要求

1. 了解不同年龄阶段幼儿图形认知能力发展的评价内容。

2. 结合典型案例理解幼儿图形认知能力发展评价的常用方法和注意要点。

3. 能够根据幼儿的行为表现评价幼儿图形认知能力的发展水平,并给予个性化的支持。

一、图形认知能力发展的评价内容

（一）图形基本特征感知与命名能力发展的评价内容

根据3～4岁幼儿图形基本特征感知与命名能力发展的特点，教师在评价时重点关注以下内容：

- 幼儿采用了什么方法完成图形的归类或分类任务？
- 幼儿在观察、触摸图形形状的过程中（圆形、正方形、三角形的物体）能大胆地用语言描述自己的发现吗？语言描述得是否准确？

根据4～5岁幼儿图形基本特征感知与命名能力发展的特点，教师在评价时重点关注以下内容：

- 幼儿能辨认哪些图形的基本特征？
- 幼儿能发现并能正确说出物体上都有哪些图形吗？
- 幼儿是否能不受形状、大小、颜色、方向或位置找出所有符合要求的图形或辨认图形的不同变式？

根据5～6岁幼儿图形基本特征感知与命名能力发展的特点，教师在评价时重点关注以下内容：

- 幼儿在日常生活中能发现或找出像正方体、长方体、球体、圆柱体的物体吗？
- 幼儿能够说出长方体和正方体的基本特征（面的个数及形状、面之间的关系）吗？

（二）图形分类与表征能力发展的评价内容

根据3～4岁幼儿图形分类与表征能力发展的特点，教师在评价时重点关注以下内容：

- 幼儿是否有意识观察标记物的形状特征？幼儿是如何根据标记物的提示完成归类任务的？
- 幼儿采用了什么样方式表征圆形、三角形和长方形等？

根据4～5岁幼儿图形分类与表征能力发展的特点，教师在评价时重点关注以下内容：

- 幼儿能自主进行分类，并说出与图形基本特征相关的分类标准吗？所提出的分类标准适宜吗？
- 幼儿能根据图形的基本特征来正确地表征平面图形吗？幼儿在这些图形表征活动中是否关注了图形的基本特征？

根据5～6岁幼儿图形分类与表征能力发展的特点，教师在评价时重点关注以下内容：

- 幼儿能否自主提出分类标准，并进行分类？所提出的分类标准是否适宜？
- 幼儿能否根据立体图形的基本特征来正确地表征立体图形？

（三）图形分解与组合能力发展的评价内容

根据3～4岁幼儿图形分解与组合能力发展的特点，教师在评价时重点关注以下内容：

• 幼儿进行图形组合时有关注分割线的形状特征吗？他采用了什么方式完成图形组合的？是覆盖法、对比法还是其他方式？

根据4～5岁幼儿图形分解与组合能力发展的特点，教师在评价时重点关注以下内容：

• 在无分割线的提示下，幼儿采用了什么样的方式进行图形的组合与分解？

• 幼儿在拼搭图形的过程中是否有意识地移动、翻转图形？

根据5～6岁幼儿图形分解与组合能力发展的特点，教师在评价时重点关注以下内容：

• 幼儿在拼搭的过程中能观察拼搭底板上的图形边与角的特征，有意识地寻找合适的图形吗？当发现所需图形没有时，能用小的图形组合替代大的图形完成拼搭任务吗？

• 幼儿采用什么方法进行二等分或四等分的？

二、图形认知能力发展的评价方法

教师可以观察幼儿在生活和游戏等自然情境中发生的有关图形的探索行为并进行评价，也可以有意设计特定情境，借助具体的任务对幼儿的图形能力水平进行评价。

（一）非任务情境（自然情境）中的观察

幼儿时常会发现与感知周围生活中存在的图形，积累相关经验。教师可以在日常生活中对幼儿自发的图形探索行为进行观察记录与分析，以此来支持幼儿的发展。

【案例8-7】

坐火车去香港（创意拼图）

【观察记录】10月16日吃完午饭，朵朵就站到了玩具柜旁边，开始玩磁性板图形拼搭的玩具了。她用三个长方形连起来搭成一排，然后在长方形的下面搭了一个圆环，又在篮子里找找，没有找到圆环，只找到了半圆环，她就用两个半圆环拼成了一个圆环，她用相同的办法又拼了三个圆环，找到一块细长形的长方形，把它竖着拼在了前面。接着她在拼板的上半部分放了一个圆环，用几个长方形围着圆环，然后就不搭了。

教师看到后说："火车到了香港，你看到了什么呢？有没有看到好玩的游乐场呀？"朵朵点点头。"那你再搭个游乐场吧！"朵朵说："我不会搭呀。""那你到了香港有没有看到许多大楼房呀？"朵朵点点头。"那你搭个在香港看到的大楼房怎么样？"朵朵听了建议，又开始搭起来。

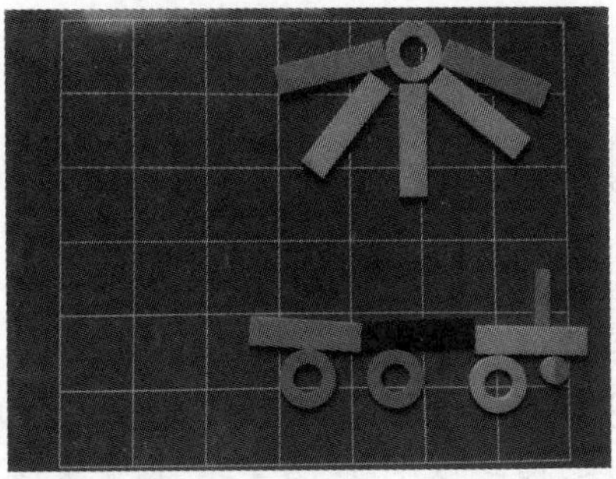

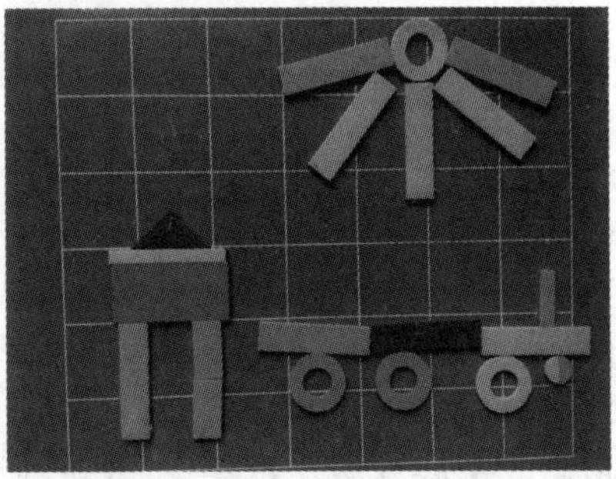

图 8－11　坐火车去香港

【行为分析】首先，朵朵已经能够运用图形及图形组合进行简单的作品搭建。但教师引导她搭建游乐园时，她表示不会搭建。说明朵朵还不能搭建较为复杂的作品。其次，她在拼搭作品时运用旋转技能。能将长方形的积木通过旋转，使它始终围绕着中间的圆环，拼搭出了一个光芒四射的太阳。最后，她拼搭时非常专注，能坚持完成图案的创作。

【未来规划指导】教师在后续活动中可以重点引导朵朵关注周围事物的造型结构，为更复杂作品的拼搭积累经验；同时，教师可以在材料提供上有意识地增加可组合替代的图形，进一步加强朵朵对图形组合替代关系的理解。

（二）任务情境中的观察

教师还可以在生活活动、游戏活动或专门设计的数学教育活动中提出图形基本属性的感知、图形分类与表征、图形分解与组合等任务来观察幼儿图形的发展情况。为幼儿提供操作任务，要关注任务本身的目的性、操作材料的适切性。

表 8－4　任务情境中的评价任务清单列举

模块	评价任务清单列举	观察重点
感知图形基本特征并正确命名	设计一个摸图形猜图形的活动，让幼儿通过用手触摸来感知图形的外部特征，说出图形的名称，并将图形拿出来验证猜想。	观察幼儿所摸到的图形的特征与其描述的是否一致，思考幼儿猜想错误的原因。
图形的分类与表征	准备多种多样的图形（形状、颜色、大小），让幼儿进行分类，并说出分类标准	观察幼儿是否理解分类的含义，是否能够自主完成分类并说出分类的标准，观察幼儿的分类标准是否合理。
进行图形的分解与组合	设计一个拼正方形的任务，有三种不同的要求——带有分割线轮廓图、不带分割线的轮廓图、自主拼搭。逐一提高要求，让幼儿完成拼搭任务。	观察幼儿能否观察拼搭底板上图形的边和角的特征，有预期地寻找合适的拼搭物品。

【案例 8－8】

基于课程的评价：图形变变变

（常见平面图形分类，感知图形的属性特征）[1]

【评价背景】中班是幼儿感知图形基本特征并进行分类的关键时期。教师需要引导幼儿通过多种活动形式加以练习和巩固。本学期开学两周后，张老师想了解本班幼儿对常见图形基本特征的认识情况，就设计了一个“图形变变变”的活动，和观察记录表来记录幼儿的完成情况。

【关键经验】认识常见平面图形的基本特征。

【活动准备】操作纸、记录单、笔、印章。

【数学语言】这里有一个卡通人物，它是由各种平面图形组成的，你能找一找里面隐藏的平面图形吗？请把同类的平面图形找出来放在一起，并数一数有多少个，写在记录单上。找完后请说一说：“你为什么把这些平面图形放在一起？这些平面图形都有什么特点？”

【观察重点】重点观察幼儿是如何找出这些平面图形的，可以让幼儿说一说“你为什么把这些平面图形放在一起？”来了解幼儿的分类标准。

为了更加清楚了解幼儿对平面图形基本特征的认识，教师可以追问“这些平面图形都有什么样的特点”，全面了解幼儿对每个图形基本特征的认识。

活动材料（部分示例）

图 8－12　平面图形分类统计操作材料

【观察检核表示例】

① 本案例由苏州幼儿师范高等专科学校附属教育幼儿园张馨韵老师提供。

表 8-5 平面图形分类观察检核表

时间	幼儿	三角形			长方形			圆形			备注
		正确找出三角形的个数	能说出三角形名称	能说出属性特征	正确找出长方形的个数	能说出长方形名称	能说出属性特征	正确找出圆形的个数	能说出圆形特征	能说出属性特征	
12.1	小红	2	√	边	2	√	边	3	√	√	
12.1	小黄	1	√	角	2	√	边	3	√	√	
12.3	小白	2	√	角	2	√	角	3	√	√	
12.4	小轩	2	√	边	2	√	边	3	√	√	
……											

【全班幼儿平面图形分类情况统计与分析】本次活动中共对 32 名幼儿进行了观察。总体上，有 10 名幼儿找出所有的符合要求的各类平面图形，有 20 名幼儿能够找出部分符合要求的各类平面图形，剩下 2 名幼儿完全听不懂教师的指导语，不理解分类任务，随意操作。其中，在三角形分类上，能正确找出所有符合要求的三角形的人数是 18 人，部分找出的有 14 人。能说出三角形名称的有 29 人，不能说出的有 3 人。能说出三角形边的属性特征的有 6 人，角的属性特征的有 16 人，不能说出边或角的有 10 人。在长方形分类上，能正确找出所有符合要求的长方形的人数是 24 人，部分找出的有 8 人。能说出长方形名称的有 28 人，不能说出的有 4 人。能说出长方形边的属性特征的有 10 人，角的属性特征的有 12 人，不能说出边或角的有 10 人。在圆形分类上，能正确找出所有符合要求的圆形的人数是 15 人，部分找出的有 17 人。能说出圆形名称的有 30 人，不能说出的有 2 人。能说出圆形属性特征的有 27 人，不能说出的有 5 人。

由此可以看出，本班幼儿基本能够做到依据平面图形的形状特征进行分类，但是对于平面图形属性特征的认识，大部分幼儿只能认识单一特征，如三角形的某一条边或角，对平面图形基本特征的完整认识还需要进一步加强。同时，由于大小、摆放位置、形状等的影响，大部分幼儿能够进行分类，但不能找出所有平面图形，说明此时的幼儿还未获得图形守恒概念。相比于三角形，大部分幼儿能够掌握圆形概念。

表 8-6 全班幼儿平面图形分类情况

分类	任务		总人数(个)
三角形	正确找出三角形的个数	完全	18
		部分	14
	能说出三角形名称	能	29
		不能	3

（续表）

分类	任务		总人数(个)
	能说出属性特征	边	6
		角	16
		无法说出边或角	10
长方形	正确找出长方形的个数	完全	24
		部分	8
	能说出长方形名称	能	28
		不能	4
	能说出属性特征	边	10
		角	12
		无法说出边或角	10
圆形	正确找出圆形的个数	完全	15
		部分	17
	能说出圆形名称	能	30
		不能	2
	能说出属性特征	能	27
		不能	5

【未来规划指导】

由于本班幼儿对于图形属性特征的认识还不够丰富，在下一个阶段，会从以下几个方面开展活动，有序推进班级幼儿平面图形概念的发展。

首先，组织一次集体教学活动。针对全班幼儿开展一次有关常见平面图形属性特征感知与发现的集体教学活动，引导幼儿尝试用语言描述平面图形的边角特征。

其次，开展系列平面图形分类或表征活动。在幼儿园区域活动中会投放各种表征平面图形或对平面图形分类的操作活动，如画一画图形、拼一拼图形、印一印图形、做一做图形、分一分图形。同时，在这些活动中有意识地引导幼儿仔细观察并数一数图形的边角数目来帮助幼儿感知和理解。

最后，在日常生活中进行随机教育。日常生活中蕴含着多种多样的图形，需要重点引导幼儿辨别图形的基本属性特征，不断积累相关经验。

三、开展图形认知能力发展评价的注意要点

（一）图形认知能力评价要贯彻于幼儿的一日生活之中

幼儿园一日生活皆课程。教师需要有意识地在教育活动、游戏活动和生活活动中

引导幼儿观察图形、探索与操作图形来对其发展水平做出适宜的评价。要做到这一点，教师需对儿童图形发展的关键经验有非常清晰的认识，并擅于解读儿童的行为表现，这样才能敏锐地捕捉到儿童发展的实际水平，并提供有针对性的指导。如教师可以在集体活动"图形分类"中对全体幼儿的分类水平做一个综合评价。当教师发现个别幼儿随意分类，不能完成任务时就需要重点关注，进行下一步的跟踪观察。教师可以在区域游戏时间提供各种图形卡片，邀请该幼儿参与和操作。教师此时就需要着重观察幼儿的操作过程，再次评价幼儿的分类水平和存在的问题。在日常生活中，如饭后散步，教师可以有意识地指着周边的物体，让该幼儿说一说这个物体的形状是什么样的，像什么图形。多方面的观察让教师对该幼儿图形认知能力有一个更加全面而深入的了解，从而提供更具针对性的指导与支持。

（二）评价中要重点关注幼儿的语言描述

幼儿获得图形概念取决于幼儿对图形基本特征的认识。但在一些分类活动中，幼儿往往会根据分类标志完成分类活动。这里就需要特别注意，幼儿能够正确分类并不能代表他已经获得了图形的概念。教师有必要询问幼儿是如何进行分类的，如"请你说一说为什么它会被归入正方形""你是依据什么来分的"。通过询问，幼儿往往会说出他的分类依据，以此才能真实地评价他们的图形概念发展水平。

（三）正式评价与非正式评价有机结合是图形认知能力评价的有效策略

正式评价能够较为科学地了解幼儿的图形发展水平，如行为检核表、实况详录，情境任务测验等。但在实际的教育教学过程中，教师日常任务量重，很难有充足的时间和精力一直做正式的观察与记录，并对所有幼儿逐一进行评价。因而正式评价往往会阶段化开展，如在某一个主题周期结束前，教师对全班幼儿开展正式的观察，来整体评价幼儿图形分类能力的发展水平。教师在平时的教育教学中，往往会采用非正式的轶事记录法来对小组幼儿或个别幼儿展开观察，活动的场所可以是集体活动、游戏活动和生活活动。这样的方式可以让教师把更多的精力集中在图形经验相对较少的部分孩子身上，也能让教师全面掌握本班幼儿的整体发展水平，极大地提高了评价的效率。因此，正式评价与非正式评价有机结合是图形认知能力评价的有效策略。

单项实训

4～5 人一小组，结合任务二中设计的图形区域游戏方案，自行编制观察记录表，结合记录表中的内容，全面分析班级幼儿的图形认知能力的发展水平。

任务四　实践与拓展

一、综合实训

4～5 人一小组，观察学校周边的公交车站牌、各不相同的建筑物、路旁建筑上的广告画以及不同树木的形状等，记录下有关几何与空间的信息，并拍下图片。回来交流、讨论并整理看看这些几何图形或空间特征所表达的意思，思考如何引导学前儿童关注这方面的数学元素，形成可行性方案。

二、岗证对接

材料分析题：

小班马老师发现，许多幼儿在玩桌面积木时能够说出“圆形”“三角形”“正方形”的名称。有一天，马老师出示一块三角形积木（等边三角形），尖角朝上，问：“这是什么形状？”城城说：“三角形。”马老师又出示了一块同样形状的三角形积木，尖角朝下，问：“这是什么形状？”城城答不上来。老师又追问：“这是三角形吗？”城城说：“不是的，那个尖尖的不在上面了。”马老师又出示了一个钝角三角形，问：“这是三角形吗？”城城还是说不是。

1. 请分析城城当前在图形认知方面的发展水平。

2. 如果你是马老师，接下来会怎么做？

（模拟题）

参考答案

三、资源拓展

图形机器人

活动材料是图形机器人拼图。幼儿根据图形机器人的轮廓来进行图形的拼搭。幼儿自主选择较为合适的图形进行拼搭，感受图形的分解与组合、替代关系等。

有趣的对称

幼儿根据图画中已有的图形特征寻找对称图形。幼儿可通过关注细节的变化来进行图形的对称配对，感受图形的对称关系。

神奇的口袋

教师可以准备一个口袋，里面装有各种各样的图形(圆形、三角形、正方形、长方形、梯形、半圆形、圆柱体、长方体、正方体)。幼儿可以通过触摸的方式来猜测自己摸到的图形，并验证自己的猜想，从而进一步感知图形的特征。

图形变魔术

可以在桌面上开展这个游戏。在右边摆放各式各样的图形(正方形、等腰三角形、圆形、长方形、梯形、菱形等)；在左边摆放很多上述图形对折后的小图形。幼儿首先在右边选择一个图形，然后在左边的一堆小图形里找到与自选图形相对应的对折图形，打开并验证自己的猜想，从而感知整体与部分的关系。

小工匠安门窗

准备一个带有长方形窗户的房子底版和一些可组合替代的图形。引导幼儿自主选择卡片完成窗户(长方形)拼搭，感受长方形的基本特征，并体验图形的组合替代关系。

小猫钓鱼

准备几根鱼竿、一个盛水的方盆、各式各样的图形(图形当作小鱼，塑料材质，图形上有吸铁石)和几个盛鱼的小盒子，几支笔和钓鱼记录单。幼儿玩钓鱼宝宝的游戏。每钓到一条鱼宝宝，幼儿就需要把该鱼宝宝的基本特征用自己的方式在纸上做好记录。该游戏主要让幼儿通过动手操作感知图形的基本特征。

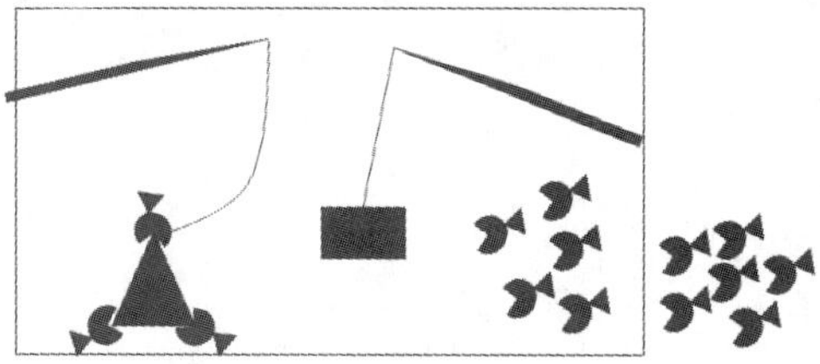

图画书中的数学——图形

《小兔子滚铁球》是韩国作家李美爱所写的关于平面图形的图画书。书中讲述了小动物们帮助兔子寻找丢失了的铁环的故事。在寻找的过程中，向孩子们展示了三角形、四边形、五边形等图形，带孩子了解这些图形的形状和特征，感受它们和圆形之间的差异，知道圆环是可以滚动的，而具有棱角的物品无法滚动。这本图画书让孩子们对平面的几何图形有了初步的认识，同时，使其感知简单的平面图形与立体图形之间的建构关系。

《吃了魔法药的哈哈阿姨》是韩国作家申知润创作的有关图形拼接的图画书。书中讲述了哈哈阿姨利用神奇的魔法，将三角形、圆形、方形等图形进行组合和拼接，变成鸟、狮子、机器人等打败了万事烦魔法师。故事中哈哈阿姨不断联想和类推，利用简单的形状创造出各种各样的图案。幼儿在阅读中需要思考图形本身的奥秘以及各种图形的组合关系，从组合单一的图形慢慢发展到多图形的组合，也在阅读中发展了想象力和创造力。

《点和线相遇》是由韩国作家金世实创作的有关认识图形的图画书。书的开头从简单的点和线出发，通过介绍周围唾手可得的图形故事说明数学里的图形存在于我们生活的各个方面。书中的内容层层递进，从认识各个图形，将图形与实际生活联系起来，探索发现图形的特性，最后发现生活中的图形，并进行组合和创造。幼儿在一个个小游戏中，结合生活中的经验掌握了抽象的数学，既生动有趣，又引起幼儿对每个图形合理性、美的思考。

《寻找消失的爸爸》是韩国作家张善慧所写的关于平面和立体的图画书。在故事中，小猫需要根据爸爸留下来的"线索"，根据平面图形类推出立体的物体，从而找到消失的爸爸。线索中提供了各种物品和地点从不同角度观察到的形状图案，幼儿在阅读时可以和小猫一起，观察周围各种立体图形的上下底面和侧面，再通过平面图形类推出该立体图形物体的部分认知。在此过程中，幼儿不仅能够更准确地理解立体图形与平面图形之间的关系，认识图形与平面、平面到图形，还可以加强对我们生存环境的数学理解。

项目九

空　间

项目分析

空间是客观存在的物质世界的表现形式，幼儿生活的世界和接触的事物都与空间有关。幼儿对空间关系的认识从一出生就开始了。比如新生儿会注视着熟悉的面孔，婴儿学着去触及并抓握物体，把头转向发出声音的方向。这些身体动作和方向都能帮助他们了解空间关系。本项目学习的主要内容包括掌握空间的基本理论，空间认知教育活动的设计与实施、空间认知能力发展的评价。

项目导学

- 空间
  - 掌握空间的基本理论
    - 空间的基础知识
    - 幼儿空间认知能力的发展特点
    - 空间的核心概念与关键经验
  - 学习空间认知教育活动的设计与实施
    - 专门的空间认识教育活动
    - 渗透的空间认知教育活动
    - 开展空间认知教育活动的注意要点
  - 学习空间认知能力发展的评价
    - 空间认知能力发展的评价内容
    - 空间认知能力发展的评价方法
    - 空间认知能力发展评价的注意要点
  - 实践与拓展
    - 综合实训
    - 岗证对接
    - 资源拓展

学习目标→

1. 了解空间的相关知识及幼儿发展特点。
2. 掌握空间的核心概念与关键经验。
3. 尝试设计、组织专门的空间认知教育活动。
4. 能够在幼儿一日生活中渗透空间认知的教育。
5. 能够对幼儿空间认知能力的发展进行观察与评价，并给予个性化的支持。

任务一　掌握空间的基本理论

情境导入

在娃娃家游戏中，教师组织幼儿坐在小熊玩具的对面，教师发布指导口令，请幼儿将餐具放在自己和小熊玩具的左右两边。但是，教师发现部分幼儿不能按照口令要求将餐具放在自己和小熊玩具的左右两边。很多幼儿都以自己为中心辨别左右，将餐具放在了小熊的两侧。在教师的提示下，幼儿到小熊的座位去检查，最终将餐具摆放正确。

为什么幼儿会出现这样的行为？幼儿空间方位的认知能力有何发展特点？

任务要求

1. 了解空间的基础知识、空间认知对幼儿发展的意义。
2. 了解学前儿童空间认知能力发展的特点。
3. 掌握空间的核心概念与关键经验。

世界上任何客观物体都存在于一定的空间当中，同时它又与周围其他的物体之间存在着相互位置关系。空间概念与幼儿的日常生活有着密切的联系，如“珠子掉到桌子底下”“玩具在柜子上面”。幼儿对空间方位的表述、对空间位置的辨别都是其对空间关系的认识和探索。幼儿早期空间感的相关经验对其后续的深入学习具有重要的影响。

一、空间的基础知识

（一）空间方位

1. 什么是空间方位

何谓空间方位？即任何客观存在的物体在空间中均会占有一定的位置，并且同周围的物体存在着空间上的相互位置关系，可称为物体的空间方位。

空间方位一般以上下、里外、前后、左右等空间方位词汇来表示。这也是幼儿最早掌握的表示位置和方位的词汇。如轩轩介绍自己制作的“蛋糕”:“我做了一个蛋糕,上面有草莓。”

2. 空间方位的辨别

何谓空间方位的辨别?是指人对客观物体在空间位置中所处位置关系的判断。空间方位的辨别离不开空间知觉的作用。空间知觉不是生来就有的,而是在幼儿的生活经验中逐步发展起来的。幼儿对空间方位的辨别是基于对方位词的理解和运用,进而才能掌握空间中不同事物之间的位置关系。例如,幼儿首先理解“远”和“近”,随后在感知觉的协同作用下,逐渐地掌握物体的空间远近关系,辨别哪个物体离自己近些,哪个物体离自己远些。

3. 空间方位的特征

空间方位具有相对性、可变性和连续性的特点。

首先,空间方位具有相对性。我们所处的空间是向纵、横、深三个方向(纵向、横向、竖直方向)延伸的,这三个方向均可无限延伸拓展,分别表示前后、左右、上下三对方向。因此,空间位置关系是相对的。这种相对关系取决于判断物体方位需要一个参照点,如果这个参照点发生变化,物体的空间位置也发现了变化。

其次,空间方位具有连续性。虽然空间方位是相对的,但是空间位置之间的区域是连续且不可截然分离的。以前后和左右空间方位为例,前与左,前与右的区域均是连续的、不可分割的。这也就是我们日常所说的左前方、右前方。

最后,空间方位具有可变性。由于空间关系具有相对性和连续性,这也体现出了空间位置关系的可变性。当我们判断物体空间位置的基准变了,那么物体的方位也随之变换。例如,草莓在奶油的上面,奶油在草莓的下面。

(二) 空间视觉化

空间视觉化是指理解和想象头脑中假想的二维或三维物体的运动,或者可以理解为一种在头脑中生成、处理图像的能力。个体在进行空间视觉化的过程中,涉及对空间关系的思考,也就是将视觉感知到的空间形象、空间关系在头脑中进行再现和操作,并将这种操作的结果表现出来。

幼儿具备空间视觉化的能力,也就是能够对空间表象进行操作并加以表现的能力。空间视觉化的能力随着年龄的增长和空间表象能力一起发展,具体表现为幼儿能够在表象的水平上进行平移、旋转和翻转等空间运动,并能正确地表现出来。例如,幼儿在搭建积木的时候,可以在脑海中移动某块积木从而确定它是否适合某个特定的位置,而不需要实际动手移动那块积木。

(三) 空间认知对幼儿发展的意义

1. 空间认知的发展有利于幼儿更好地学习、生存及适应社会生活

幼儿能够运用各种感官去判断事物的方向和位置,并逐步学会处理日常生活问题的简单方法，这一能力的逐步养成，对幼儿日常生活具有至关重要的作用。生活中的方方面面都会涉及空间认知，小到认识自己的身体部位，大到掌握家里到幼儿园的路线，无不需要幼儿运用空间概念去认知方位、辨别位置关系以及视觉化表征。

2. 空间认知的发展为幼儿其他领域的学习提供经验基础

幼儿在数学领域发展的空间概念能够帮助他们进行其他领域的学习。例如，了解位置和方向能够帮助他们掌握正确的阅读绘本的方式，即从上到下、从左到右的顺序阅读。意识到物体在空间中的方向、位置和运动，有利于幼儿获得健康领域的体育经验。例如，幼儿掌握了方位词和空间关系之后，能很快理解教师在组织体育游戏时所表达的游戏要求或规则，有助于体育游戏的顺利开展，促进幼儿体育水平的提高。

二、幼儿空间认知能力的发展特点

（一）幼儿空间方位概念的发展特点

1. 幼儿辨别空间方位的难易顺序

幼儿认识和辨别空间基本方位有着较为稳定的难易顺序，最先掌握的是上下方位，然后是前后方位，最后是左右方位。一般 3 岁左右的幼儿基本上能够较好地区分上下的空间方位。前后和左右都具有方向性，即随着个体自身位置和方向的改变而产生变化，这对幼儿辨认方位来说具有一定的难度。而更为困难的是左右的学习。由于左右涉及以自身为中心和以客体为中心的转变，幼儿很难从客体的角度建立左右的相对概念。

2. 幼儿辨别空间方位的过程

（1）与感觉运动相联系的空间知觉阶段

幼儿最初的空间意识离不开感觉运动的协调。幼儿在“客体永存性”[①]的阶段，就对周围环境和物体的空间关系进行学习了。但是此阶段的空间意识也仅仅是形成了一定的方位知觉，并且时常会受到已有动作和原先空间经验的制约。例如，妈妈在萌萌的注视下将玩具藏到了柜子里，萌萌能够准确地打开柜子拿出玩具。但是，当妈妈当着萌萌的面先将玩具放在了柜子里，然后换到了沙发垫下面。而萌萌首先会去柜子里找玩具，然后才来到了沙发垫旁找到玩具。尽管萌萌看见了妈妈最后藏的地方是沙发垫，但是她的寻找行为仍然受到她原先经验的影响。

（2）以自身为中心的空间知觉阶段

当幼儿处在以主体自身为参照体系的阶段时，首先学会的是辨别自己身体部位的方位，而后才是以自身为坐标来判断周围客体的方向和位置，将不同的方位与自己身体的一定部位相联系。例如，身体的上面部分是头，下面部分是脚，前面部分是肚子，后面部分是背。在此基础上，幼儿能够以自身为出发点，判断自己与客体的位置关系，开始

① ［美］D. 埃尔金德. 儿童发展与教育［M］. 上海：华东师范大学出版社，1988：81.

以自身为基准确认周围客体的空间位置。但是该阶段的幼儿尚未建立空间方位的相对概念，也就是不能说出别人的前面、后面等方位分别有什么。若脱离了自身这一中心点，则难以辨别方位。

(3) 走向客体为中心的空间知觉阶段

以客体为参照体系去辨别空间方位，摆脱了自身的因素，是较高水平的空间方位意识。这一阶段的幼儿，辨别客体的上下和前后比较简单，能够比较轻松地说出物体的上面、下面、前面和后面分别有什么。即使幼儿以客体为中心，掌握左右方位概念也尤为困难。但从发展的角度来看，幼儿的空间思维会随着心理旋转能力的增强而逐渐“去自我中心化”，逐渐摆脱自身中心的空间意识，走向以客体为中心的空间思维。

3. 幼儿辨别空间方位区域的拓展

随着幼儿年龄的增长和空间经验的积累，幼儿认识空间方位的区域体现出由近及远逐步扩展的趋势。幼儿先是只限于判断自身范围的位置，接着判断离自己身体较近的、面向自己的空间物体的方位，最后才能确定离自己较远的、偏斜的空间物体的方位。三四岁的幼儿的空间方位理解的区域非常有限，往往是直接感知到的范围。若物体在自己的左前方，则难以辨别其方位。随着幼儿对空间方位的相对性、连续性关系的逐渐掌握，能够意识到离自己较远的上下、前后或左右的空间方位。同时能够把空间当作一个连续的区域去判断位置和方位。例如，当物体位于自己身体的左前方(右前方)或右后方(左后方)时，幼儿也能够做出正确的定向。

(二) 幼儿空间视觉化的发展特点

1. 图形心理旋转：头脑中进行图形的移动、反转和旋转等

图形心理旋转是指人在头脑中运用表象对图形进行二维或三维旋转的想象过程。大脑中的视觉图像可以用来表述和操作图形、方向和位置等。在拼图活动中，小班幼儿还不能在脑中预测图形运动的结果，一般只是通过尝试错误的方法，无意识地平移或旋转图形来完成拼图。

4～5 岁幼儿便知道遇到“拼不上”的情况时，可以试着转一转、翻一翻的办法，虽然幼儿还不能在头脑中灵活地进行图形运动并准确表征图形旋转或翻转的结果，但是他们已经能将图形运动后的结果与拼图联系在一起。到了 5 岁以后，幼儿能够在头脑中较为灵活地进行空间运动，较准确地把握空间关系，对图形运动的结果形成较为精确的表征，能正确预期图形平移、旋转和翻转的结果，准确地定位和找到拼图，计划好旋转的大致角度、平移的距离等，熟练地完成拼图。

2. 空间表征：理解并表征三维空间关系

空间表征有两种形式：言语描述表征，即用描述性的语言表示物体的空间形象和空间关系；非言语表征，即用绘画、拼图、搭建等符号方式表示物体的空间形象和空间关系。

空间示意图属于非言语表征的一种，是三维空间关系的二维表征。当抽象的示意图与幼儿的实际体验相联系，幼儿能在脑中构建出三维空间物体之间的方位关系，从而确定物体的位置。例如，幼儿通过看教室空间布局的二维示意图，观察和体验教室的真实空间后，便能够将二维示意图与教室的实际布局相对应，理解示意图的含义，从而能够运用言语描述空间方位进行表征。

特定的观察视角会影响幼儿对空间的感知体验和二维表征。例如，圆柱体的杯子从上面看下去是一个圆形，而从侧面看是一个方形。从多个视角观察和表征空间的能力，是幼儿今后学习三维空间中的立体图形和它的面(平面图形)、学习图形之间的空间关系的根本前提。

三、空间的核心概念与关键经验

表 9－1　空间的核心概念和关键经验

	核心概念	关键经验
空间	1. 可以用数学准确地描述物体与方位之间的关系。 2. 对空间的体验和二维表征受观察角度的影响。 3. 大脑可以形成并操作空间关系的视觉图像。	1. 感知、描述空间方位，定位空间位置。 2. 多元表征空间方位，增强对空间方位的理解。 3. 操作视觉图像，丰富空间视觉化经验。 4. 多角度观察、表征物体，体验空间关系的转换。

表 9－2　空间各年龄段关键经验

空间概念	3～4 岁	4～5 岁	5～6 岁
空间	1. 区分并说出以自身为中心的上下方位。 2. 用上下、前后、里外等方位词描述物体的位置。	1. 区分并说出以自身为中心的前后方位。 2. 用上下、前后、里外、旁边等方位词描述物体的位置和运动方向。	1. 学习辨别自己和他人的左右。 2. 学习辨别自己和物体、物体与物体之间的左右关系。 3. 学习用符号表示物体在二维空间中的位置和运动方向。
	尝试运用平移、旋转进行图形拼搭。	1. 有意识地运用平移、旋转和翻转进行图形拼搭。 2. 探索图形、常见物品中简单的镜像对称关系。	1. 进行图形拼搭时，有意识地预期旋转和翻转的结果。 2. 理解简单示意图中的空间关系。 3. 观察并理解三维物体的不同视角。

单项实训

1. 自主收集一个关于幼儿空间能力发展的案例，并分析案例中的幼儿处于哪种发展阶段。

2. 4～5 人一小组，去幼儿园观察某小班幼儿一日生活中渗透了哪些有关空间的关键经验，以案例的形式进行记录并分享。

任务二 学习空间认知教育活动设计与实施

情境导入

几个小朋友在益智区玩拼图游戏，皮皮拿到拼板后认真地开始拼图。不一会儿，就完成了作品，然后便无所事事地摆弄着拼块。教师观察到后问皮皮："你怎么不继续拼呀?"皮皮说："这些我都拼过了，早就会了。"而璇璇面对拼图则有点困惑，拿着一个拼块迟迟不知道该放在哪里。教师看见后对璇璇说："你仔细看看手里的拼块的形状，还有拼块上的花纹是什么？跟底板上哪里比较吻合呢？再试试看。"璇璇按照老师的建议试了试，但还是没能顺利找到准确的位置，过了几分钟，璇璇就放下了拼块，离开了益智区。拼图活动与幼儿空间认知的关系什么？如果你是老师，你准备如何调整活动的材料?

任务要求

1. 尝试结合关键经验，设计、实施专门的空间认知教育活动。
2. 学习将空间认知教育灵活地渗透于幼儿的日常生活中。

一、专门的空间认知教育活动

（一）感知、描述空间方位，定位空间位置

幼儿对空间方位认识的第一步是从对自己身体有关部位的方位认识开始的。当幼儿对自己身体部位所处的空间位置熟悉后，教师可以引导幼儿将视野扩大到周围的环境。如前面有电视，后面有窗户。当幼儿掌握了以自我为中心辨别方位后，教师再进行以客体为中心辨别方位的活动，包括自己与客体的空间关系、客体与客体的空间关系。如让幼儿回答自己在客体的什么位置或某物在另一物的什么位置的问题。

对空间方位进行描述，是加深幼儿空间方位感知的重要策略。但是空间方位的描述受到幼儿对空间相对概念的理解的限制。3～4 岁的幼儿最初可能做不到完整描述，往往是用简短的方位词描述概括，如教师问："花瓶在你的什么位置?"幼儿回答："前面。"因此，教师应该引导幼儿运用较完整的语言对空间关系进行描述。同时鼓励幼儿从自身为中心出发去描述物体和自己的位置关系。4～5 岁的幼儿逐渐理解事物所在空间方位的相对性，但是仍然以自身为主体描述空间关系。因此，教师需要有意识地引导幼儿观察物体与物体之间的位置关系，鼓励幼儿关注到物体参照物是可以变化的，进

而描述空间方位的语言也产生相应的改变。5～6 岁的幼儿能够关注到物体的参照物，感受物体之间的相对性，理解了物体与物体之间的空间关系。因此，教师可以请幼儿用多种方式表征出客体之间的相对关系。例如引导幼儿以客体为中心，运用上下、前后、里外以及左右等方位词表示物体之间的方位关系。

【案例 9-1】

声音从哪发出的（感知、认识方位）

活动类型：集体活动。

年龄段：3～4 岁。

活动目标：

1. 能根据听到的声音辨别声音的方位，并能用相应的符号在图板上表示出来。
2. 学习静下心来仔细倾听，知道在活动中不干扰别人。

活动准备：

1. 事先找一处能够听到各种声音的地方，但也不要太嘈杂。
2. 鸟的叫声、风声、雨声、玩具的声音。
3. 记录纸、笔，人手 1 份。

活动过程：

1. 出示音频，激发幼儿兴趣

教师播放准备好的一些事物的声音，请幼儿认真倾听这是什么的声音。调动幼儿的积极性和抓取幼儿的注意力。

教师：小朋友们仔细听，这是什么声音？

2. 讲解规则，幼儿明确要求

教师：老师带大家玩一个有趣的游戏，这个游戏的名字叫作“听声音，辨方位”。每个幼儿有一张卡纸，在卡纸的中间画一个“⊙”表示自己所在的位置。当你听到某种声音时，就用恰当的简单符号把它标记在卡片上。如当听见鸟叫声就画一个黑点，当听见风声就画一条线。

符号的位置应以“⊙”所代表的自身位置为中心点，尽量精确地显示出声音的方向和远近（可适当做示范让幼儿理解）。

3. 自选位置，参与听音游戏

教师引导幼儿快速地（1 分钟内）找到自己的倾听地点，分散地坐下，以免倾听开始时还有人走动，并且要求幼儿一旦选定了地方，就不要再随便移动。

教师：每个小朋友在活动室内找一个位置坐下，坐好后不要移动，就仔细听声音了。

在开始记录声音的前后，教师应分别给幼儿一个信号，如学一声牛叫或猫叫，以增加活动的趣味性。（活动持续时间可视幼儿专注程度和当时环境的声音状况而定，一般

5～10 分钟）

4. 分析与交流记录成果

在结束活动时，幼儿自行找好朋友，交流彼此的声音记录。

教师：你听到几种不同的声音？你是用什么符号来表示它们的？你最喜欢哪种声音？为什么？你最不喜欢哪种声音？为什么？你听见的声音是从哪儿发出来的？

感知、认识空间方位活动的指导要点

教师可以在固定的位置发出声音，幼儿自选位置去判断声音和自己之间的空间关系。教师自己也可以不要固定位置，在活动室内变换位置，进行适度走动，增加幼儿辨别声音所在的空间方位的难度。教师也可以请幼儿闭上眼睛，借助手掌朝前或朝后拢着耳朵形成声音的反射面，进而获得方位信息。用听觉单一的感官通道去感受、辨别声音的方位，从而增强幼儿感知、认识空间方位的精准性和灵敏性。

感知、认识空间方位类的活动，教师的指导重点在于通过游戏化的情境，引导幼儿认知空间的基本方位，掌握上下、前后、左右的空间方位词，例如，在自由活动时间，请幼儿说一说活动室内各种物体的位置在哪里。需要指出的是，教师要注意引导幼儿感知方位之间的相对性关系，即以不同的中心为参照物，多方面感知、认识空间方位。

描述空间方位是指幼儿对事物之间的空间关系进行语言描述。教师可以准备一些小动物玩偶，将小动物藏在活动室的某个地方，并描述出玩偶的具体空间方位。引导幼儿学会用“上”“下”“前”“后”等方位词说出自己是在哪里找到玩偶的。也可以请幼儿自主选择玩偶，将其藏好后，描述出玩偶的位置，请同伴找到玩偶，最后同伴也描述出玩偶的空间位置。活动主要培养幼儿运用语言描述物体的空间方位的能力，尽可能让每个幼儿都有表达的机会。

图 9－1　小动物玩偶

描述空间方位活动的指导要点

描述空间方位活动的重点是引导幼儿理解上、下、里、外等方位词，这些方位是幼儿在日常生活中经常接触的，易于接受和理解的，教师引导幼儿理解物体空间方位的相对性，能够运用正确的语言表述出相对的位置关系。教师要更关注幼儿的讲述，引导幼儿用方位词完整地说出动物和物体之间的空间方位。

描述空间方位的活动，主要是帮助幼儿获得描述空间方位的核心经验。因此教师需要准备具有方位属性的物质材料，例如，摆放在钢琴上的小熊玩具。当幼儿能够用一种空间方位关系描述出物体的位置，教师便应该引导幼儿继续向最近发展区迈进，尝试描述出物体之间的相对空间关系。例如，小熊玩具在钢琴的上面，钢琴在小熊玩具的下面。支持幼儿多层次地描述空间方位，培养幼儿空间思维的灵活性。

（二）多元表征空间方位，增强对空间方位的理解

幼儿的空间表征能力发展具有较明显的差异性，具体表现在3～5岁的幼儿更多是从语言描述的方式呈现出物体的空间方位。而5～6岁的幼儿随着空间经验的积累和年龄的增长，能够用多种形式表征出物体的空间方位。

针对年龄较小的幼儿，教师可以选择一些贴近幼儿生活经验的表征符号，例如，教师出示路线标记符号牌，请幼儿用语言和动作表征出正确的空间方位。当符号牌上的箭头指向左边，幼儿就指向左边或者向左移动。

针对年龄较大的幼儿，在理解和积累了方向标记的意义的基础之上，教师可以让幼儿运用符号标记来表征方位。例如，教师可提供一张简易的网格平面图，引导幼儿尝试用箭头画出从家到幼儿园、超市、公园的路径，进一步体会方向标记的作用，促进幼儿用多种方式准确表征事物之间的空间方位关系的发展。

【案例 9－2】

宝藏在哪里(表征空间方位)

活动类型：集体活动。

年龄段：5～6岁。

活动目标：

1. 理解网格中行、列坐标的意义。
2. 能圈出宝藏的正确位置。
3. 愿意动手动脑，独立分析网格的定位。

活动准备：

1. 自制宝藏网格图。

2. 人手一支笔。

活动过程：

1. 创设“森林寻宝”情境，引出主题

教师：佩奇要去森林里面寻找宝藏，但是她找不到宝藏的正确位置，请小朋友们帮它找一找吧！

2. 认识网络图，讲解寻宝规则

网格图的左边都有数字坐标，从下往上分别是1、2、3、4，网格图的下面是图画，分别是太阳、月亮、星星、笑脸。教师讲解寻宝规则：先看宝藏下面对应的标记是什么，再看左边的数字是什么，把下面的标记加上左边的数字读出来，就是宝藏的地址。我先说一个宝藏的地址，比如宝藏在星星的第1格，请你们帮我找出这个宝藏好吗？

3. 幼儿分组操作，找出宝藏的正确地址

请幼儿分组操作，两个为一组。其中一个幼儿说出宝藏的具体位置，即宝藏的纵向和横向坐标位置，另一个幼儿根据数学语言的描述，找出宝藏的正确位置。教师巡视各组幼儿的操作，观察幼儿能否正确说出或圈出宝藏的具体地址。

4. 集体交流寻宝结果

教师：哪些小朋友帮助佩奇找到了宝藏的位置，请上来告诉它宝藏的正确地址吧。

请幼儿说出宝藏的正确位置，并且用笔在网格图上圈出宝藏的正确地址。

活动材料（部分材料）：

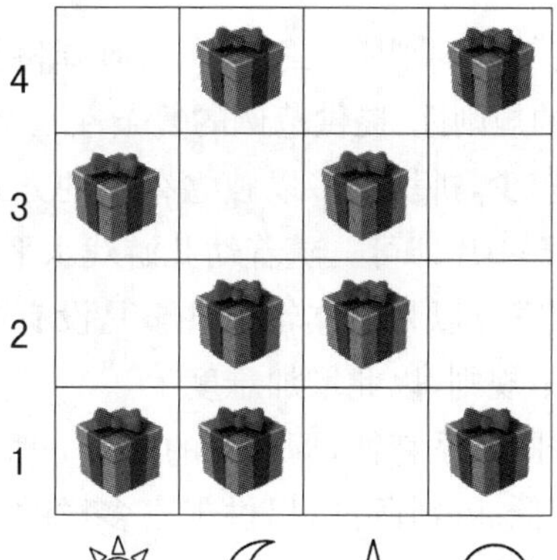

图9-2 宝藏空间坐标图

表征空间方位的活动指导要点

上述案例中若幼儿不明白如何确定网格的地址，教师可以按操作步骤带领幼儿先确认每一列的图形名称，例如问："星星区域是哪几格？"再指该区的某一格问："这一格是星星区域的第几格？"引导幼儿用手指着这一格看左边的数字来回答。

对于网格图的空间表征，教师可以从两种思路出发，引导幼儿获得空间表征经验。其一，从网格图下方的坐标出发，找准纵向的网格区域，再对应到网格图的左侧坐标，两条坐标交汇，即物体的空间定位。其二，从网格图的左侧坐标出发，与下方的坐标相汇合。这两种表征空间方位的思路，均可让幼儿去操作和体验。

（三）操作视觉图像，丰富空间视觉化经验

空间视觉化的发展需要以丰富的空间视觉经验为基础。学前儿童空间视觉化的经验可以从补图、拼图、对称等活动中获得，这些活动有助于幼儿大脑形成并操作空间关系的视觉图像。

补图有助于幼儿整体与部分意识的发展。3～4 岁的幼儿的补图任务可以是补 4～5 块，引导幼儿观察空缺处的形状是什么样的，找出符合该形状的补图，尝试拼合。4～6 岁幼儿的补图任务可以是 6～8 块，可以进一步分割补块以提高难度，并请幼儿说一说每个补块拼合的理由。讨论补块与图案内容及颜色是否吻合，来帮助他们完成补图。

拼图蕴含了平移和旋转等空间视觉化经验。如何调整拼图的难易程度，可以从图片分割的数量和大小、分割的规则性、提供范例的复杂性三个维度动态设置。对于 3～4 岁的幼儿，拼块之间的连接较少，拼块更多以独立存在的方式呈现，即一个拼块代表一个事物。拼块数量控制在 3～4 片即可。随着幼儿游戏水平的逐步增加，拼块之间的连接丰富多元。原图片上的图案可以是整体轮廓甚至是没有图案，切分的数量可以适当增多，形状可以更为复杂和不规则，以此增加难度。

对称图形具有特殊的空间关系特征，即对称的两部分跟对称轴的水平距离相等。3 岁的幼儿辨别对称的能力较低。教师可以提供丰富多样的对称图形，帮助幼儿感知对称的特点。4 岁之后，教师可以引导幼儿辨别对称图形，巩固幼儿对对称的认知。加以提问"你是如何判断它是对称的图形呢""你判断它是对称图形的方法是什么"，引导幼儿用对折的实际操作去验证判断。对于 5～6 岁的幼儿，自主尝试构建对称图形的意愿增强。教师可以提高活动的难度，构造出完整图形的一半，鼓励幼儿去找到对称的另一半或通过语言、绘画表征出对称的另一半。比如，在"有趣的对称"活动中，准备蝴蝶、衬衫、脸谱、蜻蜓等对称的物品，将其对称分成两半。请幼儿找出对称物品的两个组成部分，帮助幼儿了解对称图形的特点（见图 9－3）。

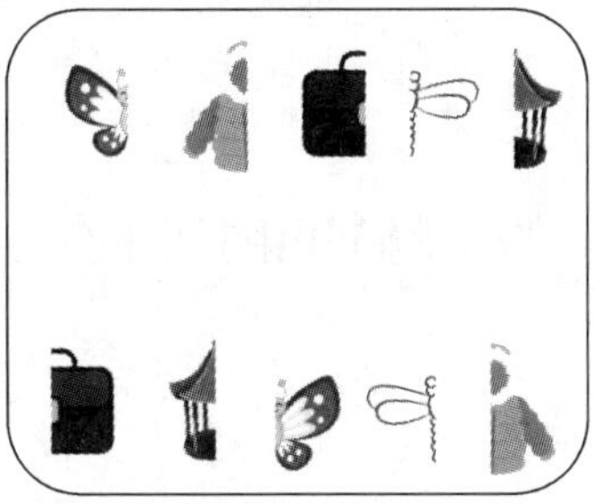

图 9-3 对称图形

活动案例

有趣的对称

【案例 9-3】

小猪补墙洞

活动类型：区域活动。

年龄段：3～4 岁。

活动准备：

房屋拼图底板、不同形状的补图砖块若干。

操作规则：

用不同形状的补块填补墙洞，不能重叠也不能留下空隙。

数学语言：

小猪的房子破了一个大洞，请你们帮助小猪把墙洞给补上吧。

观察重点：

幼儿补图的技巧以及是否能关注底板和补块的图案、轮廓、形状。

个体差异：

1. 不限定幼儿完成操作任务的数量，尊重幼儿的个体差异。做得慢的，不必为完成所有操作而焦虑；做得快的，则可以多做一个，避免做完之后无所事事。

2. 幼儿的补图策略和方法各不相同，有的关注图形的角，先把角上的补好再看剩下的洞是什么形状；有的关注边，先沿着边把大块的补齐，再看剩下的部分是什么形状。对于不同的补图策略，教师都应以鼓励支持为原则，给予适宜的引导。

活动材料（全部材料）：

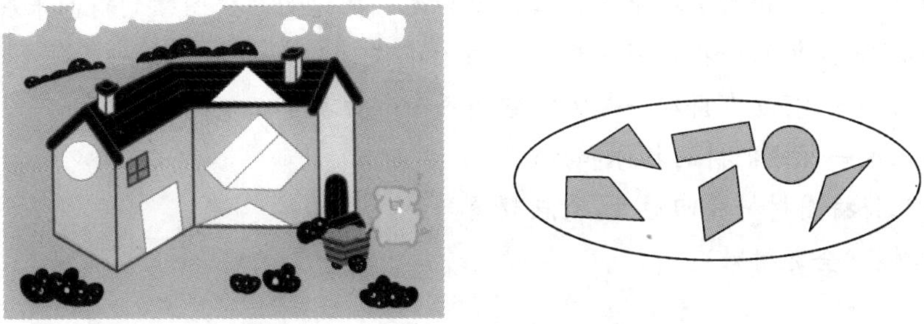

图 9-4 “小猪补墙洞”补图材料

【案例 9－4】

“小花猫”拼图(拼图)

活动类型：集体活动。

年龄段：4～5 岁。

活动目标：

1. 初步理解拼图的意义。

2. 尝试用平移、旋转的方法，用各种图形拼块组合成简单的图案。

3. 能积极动脑，创造出不同的图案。

活动准备：

拼图材料：一套拼块较少的“小花猫”拼图材料，一套拼块较多的“小花猫”拼图材料，拼图底板若干套。

活动过程：

1. 设置问题情境，引出拼图主题

教师：佩奇最喜欢玩拼图了，今天它拼了一张小猫咪的画图，佩奇用了什么图形，用了几个？你们想不想像它这样，拼出小猫咪呢？

2. 幼儿尝试操作，复制小猫咪

幼儿自取一套拼图片进行拼图，复制小猫咪。

教师：你拼出小猫咪了吗？哪里是小猫咪的头？哪里是小猫咪的尾巴？怎么看出来的？

教师观察指导，个别幼儿无法并置复制时，可以允许他们在原图上重叠复制。

3. 提出创意要求，幼儿自由拼图

教师：佩奇教会了你们拼简单的小猫咪，老师这里还准备了复杂一点的小猫咪拼图。等一下请小朋友尝试一下拼这个难一点的小花猫。

幼儿自由操作，选择不同难度的小花猫拼图材料，进行自由拼图。教师巡回观察幼儿的操作，了解幼儿是否能够用平移、翻转的方法进行拼图，观察幼儿是否注意并依据拼图上的图案进行有意识的拼图活动，教师适时进行指导。

4. 展示与交流

教师：小朋友们拼的小花猫是什么样子的呢？把你们的拼图拿到前面来展示一下。

教师：这是简单的小花猫还是难一点的小花猫呀？我们来检查一下每个拼图中该连在一起的部分，有没有拼在一起呢？它的每个部位都是正确的吗？

请幼儿说一说他们拼的物体和方法。

请幼儿将拼图材料放回原处，清点数量。

活动材料(全部材料)：

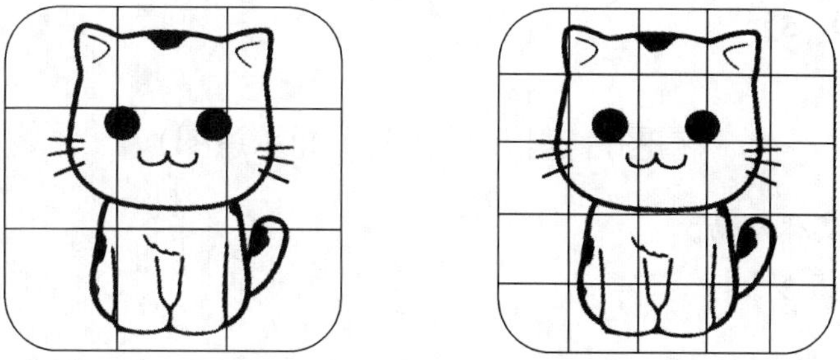

图 9－5 “小花猫”拼图材料

补图、拼图活动指导要点

上述两个案例是通过补图、复制和创作简单的拼图，发展幼儿的平移、旋转能力。当幼儿无法并置复制时，可以允许幼儿在原图上重叠复制。如果幼儿不会拼复杂的拼图，教师可以建议幼儿在简单拼图的基础上，移动一两个拼块到另一位置，试试看图形是否有所改变，以增强幼儿的自信心。幼儿的图形组合能力是逐渐发展的。在补图和拼图活动中，一开始只能“一图一物”，如用圆形代表太阳，组合成简单的场景，图形之间不接触；然后逐渐能将几个图形接触，组合成一个大的图形或图案，每个拼块都有独特的角色和功能。教师则应提供完整的图案。图案本身的意义和完整性，能帮助幼儿理解图形之间互相接触、相对位置合适的必要性。教师可以通过提问引导幼儿更仔细地观察拼块之间的空间关系，更准确地复制拼图。活动最后离不开对拼图的细致分析，帮助幼儿进一步认识到图形组合的必要性、空间关系合适的必要性。

（四）多角度观察、表征物体，体验空间关系的转换

幼儿在积累了空间关系的经验之后，表征空间关系的能力发展起来。幼儿逐渐能够将三维空间的事物，通过绘画、搭积木、示意图等方式表征在二维平面空间。反之，亦可将二维平面图以三维立体的空间关系呈现出来。由此，教师可以利用实景的平面示意图，结合实景的模型，引导幼儿感知示意图和模型之间的联结，观察平面示意图的特点。

空间中的事物可从不同角度辨认和表征，从而获得不同的特征，这是我们生活的三维空间的基本特点。3～4 岁的幼儿，教师主要是帮助其认识事物有不同的观察和表征角度。例如，呈现积木造型，请幼儿转一转，挪动身体换一面观察积木，有没有发生变化。4～6 岁的幼儿，逐渐关注到同一物体在不同视角下的特征。教师可以提供三维物体，请幼儿从不同角度观察物体并画出表示该视角下物体的主要特征。

活动案例

小海豚

【案例 9－5】

看图片搭积木(认识平面示意图)

活动类型:集体活动。

年龄段:4～5 岁。

活动目标:

1. 观察发现图片中物体的空间关系。

2. 能用实物再现图片中物体的空间关系。

活动准备:

积木造型图片若干,几何积木圆柱体、长方体、正方体、球体若干。

活动过程:

1. 介绍情境,引发兴趣

教师:佩奇是搭积木的能手,每天都能搭出一种新花样。它把搭出来的积木拍成了图片,我们一起来欣赏一下。你能看出佩奇搭的是什么吗?

幼儿看照片自由表达。

2. 看图片找积木,领会图片中积木的空间关系

教师:看这张图片,佩奇用了几块积木?分别是哪些积木呢?

请幼儿按照图片取积木,师幼共同检查积木是否正确。

教师:图片上的积木都找出来了,谁能看着图片上的积木造型,把它搭出来呢?先搭哪一块呢?

3. 讲解活动规则,幼儿自主搭建

教师:请每个小朋友先选一张图片,看一看用了哪些积木,再到积木筐里把它们找出来,需要什么积木就拿什么积木,然后看着图搭。搭好后检查一下,你搭的和图片上的积木造型是不是一样的。

幼儿自选图片,按图搭建积木。教师观察指导。

4. 展示交流搭建的积木,互相检查

教师:小朋友们,你们都搭建好了吗?把搭建好的东西留在桌子上,给佩奇看看。大家相互参观一下,看看你的好朋友搭的是什么?能找出他搭的是哪张图片上的积木造型吗?

询问个别幼儿:你从哪里看出他搭的是这张图片上的造型?

拓展延伸

认识平面示意图的活动指导要点

认识平面示意图的重点是要求幼儿将图片上的平面图与真实物体的空间方位之间建立起对应的空间关系。如上述案例中,如果幼儿没有理解规则,不管图片随意搭建,教师可以重申活动规则,和幼儿讨论图中建筑究竟用的是哪些积木;引导幼儿把图片立起来,与自己搭建的积木平行,对照图片自行调整,对应搭建。如果幼儿在二维示意图与三维实物造型的相互转换中出现了困难,教师可以引导幼儿仔细观察二维示意图或三维实物造型,分析每块积木所在的位置,鼓励幼儿积极尝试搭建,从而掌握平面图和实物造型的表征对应关系。

二、渗透的空间认知教育活动

生活中处处都蕴含着空间认知教育的契机,因此教师不仅要为幼儿提供系统化的专门的空间认知教育活动,还需要在日常生活中敏锐捕捉,挖掘空间认知教育要素,将空间认知教育融合在游戏、生活以及各领域的教育活动中,使幼儿在生活中自然地获得空间学习经验。

(一) 日常生活中空间认知教育的渗透

日常生活蕴含着许多空间认知教育的契机。如:

(1) 在早操的时候,教师可以请幼儿说一说自己的前后左右分别是谁,发展幼儿的空间方位认知能力。

(2) 在入园或离园环节,教师可以请幼儿说一说自己家到幼儿园的路线方位;用语言描述或动作示范的方式表征空间方位。

(3) 在户外活动的时候,请幼儿感受活动场地物体的空间方位,描述物体间的位置关系。

(4) 搭建积木的时候,教师可以引导幼儿说出不同颜色、不同形状积木的位置关系,以及从不同的视角观察积木造型。

(二) 游戏中空间认知教育的渗透

游戏中存在大量的空间认知教育机会,运用游戏开展空间认知教育不失为有效的方法,例如在“铁烧饼”游戏中,幼儿围成一个圈,其中一个幼儿跟随音乐绕着圈的外围慢跑,当音乐停止,幼儿需要站在另一个幼儿的后面,前面的幼儿就需要继续绕着外围,寻找下一个目标。在游戏中,幼儿会认识到前后方位。教师可以适时增加游戏的难度,调整游戏的规则,请左边的幼儿接替绕圈任务,或者请右边的幼儿接替。通过游戏拓展幼儿对空间方位的认知,在趣味情境的游戏中,锻炼幼儿空间方位感知的敏捷性和准确性。

（三）其他领域活动中空间认知教育的渗透

1. 体育活动中空间认知教育的渗透

幼儿空间方位的学习需要理解各种方位词，而体育活动中经常会涉及方位的感知与操作，是发展幼儿空间方位感的最佳途径。教师可以在队形、做操、体育游戏等活动中渗透空间认知教育。例如，“向上举、向下蹲、向前走、向后退、向右转”等，帮助幼儿在练习基本动作的同时，学习有关方位的概念。教师还可以在幼儿喜爱的体育游戏中设计空间位置的辨别。例如“一二三，木头人”游戏，教师请移动身体的幼儿说出离他最近的幼儿的方位，即可复活继续游戏。

2. 科学活动中空间认知教育的渗透

在科学活动中也蕴含了丰富的空间经验，尤其是对物体的观察与操作。教师可培养幼儿养成有序的观察策略，引导幼儿由外到里、由上到下、由前到后认识物体，分析物体的结构，由此在观察和操作的活动中潜移默化地感受空间方位的概念。还可以鼓励幼儿从不同的角度观察事物的主要特征。如分别从正面和侧面观察阳桃是什么样的，请幼儿通过语言和绘画的形式描述和表征出来。

3. 音乐活动中空间认知教育的渗透

音乐活动往往融合了歌唱和动作，在音乐活动中可让幼儿感受远处或近处的声音，辨别声音的方位和离自己的距离。此外，还可以在舞蹈活动中让幼儿感受动作的次序、方向。例如，先是左边动作，再是右边动作。先往前一步走，再往后退一步。

4. 美术活动中空间认知教育的渗透

绘画又是美术的形态之一，是将现实世界中的三维物体呈现在平面的二维画纸当中，需要幼儿感知认识事物的基本形态和主要特征，确定它在与周围其他物体的对比中是大还是小，所处位置是在邻近的某物体上面还是下面，还要选择一定的视角来表征，画出不同视角下物体的主要形状和特征，等等。手工也渗透着空间概念的学习内容。教师可以引导幼儿理解泥工的拓扑几何空间关系。在做折纸、泥塑、编织等活动中，让幼儿体验和表现作品各部分的上下、前后、里外关系以及邻近、分离、包围等空间关系，体验平面图形和立体图形之间的对应。

5. 语言活动中空间认知教育的渗透

通过语言描述来表征事物的空间关系是检验幼儿是否掌握空间方位的重要途径之一。例如，《母鸡萝卜丝去散步》绘本活动中，幼儿在了解了母鸡散步过程中经过了哪里，发生了什么情节之后，可以请幼儿将“母鸡从蜜蜂房的上面钻过去”等情节用语言描述出来，还可以请两个幼儿合作，一个幼儿先来设计母鸡散步的路线图，用语言表述母鸡要经过的地方，然后请另一个幼儿根据路线来散步。在同伴互动的过程中促进幼儿空间方位、表征空间以及空间视觉化能力的发展。

三、开展空间认知教育的注意要点

（一）充分利用生活中的情境，帮助幼儿感知并认识方位

空间方位的辨别和认识必须紧紧依托幼儿的生活。这就需要教师在日常生活中提升自己的教育敏感性，抓住教育契机，及时地生成空间认知教育活动。例如，在做早操的时候，引导幼儿辨认自己的前后左右分别是谁。幼儿在寻找自己的生活用品时，让他们说一说是在什么地方找到的。引导幼儿将方位词和某个实物情境相联系起来，帮助幼儿理解空间的有关概念，掌握表达空间方位的日常用语。

（二）创设游戏情境，提供适当的材料，巩固和运用空间经验

游戏是幼儿最喜欢的活动之一，空间方位的学习应以游戏化的方式开展。游戏的开展又离不开材料的重要物质载体，因此，教师可以提供丰富多样的操作材料，设置多种形式的趣味游戏，寓教于乐，避免纯粹概念式、记忆性的方位认知和训练，在愉悦的游戏情境和自主的操作体验中巩固和运用空间经验。例如，在户外游戏“跳格子找宝藏”中，教师在格子的最末端放好宝藏，幼儿从起点出发，倾听教师描述寻宝路线：“先是往……跳……格，再往……跳……格。”

（三）关注幼儿空间概念的发展特点，有针对性地开展渐进式、多样化的活动

幼儿空间概念的发展有着相对稳定的轨迹，有其特殊的规律。这也是教师开展空间认知教育的重要前提和抓手。因此，教师首先要深入地观察和认识每个幼儿的空间发展现状水平、存在的问题，结合空间概念学习的规律和重难点，有针对性地开展渐进式、多样化的活动。例如，左右方位的掌握对幼儿来说比较困难，那么教师可以在绘画、进餐的过程中，有意渗透右手的概念。

单项实训

1. 4～5 人一小组自选年龄段，以“多角度观察、表征物体”为关键经验，设计一项数学区域游戏，包括游戏材料、游戏玩法、数学语言与指导要点，游戏名称自拟。

2. 4～5 人一小组，在户外活动时间里，观察幼儿如何使用大型运动器械，如攀登架、滑滑梯、秋千架、钻龙等，并就“如何在户外大型活动中渗透空间认知的关键经验”提出可行性的建议。

任务三　学习空间认知能力发展的评价

情境导入

大班户外活动中，刘老师组织幼儿玩“小小指挥员”的游戏，规则为小朋友首先将物品藏在户外的某个位置，然后对同伴描述出这个物品的具体位置，并且用空间方位来描述，例如，皮球在跷跷板的下面。游戏过程中，安安将皮球放在了花坛的上面。她对晨晨说：“皮球在花坛的上面。”但是幼儿园户外的花坛太多了，面积较大，晨晨一时没有找到皮球。于是，安安又说：“皮球在花坛的上面，在大树的下面。”于是，晨晨的目光立马转向靠近大树的花坛，没一会就找到了皮球。分析当前安安和晨晨的空间认知发展水平。如果你是刘老师，接下来会怎么做？

任务要求

1. 了解不同年龄阶段幼儿空间能力发展的评价内容。
2. 结合典型案例理解幼儿空间能力发展评价的常用方法和注意要点。
3. 能够根据幼儿的行为表现评价幼儿空间能力的发展水平，并给予个性化的支持。

一、空间认知能力发展的评价内容

空间认知能力发展的评价内容基于幼儿空间的关键经验。幼儿空间的关键经验包括：为了实现评价的适切性，应以幼儿的年龄特征为前提，有针对性地评价幼儿空间认知能力的发展情况。

根据 3～4 岁幼儿空间能力的发展特点，教师在评价时重点关注以下内容：

• 幼儿能否区分并说出以自身为中心的上下方位？
• 幼儿能否用上下、前后、里外等方位词准确地描述物体的位置？
• 幼儿进行图形拼搭运用到了哪种策略？平移还是旋转，或是两者的结合？

根据 4～5 岁幼儿空间能力的发展特点，教师在评价时重点关注以下内容：

• 幼儿能否区分并说出以自身为中心的前后方位？
• 幼儿能否用上下、前后、里外、旁边等方位词描述物体的位置和运动方向？幼儿能用简短、片面的语言描述还是能用完整的数学语言描述？
• 幼儿能否有意识地运用平移、旋转和翻转等策略进行图形拼搭？
• 幼儿能探索图形、常见物品中简单的镜像对称关系？

根据5～6岁幼儿空间能力的发展特点，教师在评价时重点关注以下内容：

- 幼儿能否区分并说出自己和他人的左右方位？
- 幼儿能否以客体为中心，区分并说出自己和物体、物体与物体之间的左右关系？
- 幼儿能否用符号表示物体在二维空间中的位置和运动方向？
- 幼儿能否在进行图形拼搭时，有意识地预期旋转和翻转的结果？
- 幼儿能否理解简单示意图中的空间关系？是如何理解的？
- 幼儿能否理解并自主地观察三维物体的不同视角？

综上所述，空间评价要照顾到幼儿的年龄差异，又应该关注幼儿经验的连续性和一惯性，用综合的、发展的眼光去评价幼儿空间认知的发展，注重评价内容的针对性、多元性和整合性。

二、空间认知能力发展的评价方法

（一）非任务情境（自然情境）中的观察

任何客观物体都存在于一定的空间之中，并且同周围的其他物体存在空间上的相互位置关系。由此可见，空间与幼儿的生活是紧密相连的，在生活中观察与评价是有重要价值的。

【案例9-6】

捉迷藏

【观察记录】4月14日，户外游戏时间，成成（3岁，男）在滑滑梯上玩耍，盼盼（3岁，男）也跟了过来。这时，成成突然跑到滑滑梯上面的小屋里，说道："你来找我在哪呀！"盼盼听见后，在滑滑梯的下面找了一圈成成，然后抬头看见了他在小屋里躲着。便大声说："我看见了，你在滑滑梯上面躲着呢！"

【行为分析】盼盼在找到成成之后，能够说出成成在滑滑梯上面，说明他能判断并用准确的词汇描述成成与滑滑梯之间的方位关系，能够以客体为中心判断上下关系。

【未来规划指导】教师可以进一步请盼盼说出，成成在你的什么位置，如"成成在我的前面，也在我的上面"。让幼儿认识到方位的相对性和多元化，可以用不同的方式描述自己和他人之间的空间方位。也可以让成成再找一个地方躲起来，让盼盼听成成的声音辨别方位。

（二）任务情境中的观察

教师可以在生活和游戏中有意识地创设情境来观察幼儿对空间方位的理解。

表 9－3　空间的评价任务清单列举

	评价任务清单列举	观察重点
空间	在美工活动时，教师问幼儿："今天我们用蜡笔画画，你能帮我把玩具柜上的蜡笔和白纸拿来吗？"在活动结束后，再问幼儿："你能把蜡笔放回到玩具柜上吗？"	观察幼儿能否理解方位词，准确判断方位，按照空间方位词指示来做出相应的动作。
	户外玩捉迷藏时，教师可以询问幼儿："你在哪里找到的妮妮""妮妮刚才藏在了哪里"等。	观察幼儿能否判断并用言语正确描述人物的方位。
	在户外玩"寻宝"游戏时，教师提前在场地投放一些道具宝藏，让幼儿去寻找宝藏，然后让幼儿用语言描述自己是在哪里找到宝藏的。	观察幼儿能否判断并用言语正确描述物体的方位。
	区角游戏时，教师可以提出装饰娃娃家的要求，与幼儿一起布置娃娃家。教师可以给幼儿方位提示："我们把花瓶摆在沙发的左边吧。"教师也可以让幼儿来布置，然后描述一下自己在哪里放置了什么物品。	观察幼儿能否认识自己与物体以及物体与物体之间的关系。将材料摆放在某个位置之后，幼儿说出材料之间的空间位置关系。
	在音乐活动中，学习儿歌《影子》："影子在前，影子在后，影子是小黑狗，常常跟着我。影子在左、影子在右，影子是个好朋友，常常陪着我。"请幼儿根据歌词做出相应的方位动作。	观察幼儿能否理解方位词，以及能否根据儿歌内容中描述影子的方位词做出对应的动作来表征方位。

1. 检核表观察法

幼儿空间能力发展评价检核表就是依据观察目的、观察特点，事先拟定空间认知发展的观察内容，观察者依据检核表内容观察并检视幼儿的行为表现。

空间认知能力发展评价检核表类型多元，包括感知、认识空间方位检核表、描述空间方位检核表、多视角表征空间方位检核表，等等。以表 9－4 为例，教师组织活动"周围有什么"，幼儿围成一个圈，以游戏接龙的方式说出自己的上下、前后、左右分别有什么。例如，第一个幼儿说："我的上面有风扇。"第二个幼儿说："我的后面有积木。"以此类推。等到所有幼儿说完一轮之后，变换游戏规则，请幼儿说出别人的周围有什么。例如第一个幼儿说："东东的后面有钢琴。"第二个幼儿说："雅雅的左边有窗户。"以此类推。该检核表可分别用来了解幼儿以自己和他人为中心，在空间方面的感知与辨别能力。若幼儿出现以下行为，观察者便可在第一项括号内以"○"表示，待逐项完成记录后，再就记录结果加以分析与解释。

表 9－4　中班幼儿感知、认识空间方位能力评价表

姓名：	观察日期：	观察时间
(　　)1. 能区分和说出以自己为中心的上下方位。		
(　　)2. 能区分和说出以自己为中心的前后方位。		
(　　)3. 能区分和说出以自己为中心的左右方位。		
(　　)4. 能区分和说出以他人为中心的上下方位。		
(　　)5. 能区分和说出以他人为中心的前后方位。		
(　　)6. 能区分和说出以他人为中心的左右方位。		

说明：请观察幼儿是否表现出各项描述行为，请以“○”或“×”表示。

表 9－5 用来观察大班幼儿的表征空间方位能力的情况。教师在讲完《母鸡萝卜丝去散步》的绘本故事之后，创设了“母鸡散步的路线是怎样的”这一问题情境，并且提供了丰富的表征材料，包括积木、纸笔等，请幼儿根据故事中的内容自由地表征出母鸡散步的空间方位和路线情况。幼儿可以采用积木表征、语言表征、绘画表征、路线表征中的一种或几种方式。积木表征是指用搭建积木的活动表征出图片中或真实事物的空间关系；语言表征是指能够描绘出事物的空间关系；绘画表征则是通过绘画的方式，将客观物体以绘画的方式落实于平面图当中；路线表征即将物体之间的空间位置关系的路线呈现出来。如果幼儿运用了其中某个表征方式，则打√，没显示出则不标记。在最后一栏评价部分简单介绍当时幼儿的行为表现。

表 9－5　幼儿表征空间能力评价表

时间	姓名	表征空间能力				观察记录
		积木表征	语言表征	绘画表征	路线表征	
9.12	嘉乐		√	√		嘉乐在纸上画出了母鸡散步的过程。并用语言描述出了母鸡散步的路线：“母鸡从它的家里出发，然后向右边走，经过了院子后，前面有一个池塘，母鸡绕着池塘走了一圈，又回到家。”虽然嘉乐只呈现了其中一段的路线，但是做到了用语言和绘画的方式表征空间关系。
10.13	璇璇		√			璇璇复述出母鸡散步的路线：“母鸡家前面有一个池塘，它先从池塘边上走，然后池塘的右边有个草堆，母鸡穿过了草堆，然后草堆的后面有个磨坊，磨坊的后面是篱笆，母鸡从篱笆下面钻过来，最后回到家了。”可以看出璇璇对于农场中的物体的空间位置表征得比较准确。
12.10	心苒	√	√		√	心苒用积木搭建出了农场的场景。接着用细长的积木代表路线方向，数根细长积木连接着构成了母鸡散步的完整路线。并且最终以语言表征的方式介绍了路线。

2. 基于课程的评价

教师可以通过集体活动、小组活动或者个别活动对幼儿的空间认知能力进行有目的、有计划的评价。案例 9 - 7 中陶老师精心设计实施的基于课程评价的典型案例，评价的内容是“描述空间方位的能力”，评价则通过一项区域活动进行，教师对进入数学区域并参与该户外游戏活动的幼儿的行为进行了观察与记录，评价的方法包括检核表与观察记录。

【案例 9 - 7】

猜猜我说的东西在哪里[①]

【背景】描述空间方位是空间能力的重要构成部分，中班幼儿能够区分并说出以自身为中心的前后方位，能够用上下、前后、里外、旁边等方位词描述物体的位置和运动方向。陶老师在学期中组织过幼儿进行“小动物回家”“佩奇在哪里”等描述空间方位的活动。经过一学期的学习，幼儿描述空间方位的能力发展得如何？陶老师设计了描述空间方位的活动方案和评价量表，借助数学户外活动进行了一次评价。陶教师在幼儿看不见的情境下，将准备好的道具藏在某个位置。用数学语言描述出这个道具的空间位置，以及它与周围事物之间的空间关系。幼儿根据教师提供的线索前往搜索，找到道具。教师带领幼儿示范玩了一遍之后，请幼儿两两为一组，一个幼儿藏道具并说出道具的位置和空间关系，另一个幼儿寻找道具。完成后互换游戏角色。

【关键经验】描述空间方位。

【材料准备】选择一处有各种物体的活动场地。准备若干材料，如弹球、沙包、易拉罐、小木棒等。

【数学语言】我把弹球和沙包藏起来了，我来描述一下藏的地点：“从我这里看，弹球在滑滑梯的后面，但又在爬网的前边”，“沙包是绿色的，它在花坛的左边，藏在草丛中，而且沙包在一棵树的下面”。请小朋友们根据我的描述去找一找。请两个小朋友为一组，一个小朋友负责藏好道具，想清楚它在什么地方，可以用什么语言来描述它的位置。然后告诉你的小伙伴，请小伙伴去找出这个道具。找到之后，两个人互换一下身份，再玩一次。

【观察重点】幼儿是否能够根据自己所藏的地点正确用语言描述物体的空间位置和方位关系，指挥同伴找到物体，如果没有找到，要反思存在的问题并及时纠正。

【评价解读】描述空间方位的发展是递进式的，并非一蹴而就。因此，幼儿描述空间方位的能力具有层次差异。围绕幼儿描述空间方位的核心经验以及幼儿发展的年龄特点，现将描述空间方位划分为四个维度：首先是用方位词描述空间方位；其次是以自己为中心描述空间方位；再次是以客体为中心，单一视角描述空间方位；最后是以客体为

---

① 本案例由苏州幼儿师范高等专科学校附属教育幼儿园陶健怡老师提供。

中心，多个视角描述空间方位。以上四个维度的观察要点分别代表了幼儿描述空间方位的四种发展水平，具有层级性和递进性，有助于教师清晰地把握幼儿描述空间方位的发展水平。表 8－6 记录了室外游戏“猜猜我说的东西在哪”中部分幼儿的表现情况。

教师在两周时间内对 29 名幼儿进行描述空间方位能力的调查评估，经统计分析发现，有 9 名幼儿能够以客体为中心，多个视角描述空间方位。例如，幼儿能够以弹球为中心，说出弹球的上面有秋千，弹球的左边有轮胎，弹球的右边有石头。有 14 名以客体为中心，从单一的视角描述空间方位。例如，幼儿能够以弹球为中心，说出弹球在大树的后面。有 5 名幼儿能够以自己为中心描述空间方位。例如，幼儿说出“弹球在我的后面”。但是没有以客体为中心去描述物体位置。仅有 1 名幼儿只能用方位词描述空间方位。例如，“弹球在前面”。

综上所述，陶老师班级的幼儿整体发展水平大多处在能够以客体为中心，单一视角描述空间方位的水平。中班的幼儿几乎能够以自己为中心描述空间方位，有大部分幼儿能够以客体为中心描述空间方位。仅有个别幼儿只能用方位词描述，说明该班幼儿的描述空间方位能力较强。

表 9－6 幼儿描述空间方位能力评价表

描述空间方位观察记录表（猜猜我说的东西在哪）						
时间	幼儿	用方位词描述空间方位，如“弹球在前面。”	以自己为中心描述空间方位，如“弹球在我的前面。”	以客体为中心，单一视角描述空间方位，如“弹球在你的前面。”	以客体为中心，多个视角描述空间方位，如“弹球在秋千的前面，在大树的下面。”	备注
		1	2	3	4	
12.10	涛涛		√			涛涛藏了一个弹球，说道：“它在我的后面”。
12.11	妍妍	√				妍妍将一个雪花片藏在了滑滑梯的下面，妍妍对彤彤说：“雪花片在前面。”
12.11	驿驿			√		驿驿说：“我藏的是一只小老虎印章，它是橙色的。我把它藏在足球场网下面。”
12.15	文珊				√	文珊藏了一个小汽车，对涵涵说：“小汽车在围栏的下面，它还在轮胎的里面。”见涵涵没有马上找到，文珊又补充说道：“小汽车在围栏下面，也在滑滑梯的后面。”
……						
幼儿人数		1	5	14	9	

【未来规划指导】针对只能以方位词描述空间方位的幼儿，引导幼儿尝试以自己为中心描述空间方位。如“我的前面是谁”“什么在我的前面”。针对只能以自己为中心描述空间方位的幼儿，引导幼儿尝试以客体为中心，描述物体的空间方位关系。例如，在看图讲述活动中，引导幼儿描述图片中事物的具体位置，事物之间的空间关系是什么。针对只能以客体为中心，单一视角描述空间方位的幼儿，继续强化幼儿以客体为中心描述空间方位，同时要在日常生活中引导幼儿从不同的角度观察事物，感受、表述不同的空间方位。例如，在早操活动中，请幼儿说一说自己的位置和他人的位置。针对能够以客体为中心，多个视角描述空间方位的幼儿，教师可以提高难度，投放更加复杂多变的材料。例如，利用复杂的大型积木造型，提问幼儿积木中的构成部分分别在整个造型的什么位置，零件与零件之间的空间相对关系是什么。

三、开展空间认知能力评价的注意要点

（一）在一日生活中评价幼儿识别和描述空间的能力

一日生活中蕴含着大量的空间学习机会，这要求教师要善于挖掘生活中的契机，捕捉幼儿在生活各个环节中表现出的空间学习过程，及时地进行观察和评价。例如，在生活物品的准备上，可以有意识地引导幼儿指认一些物体的空间方位；在上下楼梯时学习上下方位；在晨间做操时学习表征空间方位；在积木游戏时观察幼儿积木构建中的空间认知水平。

（二）在户外活动中评价幼儿的空间认知发展水平

空间的学习依托于一定的外在环境，户外本身具有独特的环境优势，宽敞的空间能够为幼儿空间认知能力的发展提供丰富的刺激。教师可以将空间的相关经验融入户外活动，设计兼具教育性和趣味性的户外活动，让幼儿在户外的空间环境中，直观体验空间方位和物体的位置关系，视觉化感受三维空间和二维平面之间的转换关系。此外，户外的宽敞环境有助于幼儿从多个视角观察物体的空间关系。因此，户外活动是评价幼儿空间认知发展水平的重要抓手。

（三）借助观察评价工具了解幼儿空间认知发展水平

幼儿的空间认知经验较为宽广和内隐，若不有意识地观察和评价，则难以捕捉幼儿的空间认知经验的发展。因此，教师要善于运用诸如轶事记录表、检核表等观察评价工具，在正确把握幼儿空间认知发展的基础上，自主研制或借鉴成熟的评价工具，对幼儿的空间认知发展水平进行科学的评价，从而全面、深入地了解幼儿空间认知的发展水平以及可能存在的问题，基于对评价结果的分析，进一步调整空间认知教育的课程和相关活动。

单项实训

4～5 人一小组，在中班“小飞机”拼图游戏中，设计有关空间视觉化的观察评价表，观察 2 名幼儿的翻转、旋转以及对称的发展水平，提出个性化的指导建议。

任务四 实践与拓展

一、综合实训

4～6 人一个小组，设计一个专门的空间认知的集体教学活动方案、操作材料以及观察记录表，并在幼儿园实施，选择几名幼儿，分析他们在活动中的典型表现，分析其发展水平，并提供个性化的指导建议。

二、岗证对接

选择题：

佳佳和盼盼在玩捉迷藏，佳佳找到盼盼后兴高采烈地跑去告诉俞老师。俞老师问：“你是在哪里找到盼盼的呀？”“她躲在滑滑梯的下面，我在滑滑梯的下面找到她的。”这说明佳佳的空间方位知觉处在（　　）。

A. 以自身为中心的空间知觉阶段

B. 走向客体为中心的空间知觉阶段

C. 与感觉运动相联系的空间知觉阶段

D. 自我中心阶段

（模拟题）

参考答案

三、资源拓展

拓印画	镜像对称
准备卡纸和颜料笔，将卡纸对折，在纸的一边画上喜欢的图案，然后将卡纸翻向另一边对折，左边的图案印到右边的纸上，感受翻转的对称。请幼儿说出先画的是左边还是右边，经过拓印之后，被印上画的那面是左边还是右边。	准备多种蝴蝶图片、树叶图片、昆虫图片、橘子图片、衣服图片、篮球图片等对称图形。请幼儿将图片的这一边折到另一边，感受物体的对称。

万花筒

当幼儿转动万花筒，他们可以观察到对称形式的巨大列阵，这部分取决于万花筒中物体排列的方式。从教学的角度来说，最有用的万花筒是可以让幼儿自己放入材料的万花筒，最好不要用封口的。

小熊在哪里

准备较大的立体纸壳、印有纸壳和小人的卡片，卡片上的纸壳和小人可以组合成不同的方位。幼儿根据卡片上的方位，移动到纸壳的正确位置。例如卡片上的小熊在纸壳的左边，幼儿就扮演小熊的角色，站到立体大纸壳的左边。

寻找丢失的小兔子

准备一个立体的自制房屋，包括多层空间。准备一个小兔子图片或手指玩偶。教师将其藏在房屋的某个位置，请幼儿找到并描述是在哪里找到的。

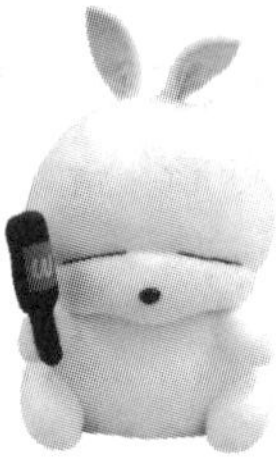

棉花糖图形

准备超轻黏土制成的圆形棉花糖，用棉花糖连接，构成立体空间的棉花糖造型。请幼儿坐在不同的角度，观察立体棉花糖造型，并在纸上画出来。

图画书中的数学——空间

《母鸡萝丝去散步》是美国佩特·哈群斯所写的有关空间的图画书。书中通过母鸡萝丝散步的路线,介绍了丰富的空间关系和绕、越、穿、钻等空间动词。书中黄鼠狼一直跟在母鸡的身后,却因为一系列的空间因素始终没有捉到母鸡。如,缝隙较小的篱笆,因“多米诺效应”而倒下的蜜蜂房等。帮助幼儿感知复杂的空间关系,建立全方位的空间认识,并采用丰富的图片和简略的语言,带幼儿分析情节发生的缘由和其中的空间知识。

《动物合唱团》是韩国作家李常熙所写的关于方位的图画书。书中讲述了小猪家的前、后、左、右搬来了新的动物朋友,并组成了一支动物合唱团。通过依次的语言表述加上图片展示,带幼儿感知和认识了前、后、侧、左、右、上、下的空间概念,以及其与参照物之间的对应关系。在动物合唱团的舞台上,小猪安排好了每个动物的位置,在这之中展现了各个位置之间的空间方位关系,让孩子们理解和掌握如何通过方位确定位置,帮助他们在实际生活中面对具体的事物时,能够根据参照物做出准确的方向和位置的判断。

《我和爷爷的建筑之旅》是韩国作家曹恩晶所写的关于图形与空间的图画书。在故事中,主人公翰和建筑师爷爷进行了一次奇妙的建筑之旅,寻找到了躲藏在建筑物里的数学故事。旅行从周围的环境出发,观察常见事物的图形组成,再到国外各种知名的建筑物,了解美观、协调的图形构成。最后,翰和爷爷一起,运用建筑之旅中学到的知识,给小狗设计了小窝。幼儿在与主人公一起旅行中不仅观察到建筑物中的图形,还认识到图形也会影响建筑物的外观,规律、比例、对称会给建筑物带来的美感,了解到国外知名的建筑物。

《上下和周围》是美国作家凯瑟琳·埃尔斯和娜丁·威斯特克特创作的关于空间的绘本。在故事中,两个小朋友在菜园里忙碌着,他们挖坑、种植和浇水。绘本中介绍了各种农作物生长的环境和特点,其中蕴含了大量的空间方位认知。例如,泥土往上盖,种子向下埋;玉米向上长,胡萝卜向下长,黄瓜绕藤爬等。故事中反复用向上、向下、一圈圈绕等空间词汇,描绘了各种蔬果的生长状态。幼儿可以学习绘本中的不同方位词,并结合生活中的食物或植物,运用方位词来描绘他们的空间方位,锻炼孩子使用方位词,养成良好的空间思维习惯。

项目十

主题背景下的学前儿童数学教育

项目分析→

课程整合是当前学前儿童课程改革的一个重要趋势，采取主题形式整合教育内容是课程整合教学的形式之一。主题活动是指在一段时间内围绕一个中心内容(即主题)来组织教育、教学活动。主题一般来源于幼儿的生活，如围绕幼儿自身的生活事件、故事或提炼一些现象、过程等形成、设计的一系列教育、教学活动，直接反映的是幼儿整体的、具体的、鲜活的世界。在主题背景下实施幼儿数学教育，是当前幼儿园数学教育改革与发展的重要路径与方向。本项目学习的主要内容包括主题活动与数学教育、主题活动中数学因素的挖掘、主题活动与数学教育整合的路径。

项目导学→

- 主题背景下的学前儿童数学教育
  - 理解主题活动与数学教育
    - 主题活动与数学教育的关系
    - 主题背景下数学教育的价值追求
  - 学习对主题活动中数学因素的挖掘
    - 从主题脉络中捕捉数学因素
    - 依据数学学习与发展经验提炼数学因素
    - 根据幼儿生活经验和兴趣创生数学因素
  - 探索主题活动与数学教育整合的路径
    - 在主题活动中融入数学教育
    - 专门的数学主题活动
  - 实践与拓展
    - 综合实训
    - 岗证对接
    - 资源拓展

学习目标→

1. 了解主题活动与数学教育的关系及价值追求。
2. 学习在主题背景下挖掘数学因素的多种方式。
3. 掌握主题活动与数学教育整合的路径。

任务一　理解主题活动与数学教育

情境导入

某幼儿园课程审议过程中，为了强化学前儿童数学教育的重要性，田老师计划每周都开展一次数学领域的集体教学活动，促进幼儿数学经验的发展。而李老师却提出，数学教育不一定以独立的形式开展，特别是在课程整合的趋势背景下，数学教育与主题活动的整合不失为学前儿童数学教育的一个路径。于是，老师们围绕主题背景下的数学教育展开了深入的讨论与思考。

任务要求

1. 理解主题活动与数学教育之间的关系。
2. 理解主题背景下数学教育的价值追求。

一、主题活动与数学教育的关系

主题活动是指在一定的时间里，围绕一个中心内容组织的教育教学活动。由于数学学科知识本身具有逻辑性与系统性，数学教育活动一直以来主要着眼于数学学科的自身特性，而与幼儿的生活和经验相脱离。从数学课程的本质而言，它是学科课程的分支。随着学前教育课程改革的推进，课程整合理念成为当下幼教界的共识，采取主题形式整合教育内容是课程整合教学的形式之一。如此看来，主题活动和数学活动分别代表的整合课程和学科课程，在当今幼儿教育科学化发展的时代，已然冲破过去的壁垒，不再是不容和的对立关系。相反，二者实则是相互促进、相辅相成、相互结合、互为依托的关系。

我们可以从两个方面进行分析，一方面，主题活动是在分科课程的“语境”中产生的。它是以真实世界中具有个人和社会意义的问题作为主题中心，通过整合的手段将教学系统中分化的诸要素有机联系形成课程形态，立足于学科课程，不否定学科课程的知识、文化立场，但又超越了学科课程，使知识经验的获得紧密贴合幼儿具体的生活。数学教育作为幼儿园课程的重要构成部分之一，自然就是主题活动整合的内容之一。若无数学这一学科基础为依托，以主题活动形式的统整性课程便称不上整合课程，这其实也背离了课程改革过程中由分科课程走向整合课程的真实意蕴。

另一方面，数学教育一直以来存在弊端，教师更多关注的是“如何教”，很少关注幼儿“如何学”。教师习惯于以数学知识为主线开展独立教学，使得数学教育与其他教育的内在联系较少，将数学知识从生活中抽离出来，使得幼儿难以理解和应用数学知识。而主题活动是课程改革下的产物，是当前整合课程体系的重要教学形式。主题教学将多科目内容和价值融合在生活化主题中，旨在促进幼儿经验的完整化发展，为改革传统的数学教育模式提供了有利条件。

综上而言，数学教育当下亟需变革，主题活动目前备受推崇，二者的有机融合是必然的趋势。只有正确认识主题活动和数学教育之间的关系，才能实现课程的本体价值与社会价值的整合、学科知识与能力及文化的整合。[①]

二、主题背景下数学教育的价值追求

吉鲁(Giroux. H. A.)认为，“传统分科课程范式中的知识主要被作为一种客观‘事实’的领域而对待。”“知识脱离了人的意义和交往主体的交流过程。”[②]这正是传统数学教育存在的弊端，即过于注重数学知识的传递，而忽略幼儿作为知识意义建构的主体。数学分科教学和主题背景下的数学教育是两种不同的课程组织方式。新中国成立后，我国全面学习苏联模式，分科课程成为主流课程组织方式，幼儿园数学教育作为一门独立的学科存在。从传统数学教育向主题背景下的数学教育的嬗变，不仅仅是教学组织形式的改变，其实质是对教育本质的重新界定，意味着幼儿园数学教育价值追求的重新确立。2001 年教育部颁布《幼儿园教育指导纲要(试行)》将数学划入科学领域，幼儿数学从传统的单一学科走向整合的综合课程。2012 年颁布的《3—6 岁儿童学习与发展指南》将“数学认知”与“科学探究”统整为科学领域。《纲要》《指南》倡导幼儿园主题活动与数学教育的整合，已经成为当今幼儿园数学教育发展的趋势。

《纲要》指出：“能从生活和游戏中感受事物数量关系并体验到数学的重要和有趣。”《指南》也提出“初步感知生活中数学的有用和有趣；感知和理解数、量及数量关系；感知形状与空间关系”等教育目标。由此看来，数学教育在目标和价值取向的变化：首先，数学教育不再是以掌握系统的数学知识为单一目标，而是强调幼儿通过现实生活和游戏活动来学习数学，感受数学的价值，用数学的眼光观察世界，运用数学的方式解决问题等多元目标，促进幼儿的全面和谐发展。

---

① 王春燕. 关于学前整合课程的几点认识[J]. 幼儿教育(教育科学版)，2005(12).

② 郭元祥. 课程理解的转向：从“作为事实”到“作为实践”——兼论课程研究中的思维方式[J]. 课程. 教材. 教法，2008(1).

其次，幼儿通过主题活动下的数学教育相关内容的学习和活动体验，能够使幼儿在活动中建构完整经验，实现全人发展。一方面，主题活动反对在教育活动中直接对知识进行接受性的传授，主张建构的学习观，认为知识或儿童的经验是在学习者与被认识对象客体之间互动的过程中建构的。因此，主题背景下的数学教育提倡的是幼儿基于自身原有的数学经验，主动地参与与主题相关的切身实践活动，逐渐构建和生成新的经验。另一方面，幼儿周围的一切以一个完整的样子呈现在幼儿面前，幼儿看到的是完整的人、完整的树、完整的一切。主题背景下数学教育的灵活性、统整性等基本特征决定了幼儿是以自主探索的方式，积极主动地学习，支持幼儿在趣味性、生活化的数学情境中建构完整、全面的经验。

基于上述分析，主题背景下数学教育的价值追求可以归结为以下几点：

(1) 重视幼儿的生活经验和游戏，在幼儿的经验和兴趣点中挖掘数学教育因素，将数学学习与幼儿的生活与游戏相融合，实现数学教育的生活化、游戏化。

(2) 主题背景下的数学教育强调幼儿的自主发展，内隐数学学科的逻辑与体系，融合多学科、多领域的相关知识，在主题的脉络下帮助幼儿获得完整的、全面的经验，实现全人发展。

(3) 在主题的牵引下，遵循幼儿数学学习与发展的轨迹，依据幼儿数学经验的年龄特征，循序渐进地开展数学教育。

单项实训

列举 2～3 个案例，阐释主题背景下数学教育的价值追求。

任务二　学习对主题活动中数学因素的挖掘

情境导入

大三班陶老师开展了“超市”主题活动，教师引导幼儿通过参观、游戏、谈话、绘画等多种活动形式把幼儿关于超市的零星经验整合起来。幼儿从主题活动中了解了超市的结构，体验购物的快乐，感受超市给人们生活带来的便利。但是令陶老师疑惑的是，尽管“超市”主题活动开展得很顺利，幼儿获得了较丰富完整的经验，但是陶老师仅仅将数学领域作为超市主题的一个分支，开展了“认识硬币”“商品分类”“找规律”等数学活动，而不知道如何更全面和深入地挖掘出“超市”主题中的数学因素，以及如何将这些数学因素整合到主题活动中去。

任务要求

1. 学习从主题脉络中捕捉数学因素。
2. 学习依据数学学习与发展经验提炼数学因素。
3. 学习根据幼儿生活经验和兴趣创生数学因素。

数学是研究现实世界的数量关系和空间形式的一门科学，是一门具有高度抽象性、严密逻辑性的学科。正是由于数学本身的这些特征，使得数学教育从“有本可依”转向“无本可看”，这也是教师们在实践中倍感困惑的主要问题。出现这一困惑的原因可能有以下两个方面：第一，教师对幼儿生活经验中已有的数学经验把握不够清晰和准确，难以从幼儿的生活经验中发现真实的数学问题和数学意义。第二，教师自身对数学学科知识的专业素养建构得不够完善。因此，主题背景下的数学教育活动设计给教师们带来了新的挑战。基于现实困境，我们认为寻找数学活动与主题活动的融合点、多层面挖掘数学因素是解决难点的关键所在。可以根据以下三条线索。

一、从主题脉络中捕捉数学因素

幼儿园主题活动的主题来源于幼儿的生活，是对整体的、具体的、生动的现实世界的反映，每一个主题中包含着多个领域的内容，意在让幼儿获得一个较为整体、较为全面的经验。数学是幼儿生活中无处不在的，反映现实世界的数量和空间关系的科学。据此，主题活动所表现的整体、具体的世界中，必然会包含着数学方面的内容。教师可以从主题脉络着手，挖掘主题线索中的数学因素，对主题中涵盖的数学教育内容进行分析和检核，罗列、筛选、判定每个主题中可能蕴含的数学教育内容。例如，主题活动“好玩的水”的脉络包括水的特性、水的作用、水的变化等，因而可以衍生出对水的容积的比较，感知量的差异与守恒等数学内容；主题活动“我爱吃蔬菜”的脉络涉及蔬菜的颜色、蔬菜的形状、蔬菜的数量、蔬菜的种植等数学因素，由此可以设计学习分类不同颜色、形状的蔬菜的活动，感知蔬菜的数量，学习与蔬菜价格相关的简单运算，感受蔬菜生长的空间环境和时间变化。以大班主题“我是中国娃”为例，该主题开展的时间为大班开学第二个主题，主题涵盖对国家、家乡等环境的感知，主题内容指向比较开放，教师对其中可能涵盖的数学因素分析如下：分类、规律排序、统计、记录、感知时间、感知数量、学习组成和加减等。

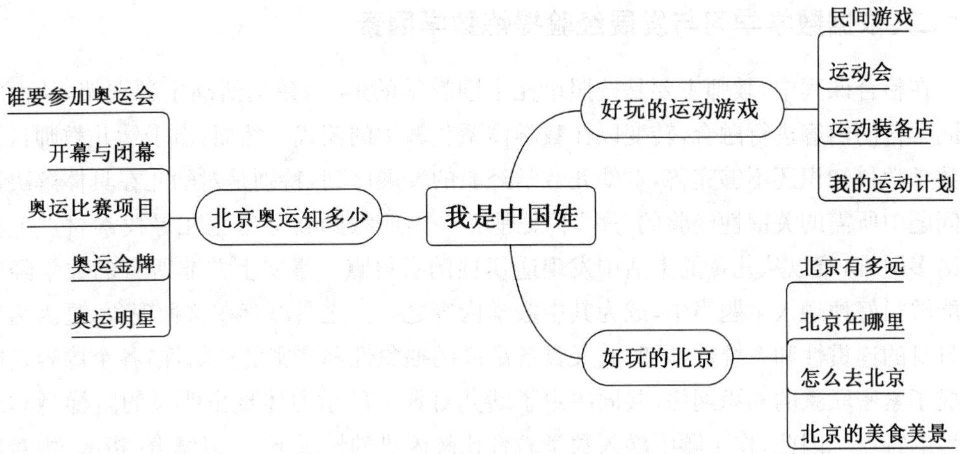

图 10－1 “我是中国娃”主题网络

表 10－1 “我是中国娃”中涵盖的数学因素

主题的具体内容	涵盖的数学因素	可生成的数学活动
北京奥运知多少	方位	北京在哪里
	时间	北京运动会的开幕与闭幕
奥运明星	时间	金牌是哪天获得的
	加减记录	奖牌有多少
运动项目	分类	运动器械专卖店
	排序	运动专柜
	统计	运动小健将
	自然测量	测量运动场
	统计	我的运动计划
我也想去北京	自然测量	到北京有多远
	统计	去北京的交通工具
	规律排列	奥运冠军
好玩的北京	统计	北京景点、美食统计

表 10－1 中罗列了主题开展可能涵盖的数学因素，确定了数学教育与主题活动的相交点，为主题活动中数学内容的摘选提供了丰富的依据。

可见，教师需要有敏锐的判断力和灵活的教育机智，充分考虑在主题中蕴含哪些可以融合的数学因素。当教师对主题中的这些数学因素有较为清晰明了的梳理后，就可以思考如何根据幼儿的生活经验在主题活动中渗透相关的数学认知经验。

二、依据数学学习与发展经验提炼数学因素

在整合课程中，教师主要是按照单元主题教学的形态，建构活动主题框架，从而将不同学科的内容进行融合，转变以往数学体系化教学的模式。然而，由于幼儿教师自身的数学学科知识还不够完善，对幼儿数学经验的发展序列，特别是对幼儿在具体解决数学问题中所需的关键性经验的“序”不太理解，[①]因而教师就会感觉在寻找素材点上存在诸多困难，难以从儿童的生活中发现适切性的素材点。事实上并非所有的数学经验都能够很好地融入主题当中，成为其中数学内容之一。之所以存在这种现象，是因为数学自身的连贯性和系统性，同时其又具备高度的抽象性和严密的逻辑性，各个内容之间形成了紧密联系的知识网络，共同决定了幼儿对数学的学习体现出明显的阶梯型和渐进性的特点。因此，在主题中融入数学教育比较困难的情况下，可以结合《指南》中对数学的学习与发展指标，回归到幼儿数学学习与发展的核心概念和关键经验。本教材已经对数学领域学习与发展的关键经验按照不同内容角度和不同年龄阶段做出了系统的梳理，这些数学经验本身就是可以组织成主题活动的数学因素，也就是说，依据数学自身的核心经验，将这些经验视作开展主题活动的既定数学因素，同时要兼顾本班幼儿的需要，提供学习与发展的机会，在确保学科核心数学因素的前提下，有针对性地促进幼儿数学认知的发展。因此，在设计与组织主题背景下的数学教育活动时，可以从数学学习与发展的经验出发，提炼适合幼儿的数学因素。例如，以“空间”为中心的主题活动中，可以利用的数学因素包括：学习上下、前后、左右的空间方位；学习多种方式表征空间关系；学习多角度观察物体；操作空间视觉图像，丰富空间视觉化经验。

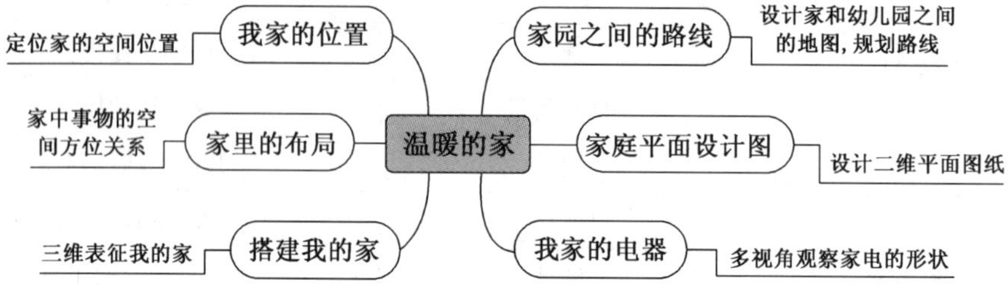

图 10－2　温暖的家主题网络

三、根据幼儿生活经验和兴趣创生数学因素

幼儿的思维发展水平决定了幼儿数学学习在本质上是一种非正式的学习，它在很大程度上受到日常生活经验的影响。幼儿从出生开始就生活在由数、量、形、空间、时间构成的环境中，幼儿不知不觉地感受数学、学习数学。大量研究表明，儿童在早期的生

① 李娟，周欣，黄瑾，华爱华，周念丽．教师如何了解和评价幼儿的数学学习和发展[J]．幼儿教育（教育科学版），2010(12).

活经验中通过各种方式获得了大量非正式的数学知识和经验。幼儿的数学学习又是一种个性化的建构活动，而不同的生活经验正是幼儿个性化建构的最丰富与生动的来源，幼儿在日常生活中积累的数学经验和获得的数学能力是其正式数学能力形成的基础，重视幼儿的已有生活经验和兴趣需要已然成为当下教育者的共识。主题活动背景下的幼儿数学教育应由注重静态知识向注重动态知识转变，由注重表征性知识向注重行动性知识转变，由注重传授知识向注重建构知识转变。因此要关注幼儿的生活经验和兴趣需要，则需要回归生活，回归幼儿，根据幼儿的数学经验和兴趣创生数学因素，帮助幼儿发现日常生活中数学的趣味与魅力，把幼儿需要学习的内容、需要获得的关键经验回归到幼儿生活之中，按照生活的逻辑组织和开展活动，获得有关数学的体验与经验。

教师可以结合日常生活，和幼儿一同发现数学因素。例如，一日生活各个环节是稳定的、前后一贯的顺序，可以围绕时间这一数学因素组织主题活动"奇妙的时间"，在这一主题下，可以结合幼儿生活中经常接触和熟悉的时间经验，开展诸如"认识时间""认识日历""有趣的钟表""我的一天""看时间画指针""钟点接龙"等不同领域的活动。

除了从生活中发现数学因素，顺势而为地开展主题活动之外，主题背景下的数学活动还需要敏锐捕捉生活中与已有主题相关的数学因素，及时地在幼儿的生活经验与学习经验之间架构起桥梁。例如，中班主题活动"多彩的秋天"，在这一主题下，主要是引导幼儿感知秋天季节的特点与魅力，获得与秋天有关的落叶、果实、庄稼、文学作品、秋游等相关经验。偶然的一天，苗苗从上幼儿园路上捡了两片枫叶带来班上，引起了一小片幼儿的围观与热议。幼儿的兴趣大涨，教师及时抓住了这一兴趣点，生成了"按规律排树叶""各种各样的树叶"等数学活动，这一系列活动不仅发展了幼儿的分类、排序、模式认知能力，而且使幼儿对树叶的特征有更好的认识，获得丰富多元的学习经验。

早操的时候，可以请幼儿按照高矮的顺序排序；外出散步时，幼儿可以观察到各种物体的形状，有的房顶像三角形，房子的门和窗像长方形。秋季时分，请幼儿将拾来的落叶进行分类、排序活动；在整理、收放玩具、图书、衣物时，可以引导幼儿学习将各种物品进行归类的技能。这些经常发生、平常无奇的生活事件，在教师有意识的引导之下都会成为幼儿学习数学的良机。

数学因素不仅遍布在幼儿的日常生活中，游戏作为幼儿最喜爱的活动之一，更是蕴含着丰富的、幼儿感兴趣的数学因素。例如，在小班积木游戏中，教师发现班上部分幼儿搭建的城堡总是容易坍塌。教师观察后得知是幼儿对于积木的形状和空间结构认识不够。因此，教师在主题活动"我们周围的建筑"中及时调整了主题脉络，加入了与建筑的形状与空间方位线索有关的子活动——"不同形状的建筑""城市地图"。帮助幼儿感知与理解生活中建筑的不同形状以及建筑物结构的特点；了解社区中不同建筑物的空间布局和空间方位关系。在组织教学活动的同时，在积木游戏中继续渗透形状、空间等相关经验，实现教学活动、生活活动、游戏活动三条腿走路的局面。

除此之外，还可以在游戏中渗透数学因素。例如"老鹰捉小鸡"游戏中，为了更好地组织游戏的秩序，教师请扮演小鸡角色的幼儿为自己取一个名字："1 号小鸡宝、2 号小鸡宝、3号小鸡宝……”在游戏中每只小鸡不仅要时刻记住自己的名字，而且在多次排队中要按数的顺序站队。

综上而言，数学因素无处不在。主题活动与数学教育的有效融合，关键在于教师能否敏锐地洞察到主题自身、数学学习经验、幼儿生活和游戏中的数学因素。只有对数学因素有了较为清晰的认识和把握，教师才能以数学因素为抓手和支架，延展出主题背景下的数学教育活动，实现让幼儿获得对数学较为完整、较为全面、较为生活化的经验的目的。

单项实训

围绕主题“好吃的食物”，从主题脉络、数学学习与发展经验以及幼儿生活经验和兴趣三个方面，挖掘主题中包含的数学因素，并绘制主题网络图。

任务三　探索主题活动与数学教育整合的路径

情境导入

夏天到了，某幼儿园打算围绕“夏天”这一主题，将主题活动与数学教育活动进行整合。杨老师挖掘出与主题有关的数学因素之后，却发愁不知如何将这些因素融入主题活动中，如何设计与实施主题背景下的数学教育活动与专门的数学教育活动。

任务要求

1. 理解并掌握主题背景下数学教育的设计要点与实施环节。
2. 理解并掌握主题背景下专门的数学教育活动设计与实施要点。

一、在主题活动中融入数学教育

主题活动与数学教育的融合已然成为当前幼儿园课程的趋势，但由于数学教育的系统逻辑性，使得二者的实践融合成为幼儿教师教学工作的一个难点。现就在主题中融入数学教育的具体教育活动进行系统介绍，呈现完整的教育案例小班“顽皮一夏”与中班“清凉一夏”，为幼儿教师在主题活动中融入数学教育提供实践参考。同样是夏天的主题，主要从主题的背景、幼儿已有数学经验和发展水平分析、主题目标、主题计划与实施、反思五个方面进行阐述。

【案例 10－1】

小班主题活动“顽皮一夏”[①]

（一）主题背景介绍

6 月，夏季正式来临。对于 3～4 岁的幼儿来说，踩水塘、打水仗、吃冷饮……是他们在这个季节里的生活日常。结合季节特点与幼儿的兴趣，我们将开展“顽皮一夏”主题活动，引导幼儿通过观察、触摸、倾听以及游戏的方式去感知夏天的季节特点，同时，在各种各样的体验活动中，逐步去寻找夏季生活的乐趣，感受夏季的美好。

在这个主题中，我们分成四条线索去实施：“夏天到了”“夏天的美食”“夏天的昆虫”“夏天的活动”。首先，我们以幼儿对周围环境的亲身体验进行切入，结合苏州梅雨的特点，让幼儿在天气的变化、周围环境的变化中描述、讨论和分享夏季的特征，并且在这一线索中知道夏季里自我防护的知识。其次，我们以美食为中心，以幼儿兴趣为基点，开展班本活动，调动幼儿对夏季食物的认识，感知夏天特有美食的特性。接着，认识夏天特有的一些昆虫，如蚊子、苍蝇、蜻蜓、知了等。最后，以夏季最欢快的打水仗和泳装秀作为结尾，从幼儿材料准备、游戏方式、场地布置等方面切入，在探讨的过程中，逐步丰富，最后以活动的实施将整个主题得到升华，突出主题“顽皮一夏”这一“顽皮”之趣。

（二）幼儿已有数学经验与发展水平分析

本班幼儿共有 24 人，其中男生 11 名，女生 13 名，年龄段均在 3～4 岁。在第二学期幼儿呈现的数学发展水平如下：

逻辑基础：基本上所有幼儿都能根据教师提供的标识将相同形状、颜色等具有共同属性的物体集中在一起，进行归类。大部分幼儿能按照物体的外部特征进行简单分类并讲述分类标准；大部分能掌握“AB”（仅用颜色表示）的规律并能无范例自创“AB”的规律；能掌握“ABB”和“AAB”两种规律的半范例拓展，但是对“ABC”三种元素的规律不能进行拓展。

计数与数感：幼儿能手口一致点数 5 以内的实物，并说出总数；大部分幼儿能完成 5 以内的按数取物；部分幼儿能实现 5 以内数字、点数集合和实物集合的对应。

量：幼儿均能用观察和比较的方法区分两个大小（长短）不同的物体；大部分幼儿可以在 3 个物体中找出最长、最短或者最大、最小的，然后进行比较排序。

空间与几何形体：在空间关系上，幼儿能够以主体和客体区分前后、上下、里外；在几何形体上，幼儿均能认识三角形、方形、圆形这三类常见图形以及三角形不一样的形态。

（三）主题目标

1. 感知夏天雷雨、火辣辣的太阳等明显的气候特征，体验天气对自己生活和活动的影响，初步了解夏天与人们生活之间的简单关系。

---

① 本案例由苏州高新区阳山实验幼儿园许辰老师提供。

2. 了解一些夏季的美食和防暑降温的食品，了解其特性，愿意饮用白开水、吃水果，不贪喝饮料，养成健康的饮食习惯。

3. 尝试用各种工具来玩水，感知水的特性，积累有关经验，体验与朋友一起玩水的乐趣。

4. 容易被自然界中的虫鸣、风声、雨声、雷声等好听的声音所吸引，能用声音、动作、姿态模拟这些情境。

5. 学习简单模式的拓展，感知5以内的数量关系，判断5以内数量的多、少、一样多。

这就是本次主题的大致线索，从整个主题走向中，看似没有数学领域的参与，但其实我们将数学融于每一条线索中，融于幼儿的一日生活之中。

（四）主题背景下数学教育的计划与实施

1. 分析、检核主题活动中可以涵盖的数学因素

表10-2 分析检核数学因素

数学内容	数学因素	可生成的活动
夏天到了	模式	找规律
	分类	雨具分类摆放
夏天的美食	等量集合	猴子卖西瓜
	按数取物	冰激凌店
	数量比较(一一对应)	雨衣雨伞数量比较
夏天的昆虫	数量比较	青蛙和蚊子
	数序	排排队
夏天的活动	空间方位	打水仗
	量的比较	谁的水枪长

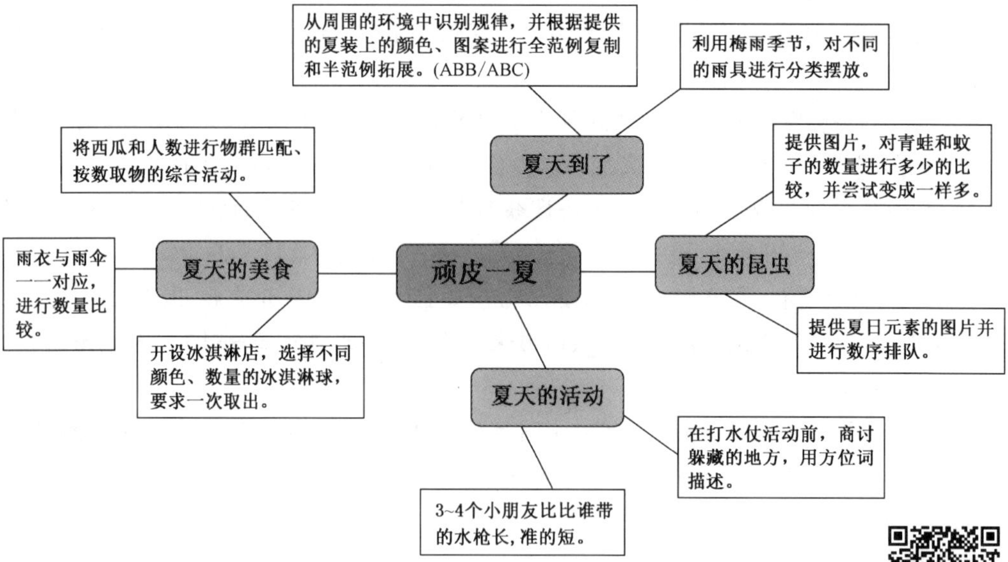

图10-3 "顽皮一夏"主题中可涵盖的数学内容

具体活动方案

2. 主题背景下数学教育实施计划

主要线索	集体数学活动	数学区域活动	其他活动中的渗透	日常生活中的渗透	家园共育	环境创设
夏天到了（重点学习分类与模式）	美丽的裙子（模式拓展）	1. ABB/ABC全范例复制和半范例的拓展 2. 4以内数量对比	户外娃娃家：请幼儿有规律铺设地垫	1. 寻找幼儿园或班级中有规律排列的物品 2. 将带来的雨衣、雨伞、雨鞋按照用途进行分类摆放	请家长带孩子去观察、发现生活中的模式，如斑马线、路边树的排列等	幼儿制作有规律的吊饰进行班级环境布置
夏天的美食（重点学习等量集合与数量比较）	猴子卖西瓜（物群匹配、按数取物）	1. 夏天美食数字与数量的匹配 2. 利用水果图片，体验1～5数量依次多1的关系	根据小客人的要求放入不同颜色和数量的冰激凌球，要求一次取出	在下雨天与幼儿观察走廊上的雨衣和雨伞，用一一对应的方法对两组物体进行比较	家长带领幼儿去水果店、蔬菜店、超市等超所，按照家长的要求进行按数取物	
夏天的昆虫（重点学习数量比较与数序）	青蛙与蚊子（通过数数判断5以内的多少）	瓢虫排排队	幼儿能根据每个区域规则牌上的人数，通过数数比较出区域内人数的多少	用数数的方法对雨伞、雨衣进行点数，确定雨衣和雨伞的数量关系		
夏天的活动（重点学习空间方位与排序）		1. 水枪比长短(4以内) 2. 在哪里(《母鸡萝丝去散步》)		1. 寻找水枪：根据物体方位线索找材料 2. 从不同角度看物体	家长带领幼儿玩躲猫猫的游戏	

（五）评价与反思

每一个主题的课程建构都是建立在儿童已有的经验上，通过新知识的顺应与同化来实现更高层次的发展。在开展“顽皮一夏”这一主题前，我们首先需要做的就是摸清幼儿的“底”，知道他们的“最近发展区”在哪里。而五大领域中，数学因为高度的抽象性和严密的逻辑性，让我们必须做到准备把脉。所以，教师必须要十分清楚地了解数、量、形每个板块中年龄段幼儿的发展序列，然后根据幼儿的发展水平与主题进行融合。如在小班上学期，幼儿对一一对应、5以内手口一致点数整体掌握较佳，结合主题“顽皮一夏”，加强模式、数量比较、空间感知等内容的渗透，有计划、有目的地在一日生活中开展相关活动的准备工作。

幼儿的学习是一个主动建构的过程，是幼儿积极的探索活动。主题教育中，教师如何在有目的、有计划的活动实施中来追随幼儿的兴趣与需要呢？游戏作为幼儿最主要的感知世界的方式，在主题教育的数学教育中，我们经常会结合小班幼儿喜欢游戏的年龄特点，将数学内容融入进去。例如在数量比较时，单纯的数量比较多枯燥乏味，但是改变一下规则，利用翻牌的方式看双方牌上青蛙数量和蚊子数量的多少，演变成一场青蛙与害虫之间的较量，幼儿的操作兴趣也随之提升，在积极的作用下，幼儿接收到的信息也会随之增多。

数学应该源于生活，用于生活，幼儿在日常生活中能收获非常丰富的数学经验。进入夏季有很长一段时间的梅雨季，雨具成为每天必备的用品，也为幼儿数学学习创造了更多的机会，幼儿可以利用走廊里的雨伞、雨靴、雨衣等进行分类、比多少的活动，在轻松、愉悦的氛围中，能很自然地推动幼儿在生活中构建和运用数经验去解决生活中的问题。再如，我们周围蕴含着许多模式，在散步时去寻找和识别规律也为幼儿规律学习和巩固提供了良好的机会。

同时我们需要注意，幼儿日常学习的经验可能是零星的、表面的，所以我们还必须结合集体活动来有目的地对幼儿的发展施加影响。而集体、小组活动的内容也需要教师进行筛选。在主题教育中，我们利用夏季的元素特征，开展了猴子与西瓜的等量集合活动、青蛙与蚊子的数量比较活动，但是，并不是每一个活动都适合利用集体活动开展。例如，在第四周我们主要围绕空间方位和排序进行数学教育，集体活动并不适宜。打水仗游戏更适合空间方位的学习，排序也需要幼儿在区域内自主进行探索。

在主题活动的数学教育活动中，我们还需要从幼儿的已有经验与实际生活出发，关注幼儿的兴趣与需要，遵循主题中的整合原则，以主题内容与日常生活为主线，结合一切可利用的资源，为幼儿的数学学习提供相应的支持与发展。

【案例 10－2】

中班主题活动“清凉一夏”[①]

（一）主题背景介绍

夏天是炎热、难耐的，但对孩子们来说夏天是多姿多彩的，可以吃冰激凌，可以穿漂亮的花裙子，可以尽情玩水、游泳、打水仗，可以聆听夏天大自然的风、雨、雷电声和荷塘中优美的奏鸣曲等。为此，我们开展了主题活动“清凉一夏”，本主题以孩子们感兴趣的雷阵雨、甜甜的西瓜、凉凉的水等活动为主线贯穿，引导幼儿主动探索、发现和学习。在这个主题中，我们分为三条线索去实施：“夏天到了”“美味夏天”“快乐的泼水节”。活动一开始，“夏天到了”，夏季是一年四季中最炎热的季节，有其特殊的天气特征与自然现象。那么在这条线索中，我们重点围绕夏天的气温进行展开，让孩子们通过认识温度计，从而进行温度的记录，在对温度的日常记录中感受夏天已经来到了我们的身边。围

① 本案例由苏州高新区阳山实验幼儿园沈洁老师提供。

绕“美味夏天”，孩子们围绕自己喜欢的夏天的美食进行展开，在知道各种各样的美食的同时，我们还需要进行卫生习惯的教育。最后，在夏天孩子们最感兴趣的就是玩水，于是，在主题活动的最后，孩子们以一场愉快的泼水节活动结束，通过泼水节场地的相关策划、泼水节工具的选择等展开。通过清凉的水、与水嬉戏，在嬉戏中积累有关夏日的经验，结束“清凉一夏”相关活动。

（二）幼儿已有数学经验与发展水平

本班幼儿共有34人，其中男生19人，女生15人，年龄段均在4～5岁之间，在第二学期幼儿呈现的数学发展水平如下：

逻辑基础：(1) 幼儿能初步按照物体进行多角度分类，如对物体的大小、颜色、形状进行多角度分类；(2) 幼儿能根据物体的数量进行分类，按5以内数量分类基本没有困难，按10以内数量分类少部分幼儿存在一些困难；(3) 在模式认知能力发展中，绝大部分幼儿都能根据物体排列规律推测出空缺处的要素。

计数与数感：大部分幼儿已经能用点数的方法对10以内数量的物体进行准确计数，少部分幼儿能进行目测计数7以内的物体数量；在序数上，幼儿能对5以内的数量进行排序，并能用“第几”表示5以内物体在序列中的次序。

数运算：在数量的守恒方面，大部分幼儿能感知10以内数量的守恒，知道物体的数量不会因为其排列方式的变化而变化；能够进行5以内实物的分解与组合，一小部分幼儿能进行表象层面的5以内加减运算。

量：能根据量的特征，对7以内的物体进行正向排序，逆向排序需要教师进行引导。

空间与几何形体：在空间上，幼儿能用上下、前后、例外、中间、旁边等方位词描述物体的位置和运动方向；在几何形体上，幼儿均能认识立体图形上的平面图形，如三角形、长方形、正方形、梯形、圆形、椭圆形。

（三）主题目标

1. 从自身及周围环境的变化发现夏天的到来，了解夏季的动植物及人们活动的变化，进一步了解夏天的基本特征。

2. 热爱大自然，热爱夏天，喜欢参加游泳、玩水等活动，能适应较高的气温。

3. 能用说、唱、跳、绘画、手工等方式表现夏天的炎热，体验创作的快乐。

4. 会用恰当的词语描述夏天的特征，会有感情地欣赏夏天的文学作品，体会作品所表达的情绪情感。

5. 知道夏季卫生知识，学会自我保护的方法；了解应对意外事故的最基本方法；积极参加夏日锻炼活动。

6. 能通过实际操作，理解数与数之间的关系，会用数词描述事物的排列顺序和位置。

附数学领域目标：

1. 体验和发现生活中很多地方都用到数，知道数字可以表示温度的高低。

2. 感受数量的守恒，学习不受物体大小、排列形式的影响，比较10以内数量的多少。

3. 体验量的分合，进行5以内数量的分解与组合，体验一个量可以分成两个部分量，两个部分量合起来就是原来的量。

4. 认识椭圆形，能区分椭圆形和其他图形。

5. 能在大的网格(或点阵)中再现范例中的空间关系，利用坐标线索复制定位。

(四) 主题背景下数学教育的计划与实施

1. 分析、检核主题活动中可以涵盖的数学因素

表10－3 分析检核数学因素

数学内容	数学因素	可生成的活动
夏天到了	数感	认识温度计
	量的比较与排序、统计	一周哪天最热(气温的变化)
夏天的天气	分类	夏天天气的认识(雷雨、晴天、梅雨、台风)
	时间	天气预报
夏天的饮食	数数	夏天的水果
	数量比较	哪种水果最多
	数的组成	美味的西瓜
	利用坐标进行定位	种西瓜
泼水节	长度的自然测量	设计泼水节地图
	空间方位	我泼你躲

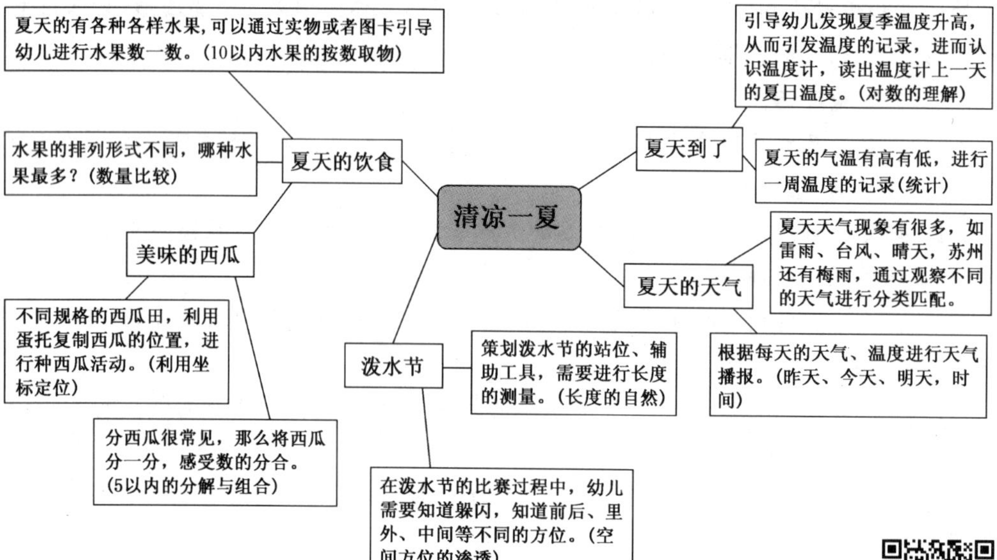

图10－4 主题“清凉一夏”中可涵盖的数学内容

具体活动方案

2. 主题背景下数学教育实施计划

主要线索	集体数学活动	数学区域活动	其他活动中的渗透	日常生活中的渗透	家园共育	环境创设
认识温度计（重点学习温度的认识与记录）	认识温度计（温度的认识与记录）	将卡片中的物品与夏天的不同天气现象进行匹配	1. 自然角：观察气温表上的数字并记录；进行天气预报 2. 生成气温折线图，通过折线图发现一周温度的不同，并进行5个温度的排序	引导幼儿观察每日天气，尤其是雷阵雨天气，观察闪电、雷声及雨滴	请家长和孩子一起关注每日天气预报，记录发现不同地方温度的差异（室内外温差）	温度测量小站
美味夏天（重点学习感受数量的守恒、数的分解与组合、运算）	水果店（学习不受物体大小、排列形式的影响，比较10以内数量的多少）	水果沙拉：根据要求从材料盘中取出相应数量的水果放到沙拉盘中	甜品店：卖绿豆汤，根据顾客需求，提供相应数量的物品，如绿豆多少颗、红绿丝多少条	散步活动中，引导幼儿数一数石榴树上的石榴个数	请家长和孩子一起购买水果	角色游戏中，增设相应的夏日饮品、夏季水果
	分西瓜（进行5以内数量的分解与组合）	西瓜我会分：尝试将5个西瓜图片分成两份，用数字或者符号记录分合结果	甜品店：服务员分类摆放夏日饮品，如绿豆汤、酸梅汁等，饮品标注价格，进行5块钱以内的买卖	餐点环节中，请幼儿分发每小组的水果，如将一切四的苹果进行分发	请家长和幼儿一起分享西瓜，如西瓜切成5分，爸爸和妈妈怎么分享？	
快乐的泼水节（重点学习物体的位置和方向）	泼水节站位（用上下、前后、里外、中间、旁边等方位词描述物体的位置和方向）	1. 种西瓜：利用坐标线索复制图案，进行西瓜的坐标定位 2. 打水仗站位图：利用坐标线索复制图案，进行卡通人物的坐标定位	1. 美术区：引导幼儿回忆泼水节的现场，并绘制相应的图画 2. 生成打水仗系列学习故事	在操节活动中，按教师的指令移动到指定位置（远近、中间、旁边），描述散步途中所遇到的事物的位置和运动方向	请家长和孩子一起在外出散步或去商场途中，寻找固定方位的物品	投放幼儿园平面地图，引导幼儿进行观察。

（五）评价与反思

主题活动按照幼儿的经验以线索链的形式展开，在幼儿活动的轨迹中，每一周数学活动的渗透也应具有相应的重点。如泼水节活动中，幼儿主要学习如何泼水以及泼水的范围，因此在这一部分涉及空间概念会更多一些，同样的一日活动中，也会有相应的重点，这样能让幼儿的经验更完整。此外，教师对于不同年龄段幼儿需要掌握的数学核心经验需要有一定的了解，不然在与主题活动的链接中，可能会出现手足无措的情况。关于主题活动中的数学教育元素，一开始教师的预设比较狭隘，如在夏天的主题中，很容易想到温度的记录与排序，但是对于量的记录中加入折线图却是在与幼儿的互动中产生的。只要与幼儿有足够的互动，再配上教师的洞察力，就能延展出更多的数学元素，这些数学元素可以丰富主题活动，拓展幼儿经验。

二、专门的数学主题活动

专门的数学主题活动是将数学学习与发展经验本身作为数学因素，主题活动是以数学经验为基础来设计的，让主题和数学成为互相渗透、优势互补和互相发展的有机整体。专门的数学主题活动与主题活动中的数学教育相比，更加凸显数学自身的系统性和逻辑性，在主题中数学的篇幅会占主要部分。但这并不否定主题沟通与融合不同学科内容的本质价值，也就是说，专门的数学主题活动以数学领域为主，将多个领域的相关内容整合其中，同时合理促进领域之间的相互交融。因此，在设计专门的数学主题活动时需要考虑的问题有以下几个：第一，这一主题涵盖了哪些数学教育内容？第二，这一主题涵盖了哪些领域的教育内容？第三，在这一主题中，幼儿所要学习的经验，需要通过哪些教育、教学活动获得？

例如。“超市购物”这一专门的数学主题以数学内容为主，并整合了其他领域的内容。

“超市购物”主题涵盖的数学教育内容和活动有以下一些：

(1) 物品分类。教师可以开展“小小超市”活动，引导幼儿参观超市，对超市中的不同商品进行分类。

(2) 认识人民币。教师可以开展“认识人民币”活动，引导幼儿去银行取钱，再到超市购买心仪的商品。

(3) 10 以内加减运算。教师可以开展“小小会计师”活动，引导幼儿计算买东西用了多少钱，还剩多少钱。

“超市购物”主题涵盖的其他领域的教育内容和活动有以下一些：

(1) 参观超市。教师可以组织社会领域活动，引导幼儿感受超市的环境，认识超市职工的工作内容和特点。

(2) 超市里的货物真多。教师可以组织语言领域活动，鼓励幼儿说出超市里的不同商品及其属性和特点。

(3) 奇妙的包装盒。教师可以组织艺术领域活动，支持幼儿收集各种各样的包装盒，尝试自主制作包装盒。

下面呈现专门的数学主题活动案例：

【案例10－3】

具体活动方案

有用的数字(大班)[①]

（一）主题活动的生成

开学初,保健老师为全班幼儿测量身高体重,为了记录幼儿生长发育的情况,老师在一旁记录每个幼儿的测量结果。这时一些幼儿围了过来,对老师写的数字产生了兴趣,并提出了自己的问题:“老师,你写的‘124’是什么呀?”幼儿的这一问题是对数字及测量感兴趣的表现。是呀,我们的生活中到处都有数字,我们的生活离不开数字,生活中数字所表示的意义是幼儿能感受到的,而且具体形象、易于理解,符合幼儿思维具体形象的认知特点。联想到近期在数学活动中对相邻数、单双数、顺倒数及序数的认识,使我思考能否将幼儿对数概念的学习与日常生活有机结合呢?现在的数学教学常常与生活分离,教师也经常苦思冥想设计活动,但幼儿学起来还是不易理解、掌握,而生活中有许多数概念的内容蕴含着极大的教育价值,这是向幼儿进行教育的良好契机!于是,我决定根据幼儿的这一兴趣,开展“有用的数字”的主题探索活动。

（二）主题活动的目标

1. 对四因事物中的数字感兴趣,了解数字的种类及其在日常活动中的这用,加深对数字意义的认识和理解。

2. 乐意参加有关数字的探索活动,发现数字的不同用途。

3. 学习正确地书写数字1～10,姿势正确并对书写数字有兴趣。

4. 创造性地表现自己对数字的认识和理解。

5. 积极主动地与同伴和老师交流并分享自己的发现。

(三)主题活动网络图

专门的数学主题活动,以数学领域内容为本,根据幼儿已有的数学经验和能力的发展水平,梳理主题脉络,让数学知识在趣味、多元的活动情境中得以充分彰显。同时仍要兼顾主题贴近幼儿生活和兴趣,将其他领域教育内容以多种教育形式融入进来,积极促进主题与数学教育的有机融合。需要注意的一点是,教师应避免将专门的数学主题活动演变成单一的数学主题活动,剥离了与其他领域之间的联系,这与主题大背景下的教学改革趋势是背道而驰的。

总体而言,通过主题活动的形式融合数学教育及其他各领域的活动,已然成为提升幼儿园保教质量的重要突破口,注重领域间的渗透与整合,有异于传统的学科数学教学,使幼儿获得完整性、生活化的经验。而真正将主题活动与数学教育付诸实践,不仅仅停留在口号的宣扬层面,还有待于一线教师对主题活动和数学教育的相互关系、主题

---

① 选自:张慧和,张俊.幼儿园数学教育[M].北京:人民教育出版社,2004.案例作者为南京市珠江路幼儿园朱宇红等.

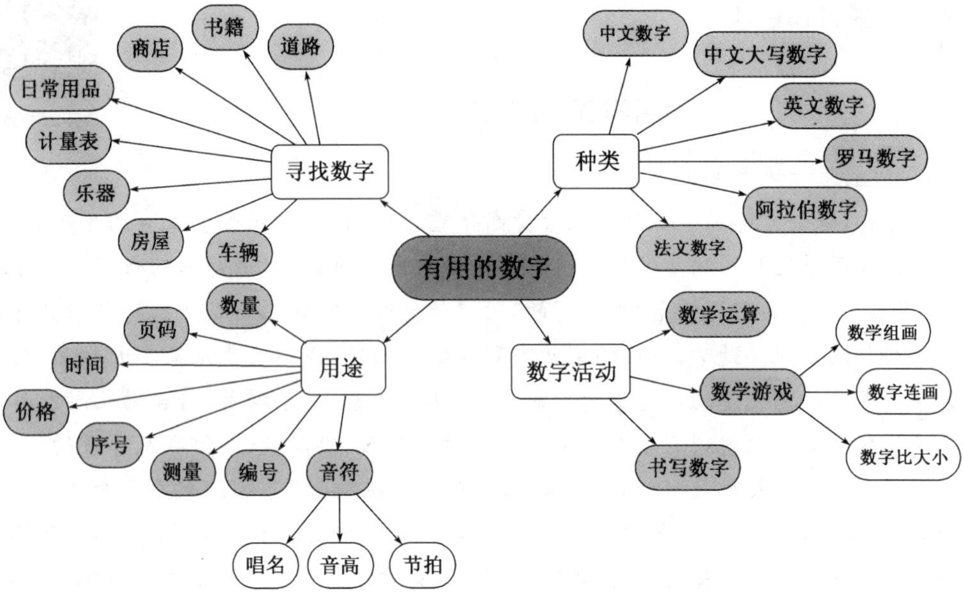

图 10－5 “有用的数字”主题活动网络图

背景下数学教育的价值追求,以及两者融合的路径有深入透彻的体会与理解,在此基础上将“融合”的观念体现在主题活动的每个环节,引导幼儿在生活中发现数学,将活动、生活、游戏都变成幼儿获得数学经验的有效途径,提高幼儿的数学思维能力。如此,才能借助主题活动对数学教育进行融合、延伸和丰富,保证幼儿数学学习的适宜性与有效性。

单项实训

请你围绕“五彩缤纷的秋天”这一主题,与幼儿园教师进行合作交流,共同设计将数学教育整合进主题活动中的方案并实施。

任务四　实践与拓展

一、综合实训

请以“交通工具”为主题,年龄段自定,挖掘主题活动中可能蕴含的数学因素,思考在该主题与数学教育整合的途径,形成可行性的设计方案并实施,在实施后进行评价与反思。

二、岗证对接

活动设计题：

请以“蔬菜”为主题，设计一个大班的主题活动，呈现出数学教育整合进主题活动的思路与方案。

（模拟题）

三、资源拓展

以数学内容为中心开展整合性的主题活动

参考答案

参考文献

[1] 安·S. 爱泼斯坦. 数学:关键发展指标与支持性教学策略[M]. 霍力岩,王冰虹,杜宝杰,译. 北京:教育科学出版社,2018.

[2] 安·S. 爱泼斯坦. 我比你大,我五岁——学前儿童数学能力的发展[M]. 霍力岩,姜姗姗,华春沁,译. 北京:教育科学出版社,2012.

[3] 蔡春美,洪福财,邱琼慧,卢以敏,张明杰. 幼儿行为观察与记录[M]. 上海:华东师范大学出版社,2013.

[4] 蔡旺庆. 学前儿童数学教育[M]. 南京:南京大学出版社,2019.

[5] 盖伊·格朗兰德,马琳·詹姆斯. 聚焦式观察:儿童观察、评价与课程设计[M]. 梁慧娟,译. 北京:教育科学出版社,2017.

[6] 高瞻教育研究基金会. 学前儿童观察评价系统[M]. 霍力岩,刘祎玮,刘睿文,译. 北京:教育科学出版社,2017.

[7] 关业刚. 学前儿童数学教育[M]. 北京:中央广播电视大学出版社,2017.

[8] 黄瑾. 学前儿童数学教育与活动指导[M]. 上海:华东师范大学出版社,2014.

[9] 蒋路易,俞芳,傅英,郭力平. 幼儿的最近发展区,你找到了吗[M]. 上海:少年儿童出版社,2020.

[10] 李丹玲,林嘉绥. 学前儿童数学教育[M]. 北京:北京师范大学出版集团,2014.

[11] 李季湄,冯晓霞.《3—6 岁儿童学习与发展指南》解读[M]. 北京:人民教育出版社,2013.

[12] 李玲. 学前儿童数学教育[M]. 成都:西南交通大学出版社,2013.

[13] 林泳海,徐宝良. 学前儿童数学教育[M]. 北京:北京师范大学出版集团,2015.

[14] 美国埃里克森儿童发展研究生院早期数学教育项目组. 幼儿数学核心概念:教什么? 怎么教? [M]. 张银娜,侯宇岚,田方,译. 南京:南京师范大学出版社,2015.

[15] 潘家财,崔继海. 学前儿童数学教育[M]. 长春:东北师范大学出版社,2004.

[16] 潘月娟. 幼儿数学教育与活动指导[M]. 北京:高等教育出版社,2013.

[17] 莎莉·穆莫,布伦达·耶柔米. 数学不仅是数数,基于标准的幼儿数学教学活动[M]. 侯宇岚,陈芳,译. 南京:南京师范大学出版社,2013.

[18] 苏珊·斯潘瑞·史密斯. 早期儿童数学教育[M]. 郭琼,李静,译. 南京:南京师范大学出版社,2013.

[19] 田方,黄瑾,陈杰琦. 学前儿童数学学习与发展核心经验[M]. 南京:南京师范大学出版社,2015.

[20] 王微丽,霍力岩. 幼儿园数学区材料设计与评价[M]. 北京:中国轻工业出版社,2018.

[21] 徐青,刘昕. 学前儿童数学教育[M]. 北京:高等教育出版社,2019.

[22] 徐青. 学前儿童数学教育[M]. 北京:高等教育出版社,2011.

[23] 张慧和,陈国强,朱琍瑶. 幼儿园数学教育资源(上册)[M]. 北京:人民教育出版社,2016.

[24] 张慧和,陈国强,朱琍瑶. 幼儿园数学教育资源(下册)[M]. 北京:人民教育出版社,2017.

[25] 张俊,张慧和. 幼儿园数学教育[M]. 北京:人民教育出版社,2014.

[26] 张俊. 给幼儿园教师的 101 条建议·数学教育[M]. 南京师范大学出版社,2007.

[27] 张俊. 幼儿园科学领域教育精要——关键经验与活动指导[M]. 北京:教育科学出版社,2015.

[28] 张俊. 幼儿园数学领域教育精要——关键经验与活动指导[M]. 北京:教育科学出版社,2015.

[29] 赵振国. 学前儿童数学教育与活动设计[M]. 北京:北京大学出版社,2016.

[30] 周欣,黄瑾,杨宗华. 幼儿园综合课程中的数学教育[M]. 南京:南京师范大学出版社,2012.

[31] 朱蓓凌,傅晏萍. 学前儿童数学教育活动设计与指导[M]. 上海:上海交通大学出版社,2018.